Tutorium Jura

Die Reihe Tutorium Jura stellt die Grundlagen des Zivil-, Straf- und Öffentlichen Rechts dar, um dem Lernenden einen praktischen Umgang mit der Materie zu ermöglichen. Sie stellt das in Vorlesungen meist abstrakt vermittelte Wissen dar und überträgt es auf prüfungsrelevante Fallsituationen. Der Studierende wird so bei der Entwicklung juristischer Fertigkeiten an die Hand genommen.

Vorkenntnisse spielen keine Rolle. Die Autoren sind erfolgreiche und erfahrene Tutoren. Aufgrund ihrer langjährigen Tätigkeit als Leiter wissenschaftlicher Arbeitsgruppen kennen sie die typischen Probleme von Studierenden im Umgang mit dem Gesetz und gehen daher im Besonderen auf die Ansprüche und Bedürfnisse der Studierenden ein.

Die vollständig im Gutachtenstil verfassten Lösungen bieten dem Lernenden anschauliche Beispiele für eine gelungene Falllösung. Diese ist nicht nur Grundlage einer erfolgreichen Teilnahme an den Scheinprüfungen, sie bestimmt letztendlich den Erfolg im Examen.

Weitere Bände in dieser Reihe: http://www.springer.com/series/5548

Jürgen Seier · Martin Paul Waßmer

Die Anfängerklausur im Strafrecht

Zentrale Probleme des Allgemeinen
Teils in der Fallbearbeitung

2. Auflage

Jürgen Seier†   Martin Paul Waßmer
                                 Universität zu Köln
                                 Köln, Deutschland

ISSN 1613-8724   ISSN 2627-2652 (electronic)
Tutorium Jura
ISBN 978-3-662-59459-9   ISBN 978-3-662-59460-5 (eBook)
https://doi.org/10.1007/978-3-662-59460-5

Die Deutsche Nationalbibliothek verzeichnet diese Publikation in der Deutschen Nationalbibliografie; detaillierte bibliografische Daten sind im Internet über http://dnb.d-nb.de abrufbar.

Springer
© Springer-Verlag GmbH Deutschland, ein Teil von Springer Nature 2010, 2019
Das Werk einschließlich aller seiner Teile ist urheberrechtlich geschützt. Jede Verwertung, die nicht ausdrücklich vom Urheberrechtsgesetz zugelassen ist, bedarf der vorherigen Zustimmung des Verlags. Das gilt insbesondere für Vervielfältigungen, Bearbeitungen, Übersetzungen, Mikroverfilmungen und die Einspeicherung und Verarbeitung in elektronischen Systemen.
Die Wiedergabe von allgemein beschreibenden Bezeichnungen, Marken, Unternehmensnamen etc. in diesem Werk bedeutet nicht, dass diese frei durch jedermann benutzt werden dürfen. Die Berechtigung zur Benutzung unterliegt, auch ohne gesonderten Hinweis hierzu, den Regeln des Markenrechts. Die Rechte des jeweiligen Zeicheninhabers sind zu beachten.
Der Verlag, die Autoren und die Herausgeber gehen davon aus, dass die Angaben und Informationen in diesem Werk zum Zeitpunkt der Veröffentlichung vollständig und korrekt sind. Weder der Verlag, noch die Autoren oder die Herausgeber übernehmen, ausdrücklich oder implizit, Gewähr für den Inhalt des Werkes, etwaige Fehler oder Äußerungen. Der Verlag bleibt im Hinblick auf geografische Zuordnungen und Gebietsbezeichnungen in veröffentlichten Karten und Institutionsadressen neutral.

Springer ist ein Imprint der eingetragenen Gesellschaft Springer-Verlag GmbH, DE und ist ein Teil von Springer Nature.
Die Anschrift der Gesellschaft ist: Heidelberger Platz 3, 14197 Berlin, Germany

Vorwort zur 2. Aufl.

Im Dezember 2016 verstarb mit nur 69 Jahren mein hochverehrter Kollege Prof. Dr. Jürgen Seier. Eine exzellente juristische Ausbildung der Studierenden war ihm während seiner langjährigen Tätigkeit an der Universität zu Köln stets ein besonderes Anliegen. Als sein Nachfolger am Institut für Strafrecht und Strafprozessrecht habe ich die Fortführung seines didaktischen Werkes „Die Anfängerklausur im Strafrecht" übernommen.

Das Konzept bleibt unverändert: Das Werk enthält 15 bewährte Klausuren, deren Problemschwerpunkte im Allgemeinen Teil angesiedelt sind und den Studierenden das Rüstzeug für die erfolgreiche Lösung von Fällen vermitteln sollen. Bei der Auswahl der Klausuren wurde einerseits versucht, den prüfungsrelevanten Stoff des Allgemeinen Teils des Strafrechts abzudecken und in der Reihenfolge zu behandeln, die auch in Vorlesungen und Lehrbüchern üblicherweise beachtet wird. Andererseits greifen die Fälle durchweg „Klassiker" auf, d. h. Materien, die zum Basiswissen gehören und deshalb bevorzugt den Gegenstand strafrechtlicher Prüfungsarbeiten bilden.

In der Tradition von Jürgen Seier ist darauf hinzuweisen, dass das Werk kein Lehrbuch ersetzen kann. Vielmehr erfordern die zu behandelnden Sachfragen durchweg, dass der Leser über die jeweilige Thematik zumindest rudimentär informiert ist. Daher sollte ergänzend zu einem Lehrbuch zum Allgemeinen Teil des Strafrechts gegriffen werden, um Wissenslücken zu schließen. Um gar nicht erst den Eindruck zu erwecken, das Buch könne ein Lehrbuch ersetzen, sind die Nachweise ganz bewusst spärlich gehalten. Lediglich da, wo es unbedingt erforderlich erscheint, finden sich Zitate.

Inhaltlich erfolgt im 1. Teil eine kurze Einführung in die Methodik der Falllösung. Der 2. Teil ist den Klausuren gewidmet. Hierbei werden die Fälle schrittweise gelöst. Jede Lösung beginnt mit gedanklichen Überlegungen, die im Vorfeld der Niederschrift anzustellen sind. Das Kernproblem der Aufgabenstellung wird jeweils in einem eigenen Arbeitsschritt aufbereitet. Hierbei geht es – der Zielsetzung des Buches entsprechend – nicht darum, den Leser mit dem notwendigen Wissen um Meinungsstreitigkeiten, Theorien, Lehrmeinungen etc. zu rüsten. Dies ist die originäre Aufgabe von Vorlesungen und Lehrbüchern. Im Vordergrund steht vielmehr das Bemühen, bereits vorhandene Kenntnisse für die Klausurlösung zu aktivieren. Dass damit eine Auffrischung des erlernten Stoffes verbunden ist, versteht sich von selbst. So finden sich z. B. Vorschläge, wie man einen Erlaubnistatbestandsirrtum prüft oder wie die „actio libera in causa" klausurangemessen behandelt werden kann. Darüber hinaus werden Aufbaumuster präsentiert und durch fallbezogene Erläuterungen konkretisiert. Jeder ausformulierten Klausurlösung ist eine Lösungsskizze vorangestellt, die das Ergebnis der Vorüberlegungen wiedergibt.

Der 3. Teil enthält ergänzend einen Leitfaden (samt Arbeitsanleitung) zur Konkurrenzlehre. Er geht auf ein Skript zurück, das Jürgen Seier an die Hörer seiner Vorlesungen zum Allgemeinen Teil des Strafrechts verteilt hatte. Damit wollte er dem Umstand Rechnung tragen, dass die Konkurrenzen in Anbetracht der großen Stofffülle in den meisten Vorlesungen des Grundstudiums vernachlässigt werden müssen. Diese Problematik hat sich an vielen Fakultäten durch die Reduktion der Anzahl der Wochenstunden, die für das Strafrecht insgesamt zur Verfügung stehen, in den vergangenen Jahren weiter verschärft.

Erinnert sei schließlich daran, dass Jürgen Seier die Lektüre von Fallsammlungen mit Musterlösungen zu Recht verteidigt hat. Obwohl die Lösungen nicht unter Prüfungsbedingungen verfasst wurden, sind sie hilfreich, da die Studierenden durch sie das juristische Argumentieren lernen. Demonstriert werden kann, wo Schwerpunkte zu setzen sind und wie mit Selbstverständlichem und Problematischem umzugehen ist. Ganz nebenbei eignen sich die Leser zudem die richtige Stilart (Gutachten- oder Urteilsstil; Gebrauch des Konjunktivs) sowie einen Fundus von Formulierungen und Redewendungen an, die sich allmählich verfestigen und schließlich in „Fleisch und Blut" übergehen. In der Klausursituation fehlt nämlich regelmäßig die Zeit, Sprache und Darstellungsstil zu überdenken, so dass diese Fertigkeiten dem Bearbeiter intuitiv zur Verfügung stehen müssen.

Die Klausurfälle und -lösungen wurden von Jürgen Seier in Zusammenarbeit mit seinen damaligen Mitarbeiterinnen – *Tanja Lehmann* (Fall 4), *Diana Hembach* (Fall 5) und *Miriam Ruppenthal* (Fall 9) – entwickelt, die zwischenzeitlich alle erfolgreich promoviert wurden und als Volljuristen tätig sind.

Zu Dank verpflichtet bin ich meinen Mitarbeiterinnen und Mitarbeitern am Lehrstuhl, *Edith Arians, Jasmin Bertlings, Britta Erdweg, Jan Heidinger, Saskia Hohmann, Leon Schlömer* und *Dominika Wigger*, welche die Fälle und Lösungen mit durchgesehen, ergänzt und kritisch begleitet haben.

Den Lesern danke ich bereits jetzt für Kritik oder auch Zuspruch und Anregungen, die per E-Mail an ls-wassmer@uni-koeln.de gesendet werden können.

Köln, im November 2019   Martin Paul Waßmer

Inhaltsverzeichnis

1. Teil: Einführung 1
2. Teil: Klausuren 9

Fall 1 „Die Bücherverbrennung"................................. 9
Die allgemeinen Deliktsaufbaustufen

Allgemeiner Teil: Die allgemeinen Verbrechensmerkmale (objektiver und subjektiver Tatbestand, Rechtswidrigkeit, Schuld); Tatbestandsirrtum; Notwehr (schuldhaftes Verursachen einer Notwehrlage)
Besonderer Teil: Sachbeschädigung (Fremdheitseigenschaft); gemeinschädliche Sachbeschädigung

Fall 2 „VfL Bochum – 1. FC Köln: ein Nachspiel".................. 19
Kausalität und objektive Zurechnung

Allgemeiner Teil: Äquivalenztheorie; conditio sine qua non-Formel; kumulative und alternative Kausalität; fahrlässige Mittäterschaft; objektive Bedingungen der Strafbarkeit; objektive Erfolgszurechnung (verweigerte ärztliche Heilbehandlung, Spätschäden)
Besonderer Teil: Körperverletzung (Erheblichkeitsschwelle); fahrlässige Tötung; Beteiligung an einer Schlägerei

Fall 3 „Weißer Schnee aus Kirgistan"............................ 29
Objektive Zurechnung und Fahrlässigkeit

Allgemeiner Teil: Mittelbare Täterschaft bei Selbstschädigungen; Fahrlässigkeitstat (Aufbauschema); Einheitstäterbegriff; objektive Zurechnung (eigenverantwortliche Selbstverletzung)
Besonderer Teil: Körperverletzung; fahrlässige Tötung

Fall 4 „Der boshafte Jurastudent" 39
Abweichungen von Vorstellung und Tatgeschehen

Allgemeiner Teil: atypische Kausalverläufe; Abgrenzung: unmittelbare / mittelbare Täterschaft; Abweichung vom Kausalverlauf; dolus generalis; Abgrenzung: error in persona / aberratio ictus; Versuch; Fahrlässigkeit
Besonderer Teil: Körperverletzung; versuchte gefährliche Körperverletzung (Gift, hinterlistiger Überfall); fahrlässige Körperverletzung

Fall 5 „Tödliche Sado-Maso-Spiele" 51
Abgrenzung dolus eventualis/bewusste Fahrlässigkeit

Allgemeiner Teil: Abgrenzung: einverständliche Fremdgefährdung / eigenverantwortliche Selbstgefährdung; Absicht; direkter Vorsatz; dolus eventualis; bewusste Fahrlässigkeit; Einwilligung (Sittenwidrigkeit der Tat); Erfolgsqualifikationen (Aufbauschema)
Besonderer Teil: Totschlag; (gefährliche) Körperverletzung; Körperverletzung mit Todesfolge

Fall 6 „Der übereifrige Staatsanwalt".............................. 61
Rechtfertigungsgründe

Allgemeiner Teil: vorläufige Festnahme; hoheitliche Festnahmebefugnisse; rechtfertigender Notstand; Notwehr; unvermeidbarer Verbotsirrtum; mittelbare Täterschaft; Anstiftung
Besonderer Teil: Freiheitsberaubung; Sachbeschädigung

Fall 7 „Die Birke in Nachbars Garten"............................ 73
Fehlen subjektiver Rechtfertigungselemente

Allgemeiner Teil: Einwilligung (Aufbauschema); Einverständnis; subjektive Rechtfertigungselemente; Lehre von den negativen Tatbestandsmerkmalen; untauglicher Versuch
Besonderer Teil: Hausfriedensbruch (Eindringen); Sachbeschädigung

Fall 8 „Der vertauschte Vandale" 83
Erlaubnistatbestandsirrtum

Allgemeiner Teil: error in persona; zivilrechtliches Selbsthilferecht (Aufbauschema); Erlaubnistatbestandsirrtum; Lehre von den negativen Tatbestandsmerkmalen; Verbotsirrtum; Fahrlässigkeit (Sorgfaltspflichtenverstoß)
Besonderer Teil: Freiheitsberaubung; Körperverletzung; fahrlässige Körperverletzung

Fall 9 „Alkohol am Steuer" 95
Actio libera in causa

Allgemeiner Teil: alkoholbedingte Schuldunfähigkeit; actio libera in causa; objektive Bedingungen der Strafbarkeit
Besonderer Teil: Trunkenheit im Verkehr (absolute Fahrunsicherheit); Vollrausch

Fall 10 „Der untaugliche Flachmann" 105
Versuch und Rücktritt

Allgemeiner Teil: Versuch (Aufbauschema); Rücktritt (Aufbauschema); fehlgeschlagener Versuch bei mehraktiger Tat; natürliche Handlungseinheit
Besonderer Teil: Totschlag; Mord (niedrige Beweggründe, Heimtücke); Körperverletzung (Einheitstheorie); gefährliche Körperverletzung (gefährliches Werkzeug, hinterlistiger Überfall, lebensgefährdende Behandlung)

Fall 11 „Ein ereignisreicher Wandertag" 117
Unterlassen

Allgemeiner Teil: Unterlassungstat (Aufbauschema); Beschützer- und Überwachergarant; Abgrenzung: Unterlassungstäterschaft / -beihilfe; Notwehr; Züchtigungsrecht; entschuldigender Notstand; Verbots- / Gebotsirrtum; Zumutbarkeit normgemäßen Verhaltens; Schuldunfähigkeit von Kindern; Straftaten Jugendlicher
Besonderer Teil: Beleidigung; Körperverletzung

Fall 12 „Die Beagle-Feinde". 131
Mittelbare Täterschaft

Allgemeiner Teil: Mittelbare Täterschaft (Aufbauschema); Lehre vom Täter hinter dem Täter; Verantwortungsprinzip; Anstiftung; Notwehr; aggressiver Notstand; Nötigungsnotstand; entschuldigender Notstand
Besonderer Teil: Nötigung (Mittel-Zweck-Relation); Sachbeschädigung (Tiere als Sachen)

Fall 13 „Haus am See" 141
Mittäterschaft und Versuchsbeginn

Allgemeiner Teil: Abgrenzung: Vorbereitung / Versuch; fehlgeschlagener Versuch; unfreiwilliger Rücktritt; Mittäterschaft (methodische Behandlung); Abgrenzung: Mittäterschaft / Teilnahme; Versuchsbeginn bei der Mittäterschaft (Gesamt- / Einzellösung)
Besonderer Teil: Hausfriedensbruch (Eindringen); Sachbeschädigung

Fall 14 „Das verhinderte vorzeitige Ableben" 155
Teilnahme

Allgemeiner Teil: untauglicher Versuch; Teilnahme (Aufbauschema); notwendige Teilnahme; agent provocateur
Besonderer Teil: Tötung auf Verlangen (Sperrwirkung); Mord (Habgier, Heimtücke)

Fall 15 „Die rabiate Skatrunde" 165
Besondere persönliche Merkmale

Allgemeiner Teil: Qualifikationen (Aufbauschema); Anstiftung; besondere persönliche Merkmale (strafbegründend / strafschärfend – Aufbauschema); natürliche Handlungseinheit
Besonderer Teil: Körperverletzung (psychische Beeinträchtigungen); gefährliche Körperverletzung (gemeinschaftlich, lebensgefährdende Behandlung); Misshandlung Schutzbefohlener (Quälen)

3. Teil: Die Lehre von den Konkurrenzen – Grundzüge und Arbeitsanleitung 179

Stichwortverzeichnis 199

1. Teil: Einführung

1 Vorbemerkungen

Seine Leistungsnachweise hat der Studierende traditionell in erster Linie durch **(Fall-) Klausuren** zu erbringen. Sie anzufertigen und Erlerntes auf einen konkreten Sachverhalt anzuwenden, bereitet auch demjenigen Schwierigkeiten, der über solide Rechtskenntnisse verfügt. Denn ein gutes theoretisches Wissen allein ist noch keine Gewähr für eine einwandfreie Falllösung. Wesentlicher Teil der juristischen Ausbildung ist es deshalb, die **Technik und Methodik der Fallbearbeitung** einzuüben, d. h. die erforderlichen Form-, Aufbau- und Stilfragen zu erlernen.

Die Notwendigkeit, abstrakt-theoretisches Wissen in **konkret-praktisches Arbeiten** umzusetzen, begleitet den Juristen durch sein ganzes Berufsleben. Man denke nur an den zweiten Ausbildungsabschnitt – die Referendarzeit – oder den Berufsanfang als Staatsanwalt, Strafrichter oder Strafverteidiger. Selbst mit noch so fundierten dogmatischen Kenntnissen steht man auf verlorenem Posten, wenn man nicht weiß, wie eine Anklage- oder Verteidigungsschrift bzw. ein Strafurteil auszusehen hat.

Umgekehrt sollte man sich vor der Annahme hüten, mit einer noch so **ausgefeilten Klausurtechnik** alles erreichen zu können. Grundvoraussetzung für eine gelungene Klausur ist selbstverständlich die Beherrschung des **materiellen Rechts**. Es heißt also zunächst, sich diesbezüglich durch den regelmäßigen Besuch der Vorlesung und der ergänzenden Lektüre eines Lehrbuches ein solides Fundament zu verschaffen. Überdies sollte man stets „am Ball bleiben", d. h. sich ständig weiter- und fortbilden.

2 Die Bedeutung von Anfängerklausuren

Wie alle Klausuren werden auch die Anfängerklausuren mit **Zeitvorgabe** unter Aufsicht geschrieben. Als Hilfsmittel ist ausschließlich der **Gesetzestext** zugelassen. Im Laufe des Studiums nehmen Umfang und Schwierigkeitsgrad der Aufgaben zu. Parallel dazu wächst die Bearbeitungszeit. Sie beträgt in den Grundkursen üblicherweise 2 Stunden, im Fortgeschrittenenstadium 3 bis 4 Stunden und bei Examensarbeiten 5 Stunden.

Was die **Beschaffenheit** von Klausuren angeht, kann auf § 10 II S. 4 JAG NRW hingewiesen werden, der über die in der staatlichen Pflichtfachprüfung anzufertigenden Aufsichtsarbeiten und Aufgaben Folgendes ausführt: „Sie sollen einen rechtlich und tatsächlich einfachen Fall betreffen, der dem Prüfling jedoch Gelegenheit gibt, seine Fähigkeit zur Erörterung von Rechtsfragen darzutun."

Hierauf sollte sich der Examenskandidat nicht unbedingt verlassen. Viele Klausuren sind von einem leichten Zuschnitt weit entfernt und erscheinen insbesondere im Bereich des Strafrechts überfrachtet. Umso mehr ist es geboten, sich schon zu Beginn des Studiums – bei Vorhandensein des Basiswissens – in die Klausurtechnik einzuarbeiten, um dann diese Fertigkeit während des Studiums zu verfestigen und zu optimieren.

Beides – sowohl die Aneignung des materiellen Rechts als auch der Methodik der Fallbearbeitung – sollte dabei dem **jeweiligen Studienabschnitt** angepasst werden. Geradezu leichtfertig wäre es, sich schon zu Beginn des Studiums auf schwierige Fälle zu konzentrieren und, was Anfängerklausuren angeht, die Zügel schleifen zu lassen. Denn gerade die **Anfängerklausuren** befassen sich mit den Grundlagen und systematischen Zusammenhängen. Durch sie sammelt man erste Erfahrungen im handwerklichen Umgang mit dem Recht und verschafft sich so kontinuierlich mehr und mehr Sicherheit in Fallaufbau und -lösung. Wer die Anfängerklausuren entweder aus dem Gefühl der Unterforderung, der Überlegenheit den Mitstudierenden gegenüber oder mit Blick auf eine zeitnahe Zwischenprüfung oder gar den „Freischuss" **vernachlässigt**, muss damit rechnen, später an typischen Anfängerfehlern und Verstößen gegen elementare Regeln zu scheitern.

3 Die Klausurensituation

Vorweggenommen sei: Das größte Problem bei Klausuren – speziell Strafrechtsklausuren – ist die **Zeiteinteilung**. Die Zeitbegrenzung setzt gerade im Strafrecht ein sehr rationelles, ökonomisches Arbeiten voraus. Der Bearbeiter muss äußerst diszipliniert vorgehen und sich Schritt für Schritt an die Lösung herantasten. Abweichungen vom gängigen Denk- und Arbeitsschema oder das Überspringen einzelner Lösungsschritte führen regelmäßig zum Misserfolg. Das gilt etwa für denjenigen, der sich ohne viel Federlesens sogleich leichtsinnig an die „Reinschrift" macht. Wer hingegen umgekehrt zunächst eine komplette Niederschrift „ins Unreine" fertigt, wird zwangsläufig in Zeitnot geraten. Daher ist es unabdingbar, **Ordnung** in Gedankengang und Arbeitsweise zu bringen.

Etliche Anleitungsbücher schreiben exakt die Zeit vor, die der Bearbeiter für die einzelnen Lösungsschritte veranschlagen soll. Solche – sicher gut gemeinten – Ratschläge verkennen, dass die Zeitaufteilung maßgeblich von der **jeweiligen**

Klausuraufgabe und dem **individuellen Arbeitsstil** abhängig ist. Der Studierende muss selbst erproben, wie schnell oder langsam er die einzelnen Lösungsschritte bewältigt. Er muss durch die Klausurenpraxis ein eigenes Zeitgespür entwickeln. Auch mit Rücksicht auf das Zeitproblem sollte man deshalb die Anfängerklausur nicht als lästige Pflicht für den Erwerb des notwendigen Leistungsnachweises abtun, sondern ihr die **zentrale Bedeutung** beimessen, die ihr zukommt: Sie ist der Einstieg in die „Arbeitswelt" des Juristen und stellt die Weichen für das spätere (erfolgreiche) Examen.

4 Der Arbeitsablauf

4.1 Zweckmäßige Vorarbeiten

Um keine wertvolle Zeit zu verlieren, sollte man bereits im Vorfeld der Klausur das **Deckblatt** erstellen. Im Klaren muss man sich außerdem über die zu beachtenden Förmlichkeiten sein: So ist auf der linken Seite üblicherweise **1/3 Korrekturrand** zu lassen; die Blätter dürfen nur **einseitig** beschrieben werden und sind fortlaufend zu **nummerieren**. Das Gutachten ist **leserlich** abzufassen und am Ende zu **unterschreiben**.

4.2 Das Erfassen des Sachverhalts

Trotz der gebotenen Eile sollte man sich zunächst genügend Zeit nehmen, um den **Aufgabentext** mehrmals (!) gründlich und aufmerksam zu lesen. Sonst läuft man Gefahr, wichtige Einzelheiten außer Acht zu lassen oder aber Angaben zu verwechseln oder zu verfälschen, etwa weil man einen ähnlichen, kurz zuvor gelesenen Fall im Kopf hat.

Im Übrigen ist der **Sachverhalt** in jeder Hinsicht verbindlich. Selbst wenn er insgesamt oder in einzelnen Passagen noch so unwahrscheinlich oder lückenhaft erscheinen mag, ist das hinzunehmen und nicht in Frage zu stellen. Etwaige Lücken im Sachverhalt sind durch lebensnahe Auslegung zu schließen.

4.3 Beachtung der Fallfrage und etwaiger Bearbeitungsvermerke

Nicht weniger bedeutsam ist es, die **Aufgabenstellung** in den Blick zu nehmen. Bei Strafrechtsklausuren kommt es – gerade im Grundstudium – häufig vor, dass bestimmte Personen oder auch Delikte von der Prüfung auszunehmen sind. Acht zu geben ist darüber hinaus auf etwaige **Zusatzinformationen**, insbesondere den Hinweis, dass Strafanträge, sofern erforderlich, gestellt worden sind, oder die abschließende Mitteilung, dass die Blutalkoholkonzentration des Täters zur Tatzeit 3,2 ‰ betragen hatte.

4.4 Das Lösungskonzept

Die wesentlichste Etappe ist im Anschluss das Erstellen der **schriftlichen Lösungsskizze**. Angezeigt ist ein stufenweises Vorgehen: Der Bearbeiter sollte sich zwingen, die Vorüberlegungen systematisch nacheinander, ohne hierbei vorzugreifen, abzuwickeln, sich also Schritt für Schritt vom Groben zu den Feinheiten vor- und durchzuarbeiten.

Das beginnt mit dem Aufspüren der maßgeblichen **Strafgrundlagen**, geht weiter mit der Erstellung des **Gesamtaufbaus** des Gutachtens (Bildung von Tatkomplexen; Reihenfolge bei mehreren Beteiligten; Abfolge der aufgefundenen Tatbestände) sowie der **(Fein-) Strukturierung** der einzelnen Delikte. Um später bei der Reinschrift nichts zu vergessen, sollten diese Vorarbeiten in eine Lösungsskizze münden, die übersichtlich und vollständig sein sollte, aber aus Zeitgründen stichwortartig ausfallen muss.

Bei den nachfolgenden Klausuren wird diese Station jeweils der eigentlichen Falllösung vorangestellt. An dieser Stelle seien nur einige allgemeine Hinweise gegeben.

4.4.1 Das Ermitteln der maßgeblichen Vorschriften

In einer Art Stoffsammlung sind zunächst die **Straftatbestände** aufzusuchen (und zu notieren), die als Prüfgegenstand in Betracht kommen. Dieser erste – wichtige – Schritt hat **Filterfunktion**: Abseitige, d. h. offensichtlich nicht gegebene Tatbestände sind auszublenden. Die Entscheidung über das „Ob" einer Prüfung fällt dabei insbesondere Anfängern mitunter schwer. Häufig fehlt der Mut, Delikte, die – auf den ersten Blick erkennbar – nicht „einschlägig" sind, einfach beiseite zu lassen. Aus den unten näher bezeichneten Gründen (s. u. 4.5) sollte man sich hiervon schnell lösen. So kann man etwa Vorsatzdelikte, wenn Vorsatz augenfällig nicht vorliegt, getrost unberücksichtigt lassen.

4.4.2 Einteilung in Tatkomplexe

Im Anschluss daran ist zu fragen, ob es aus Gründen besserer Übersichtlichkeit angezeigt ist, den Sachverhalt in **Tatkomplexe** zu untergliedern. Das ist ratsam, wenn das (Gesamt-) Geschehen Zeitsprünge aufweist und/oder sich an unterschiedlichen Tatorten abspielt. Äußerlich leicht erkennbar ist dies zumeist schon daran, dass der Aufgabentext entsprechende Absätze aufweist.

Der einzelne Tatkomplex muss einer **isolierten rechtlichen Würdigung** zugänglich sein. Das ist z. B. nicht der Fall, wenn sich ein Delikt – z. B. ein Dauerdelikt (§ 316 StGB) oder ein Pauschaldelikt (§ 225 StGB) – über einen längeren Zeitraum erstreckt. In diesen Fällen ist nur eine Gesetzesverletzung gegeben, weshalb die Tat nicht durch das Bilden von Tatkomplexen in Teilstücke zerlegt werden darf.

Die Tatkomplexe sind mit einer **aussagekräftigen Überschrift** zu versehen. Hierbei ist darauf zu achten, dass das rechtlich erst noch zu Prüfende nicht vorweggenommen wird. Statt „1. Tatkomplex: Die Körperverletzung von A und die Notwehr des B" sollte es also heißen: „1. Tatkomplex: Die Auseinandersetzung zwischen A und B".

4.4.3 Die Reihenfolge bei mehreren Personen

Ist die Strafbarkeit mehrerer Personen zu begutachten, muss das Verhalten jedes Akteurs **grundsätzlich separat** bewertet werden (Ausnahme: Mittäterschaft, § 25 II StGB). Sofern der Sachverhalt zuvor in Tatkomplexe unterteilt worden ist, muss jeweils die Strafbarkeit aller dort tätig Gewordenen erörtert werden.

Was die **Prüfungsreihenfolge** angeht, ist zu unterscheiden zwischen Straftaten, an denen mehrere beteiligt sind, und Delikten, die unabhängig voneinander begangen werden.

Für den ersten Fall gilt die „eherne" Regel, dass mit demjenigen zu beginnen ist, welcher der **Tat am nächsten** steht. Wegen der Akzessorietät der Teilnahme, also der Abhängigkeit von einer Haupttat, ist dieses Prinzip unbedingt und ausnahmslos bei der Anstiftung und Beihilfe einzuhalten („Täter vor Teilnehmer"). Zu beherzigen ist diese Vorgehensweise aber auch bei der Mittäterschaft (§ 25 II StGB), wenn einem der Mitwirkenden möglicherweise nur eine Teilnehmerrolle zufällt, sowie zwangsläufig bei der mittelbaren Täterschaft (§ 25 I Alt. 2 StGB: „Tatmittler vor Hintermann").

Im zweiten Fall – bei Straftaten, die „im Alleingang" verübt werden – macht man nichts falsch, wenn man sich an der **Chronologie** des Geschehens orientiert. Im Gegenteil: Dies ist gerade dann geboten, wenn Rechtfertigungsgründe in Rede stehen, welche die Tat eines anderen voraussetzen. So ist beispielsweise bei der Notwehr (§ 32 StGB) „der Angreifer vor dem Verteidiger" zu prüfen. Entsprechendes gilt für die Anschlussstraftaten der §§ 257 ff. StGB, die erst nach der Vortat zu behandeln sind.

4.4.4 Die Reihenfolge der Delikte

Auf der nächsten Stufe ist zu bestimmen, in welcher Abfolge die **bei einer Person** in Betracht kommenden Delikte aneinanderzureihen sind. Grundsätzlich hat der Bearbeiter die Wahl, entweder **chronologisch** vorzugehen oder den Aufbau an der **Schwere** der zu prüfenden Tatbestände auszurichten. Letzteres ist im Regelfall zweckmäßiger, weil die Schwerpunkte von Klausuraufgaben häufig bei den Kapitalverbrechen liegen und weil sonst die Gefahr besteht, dass man sich an den weniger wichtigen (und in der Praxis unbedeutenden) Tatbeständen „festbeißt". Hinzu kommt, dass man bei Delikten, die auf eine (natürliche) Handlung zurückgehen, ohnehin dem Schwereprinzip folgen sollte.

Ganz ohne **Ausnahmen** lässt sich aber auch das nicht durchhalten. So ist es etwa bei Mord in Verdeckungsabsicht (§ 211 II Alt. 9 StGB) oder bei gravierenden Taten, die durch ein (unechtes) Unterlassen (§ 13 I StGB) begangen werden, angezeigt, zuvor die zu verdeckende Tat bzw. die leichtere Tat, welche die Ingerenzgarantie auslöst, zu untersuchen. In beiden Fällen kann dann bei Prüfung der schwereren Delikte auf die vorangegangenen Ausführungen Bezug genommen werden.

4.4.5 Die Strafgrundlagen im Einzelnen

Nach der Festlegung des Gesamtaufbaus hat die Aufmerksamkeit der **Struktur der einzelnen Delikte** zu gelten. Hierbei muss auch das „rechtliche Umfeld" beachtet werden: Möglicherweise sind Qualifizierungen (§ 244 StGB), auch in Gestalt von

Erfolgsqualifikationen (§§ 251, 18 StGB), oder Privilegierungen (§ 216 StGB), Regelbeispiele (§ 243 StGB) oder lückenausfüllende Spezialvorschriften (§§ 248b, 248c StGB) einschlägig.

Innerhalb der Einzelprüfung muss sich der Bearbeiter dahingehend disziplinieren, die **unterschiedlichen Deliktsvoraussetzungen** systematisch abzuarbeiten, d. h. sie stets streng und konsequent voneinander zu trennen. So ist es beispielsweise verfehlt, bei Prüfung der Kausalität die Frage des Kausalzusammenhangs mit Fragen der objektiven Zurechnung (des Zurechnungszusammenhangs) zu vermengen, oder – noch unverzeihlicher – den Rechtfertigungsgrund der Notwehr (§ 32 StGB) mit dem Entschuldigungsgrund des Notwehrexzesses (§ 33 StGB) in einen Topf zu werfen.

Klarheit sollte man sich des Weiteren darüber verschaffen, wo die **Sachprobleme** der Aufgabe liegen und an welcher Stelle sie zu diskutieren sind.

Was die **richtige Schwerpunktsetzung** betrifft, sollte stets der „Empfängerhorizont" beachtet werden: Was erwartet der Korrektor? Worüber will der Leser wohl Näheres erfahren? Dann wird sichtbar, dass Punkte, die beim Durchlaufen der Skizze als eindeutig und unzweifelhaft erkannt wurden, keiner weitschweifigen Erörterung bedürfen.

4.5 Die Niederschrift

Im Anschluss an die Anfertigung der Lösungsskizze (s. o. 4.4) ist mit der **Reinschrift** zu beginnen. Auch hierzu ließe sich viel sagen. Lassen wir stattdessen das *Bundesverwaltungsgericht* zu Wort kommen, wonach es „im Wesentlichen auf den folgerichtigen Aufbau, den Grad der rechtlichen Durchdringung des Falles und die Klarheit der Gedankenführung" ankommt (BVerwG, DVBl. 1966, 860 f.). Ergänzend ist anzumerken:

Die Niederschrift hat sich – schon aus Zeitgründen – auf das **Wichtigste** zu konzentrieren. Im Idealfall sollte jeder Satz die Lösung vorantreiben. Den Gesetzestext schlicht abzuschreiben bringt ebenso wenig wie den Sachverhalt zu wiederholen. Beides ist ja dem Leser bekannt! Dasselbe gilt für abstrakt-theoretische Vorbemerkungen über das Schutzgut einer Strafvorschrift, über Sinn und Zweck eines Merkmals und für Erwägungen, mit denen man den gewählten Aufbau bzw. Gedankengang zu verteidigen sucht. Ausführungen mit diesem Inhalt kosten nicht nur wertvolle Zeit, sondern weisen im Grunde genommen auf Unsicherheiten hin.

Dass Klausuren lediglich an sachlichen Fehlern scheitern, ist selten. Zumeist ist ein **Misserfolg** darauf zurückzuführen, dass ein Bearbeiter sich „verzettelt". Er prüft Überflüssiges und Scheinprobleme, widmet Selbstverständlichkeiten und Banalitäten zu breiten Raum und beißt sich an Nebensächlichem fest. Es liegt auf der Hand, dass solche Klausuren nicht gelingen können: Man handelt sich zum einen den berechtigten Tadel ein, keinen Überblick zu haben. Zum anderen vergeudet man mit nutzlosen Ausführungen viel Zeit; Zeit, die dann fehlt, wenn es darum geht, die eigentlichen Sachfragen zu erörtern. Und drittens eröffnen abseitige Ausführungen ein weites Feld für zusätzliche Fehler.

Es ist ein – bei Anfängern weit verbreiteter – Trugschluss zu meinen, dass für die **Benotung** in erster Linie das aufgezeigte Ergebnis maßgeblich ist. In Wahrheit zählen Begründungen und Sachargumente. Sie zu liefern ist nur derjenige in der Lage, der sowohl mit der Subsumtionstechnik als auch mit dem methodologischen Instrumentarium (Auslegungsarten, Analogie, Umkehrschluss etc.) bestens vertraut ist. Weil Begründungen die Qualität der Bearbeitung ausmachen, ist hierauf größte Mühe zu verwenden. Es geht nicht an, erforderliche Her- und Ableitungen durch bloße Behauptungen zu ersetzen und noch schlimmer: sich der Begründung durch entlarvende Worte wie „offensichtlich", „zweifelsfrei", „eindeutig" und dergleichen zu entziehen. Auch der Hinweis auf die sog. h.M. (= herrschende Meinung), h.L. (= herrschende Lehre) oder die Autorität des BGH oder BVerfG kann selbstverständlich fehlende Begründungen nicht ersetzen!

Es versteht sich von selbst, dass die Bearbeiter größten Wert auf **Sprache und Darstellungsstil** legen müssen. Man versetze sich abermals in die Rolle der Korrektoren: Ist eine Klausur insgesamt gefällig, klar und präzise formuliert, werden sie eher geneigt sein, über vereinzelte inhaltliche Schwächen hinwegzusehen!

2. Teil: Klausuren

Fall 1 „Die Bücherverbrennung"

Die allgemeinen Deliktsaufbaustufen

S hat nach dem Tod seines Vaters V, der Vorsitzender Richter am OLG war, die Alleinerbschaft angetreten. Zur Erbmasse gehört unter anderem eine umfangreiche Sammlung juristischer Bücher, von deren Verkauf sich S großen Gewinn erhofft. Gerade diese Sammlung hat V jedoch testamentarisch dem Jurastudenten J vermacht, der in der Nachbarschaft wohnt und mit dem V häufig lange juristische Gespräche geführt hatte. Als S von seinem Anwalt erfährt, dass er verpflichtet ist, das Eigentum an den Büchern auf den ihm verhassten J zu übertragen, gerät er so in Zorn, dass er alle Bücher im Garten verbrennt. Dabei entgeht ihm, dass sich unter den Büchern einige befinden, die V erst vor kurzem aus der Gerichtsbibliothek entliehen hatte.

J erfährt von der Schandtat erst sieben Tage später. Wutentbrannt eilt er zu S, überschüttet ihn mit heftigen Vorwürfen und versetzt ihm eine schallende Ohrfeige. Als J erneut aushohlt, stößt S ihn mit einem schmerzhaften Hieb in die Magengegend zurück. J lässt daraufhin von S ab.

Beurteilen Sie die Strafbarkeit von S und J! Strafanträge sind, soweit erforderlich, gestellt.

Lösung 1 „Die Bücherverbrennung"

Lösungsschritte
1. Nach aufmerksamer **Lektüre** von Sachverhalt und Fallfrage heißt es, die erörterungsbedürftigen **Strafgrundlagen** aufzuspüren. Das Verbrennen der Bücher durch S ist an **§ 303 StGB** zu messen. Mit Blick auf die Bücher, die aus der Gerichtsbücherei stammen, ist überdies **§ 304 StGB** in Betracht zu ziehen. Weil S durch sein Tun den Anspruch des J auf Übereignung der Bücher durchkreuzt hat, könnte zudem an **§ 288 StGB** – Vereiteln der Zwangsvollstreckung – gedacht werden. Da der Sachverhalt jedoch keinerlei Anhaltspunkte dafür enthält, dass S bereits die Zwangsvollstreckung droht, und das Vernichten einer Sache auch nicht unter ein „Beiseiteschaffen" subsumiert werden kann, bedarf dieses Delikt keiner Prüfung. Was das Folgegeschehen angeht, liegt auf der Hand, dass beide – S und J – jeweils aus **§ 223 StGB** strafbar sein könnten.

Wegen der zeitlichen Zäsur empfiehlt es sich, den Sachverhalt in zwei **Tatkomplexe** zu unterteilen und diese mit einer kurzen Kennzeichnung zu versehen; etwa: „1. Tatkomplex: Das Vernichten der Bücher; 2. Tatkomplex: Das Aufeinandertreffen von J und S".

Im **ersten Tatkomplex** fragt sich, ob man, weil ggf. nur eine Tat vorliegt, § 303 StGB sogleich auf alle Bücher beziehen oder besser zwischen den vermachten Büchern und den Büchern aus der Bibliothek trennen sollte. Ratsamer ist es, die Bücher in zwei Deliktsprüfungen unterzubringen, da die rechtliche Bewertung unterschiedlich verläuft und die Darstellung sonst überfrachtet würde.

§ 304 StGB ist als eigenständiges Delikt zu erörtern, da die Vorschrift keine Qualifikation zu § 303 StGB darstellt – die Fremdheit wird ja nicht vorausgesetzt. Vielmehr schützt sie das öffentliche Interesse an den aufgeführten Gegenständen.

Im **zweiten Tatkomplex** ist bei der Prüfung streng chronologisch vorzugehen: Der Angriff des J ist der Verteidigungshandlung des S voranzustellen.

2. Nunmehr gilt es, sich den **Delikten im Einzelnen** zuzuwenden. Im **1. Tatkomplex**, im Rahmen der Prüfung der Sachbeschädigung aus **§ 303 I StGB** an den Büchern aus dem **Nachlass**, liegt der Prüfungsschwerpunkt im objektiven Tatbestand bei der **Fremdheit**. Da für die Eigentumsverhältnisse die Regeln des Bürgerlichen Rechts maßgeblich sind, muss ein „Ausflug" in das **Erbrecht** erfolgen. Weil es für einen Studienanfänger schwierig ist, die dort aufzufindende dingliche Rechtslage zu beurteilen, ist die Lösung im Sachverhalt vorgezeichnet: J ist – anders als ein Erbe – mit dem Erbfall nicht automatisch Eigentümer geworden (§§ 1922 I, 1942 I BGB), sondern hat als Vermächtnisnehmer lediglich einen Anspruch auf Übereignung der ihm zugewendeten Vermögensvorteile. Das folgt aus §§ 1939, 2174 BGB. Zum Tatzeitpunkt war S demnach als Gesamtrechtsnachfolger des V Eigentümer der Bücher (§§ 1922, 1942 I BGB), so dass es an der Fremdheit fehlt.

Ein weit verbreitetes Unwesen ist es, bei Mängeln im objektiven Tatbestand schematisch auf eine **Versuchsprüfung** umzusteigen. Anlass dazu besteht nur dann, wenn der Täter irrig vom Vorhandensein eines fehlenden objektiven Merkmals ausgegangen ist; in concreto: wenn S irrigerweise angenommen hätte, die Bücher stünden bereits im Eigentum des J. Davon kann hier keine Rede sein: S war aufgrund der Information seines Anwalts die Rechtslage bekannt.

Anders liegen die Dinge bei den Büchern aus der **Gerichtsbibliothek**. Diese sind zwar für S fremd, so dass der objektive Tatbestand des § 303 I StGB erfüllt ist. Weil S sie aber irrtümlich seinem Erbe zugeordnet hat, erlag er einem **Tatbestandsirrtum** nach § 16 I 1 StGB, der seinen Vorsatz und damit den subjektiven Tatbestand ausschließt. Da eine fahrlässige Sachbeschädigung nicht unter Strafe steht (§§ 16 I 2, 15 StGB), geht S auch insoweit straffrei aus.

Schwieriger liegt es mit **§ 304 StGB**, bei dem es auf die Fremdheit nicht ankommt. Hier hilft die exakte Lektüre des Tatbestands weiter: V hatte die Bücher **privat entliehen**; sie befanden sich damit zur Tatzeit jedenfalls nicht mehr in einer (möglicherweise) öffentlichen Sammlung bzw. dienten aktuell keinem öffentlichen Nutzen. Abgesehen davon stellen Gerichtsbüchereien keine „öffentlichen" Sammlungen dar (BGHSt 10, 285, 286: Benutzerkreis von vornherein begrenzt!). Überdies dienen die dort aufbewahrten Bücher nicht unmittelbar dem öffentlichen Nutzen, sondern sind bloße Hilfsmittel der Justiz (BGHSt 31, 185, 186 f.: bloße „Gemeinwohlfunktion" reicht nicht aus). Wer sich nicht traut, schon aus dem objektiven Tatbestand „auszusteigen", kann sich auf einen „Jedenfalls-Satz" verlegen: Dem S war die Herkunft der Bücher jedenfalls nicht bekannt; er befand sich damit auch insoweit in einem vorsatzausschließenden Tatbestandsirrtum, § 16 I StGB.

Dass im **2. Tatkomplex** sowohl J als auch S den objektiven und subjektiven Tatbestand des § 223 StGB erfüllt haben, ist klar. Die Frage ist, ob sie sich jeweils auf **Notwehr** (§ 32 StGB) berufen können (Aufbaumuster bei Fall 6, S. 64). Die einzelnen Rechtfertigungsvoraussetzungen sind selbstverständlich mit der gleichen Sorgfalt und Intensität zu untersuchen wie Tatbestandsmerkmale. Dennoch neigen erfahrungsgemäß viele Klausurbearbeiter dazu, auf der Ebene der Rechtswidrigkeit oberflächlicher vorzugehen und weit weniger exakt zu subsumieren.

Für **J** ergibt sich, dass der von S verübte Angriff auf sein Vermögen längst abgeschlossen und somit **nicht mehr gegenwärtig** war. S hingegen befand sich in einer Notwehrlage („gegenwärtiger rechtswidriger Angriff") und hat sich auch auf eine „erforderliche Verteidigung" besonnen. Die Frage ist nur, ob ihm wegen seines Vorverhaltens, dass J zur Tat veranlasst hat, das **volle Notwehrrecht** zusteht. Im Ergebnis ist das zu bejahen, wobei man sich nicht allzu viele Gedanken darüber machen sollte, an welcher konstruktiven Stelle (Gebotenheit i. S. von § 32 I StGB; ungeschriebener Rechtsmissbrauch) die Fälle der Notwehreinschränkung anzusprechen sind und welche konkreten Voraussetzungen es sind, die bei schuldhafter Herbeiführung der Notwehrlage die Rechte des Angegriffenen schmälern. Zu verlangen ist jedenfalls ein enger zeitlicher und räumlicher **Zusammenhang** zwischen dem Vorverhalten und dem rechtswidrigen Angriff (vgl. *Fischer*, StGB, 66. Aufl. 2019, § 32 Rn. 45 m. zahlr. Nachw. aus der Rspr.). Bei einem Zeitabstand von einer Woche kann davon keine Rede mehr sein.

Lösungsskizze

Nach all diesen Vorarbeiten könnte die Lösungsskizze, an der sich dann die Reinschrift orientiert, wie folgt aussehen:

Erster Tatkomplex: Das Vernichten der Bücher

  I. Strafbarkeit des S aus § 303 I StGB bzgl. der vermachten Bücher
   1. OTB

      a) Sachen (+)
      b) Fremdheit: S = Erbe, damit Eigentümer (§ 1922 I BGB); J = nur Vermächtnisnehmer (§§ 1939, 2174 BGB!) → (−)
   2. Ergebnis: (−)
II. Strafbarkeit des S aus § 303 I StGB bzgl. der entliehenen Bücher
   1. OTB
      a) Sachen (+)
      b) Fremdheit (+)
      c) Zerstören (+)
   2. STB (−), kein Fremdheitsvorsatz
   3. Ergebnis: (−)
III. Strafbarkeit des S aus § 304 I StGB bzgl. der Bücher aus der Gerichtsbibliothek
   1. OTB (keine Fremdheit erforderlich!)
      a) Gegenstände der Wissenschaft, die in einer öffentlichen Sammlung aufbewahrt werden: eher (−), Bücher an V verliehen
      b) Gegenstände, die dem öffentlichen Nutzen dienen: ebenfalls eher (−), kein unmittelbarer öffentlicher Nutzen, Bücher entliehen
   2. STB (−), jedenfalls kein Vorsatz
   3. Ergebnis: (−)

Zweiter Tatkomplex: Das Aufeinandertreffen von J und S

I. Strafbarkeit von J aus § 223 I StGB (Ohrfeige)
   1. OTB
      a) Körperliches Misshandeln (+), Ohrfeige
      b) Gesundheitsschädigung (−), nicht erkennbar
   2. STB (+)
   3. RW: § 32 StGB
      a) Rechtswidriger Angriff seitens S (+), auf die Vermögensinteressen des J (Vermächtnis, § 2174 BGB)
      b) Gegenwärtigkeit (−), da weit im Vorfeld
   4. Schuld (+)
   5. Strafantrag (§ 230 StGB): (+)
   6. Ergebnis: § 223 StGB (+)
II. Strafbarkeit des S aus § 223 I StGB (Zurückschlagen)
   1. OTB (+)
      a) Körperliches Misshandeln (+), schmerzhafter Hieb in die Magengegend
      b) Gesundheitsschädigung (−), nicht erkennbar
   2. STB (+)
   3. RW: § 32 StGB
      a) Notwehrlage (+)
      b) Erforderliche Verteidigung (+)
      c) Notwehreinschränkung, weil Angriff (unbewusst) provoziert? Im Erg. (−), da kein enger zeitlicher Zusammenhang
      d) Verteidigungswille (+)
   4. Ergebnis: (−)

Gesamtergebnis: J aus § 223 I StGB strafbar

Fall 1 „Die Bücherverbrennung"

Klausurlösung
Erster Tatkomplex: Das Vernichten der Bücher

I. Strafbarkeit des S aus § 303 I StGB bzgl. der vermachten Bücher

S könnte sich dadurch, dass er die Bücher seines verstorbenen Vaters verbrannt hat, wegen Sachbeschädigung nach § 303 I StGB strafbar gemacht haben.

1. Objektiver Tatbestand

Bei den Büchern handelt es sich um körperliche Gegenstände i. S. v. § 90 BGB und damit um Sachen. Sie wären für S fremd, wenn sie zur Tatzeit im Alleineigentum eines anderen gestanden hätten. Nach dem Tod des V ist S als Erbe Gesamtrechtsnachfolger geworden (§ 1922 I BGB), unbeschadet des Rechts, die Erbschaft auszuschlagen (§ 1942 I BGB). Ihm ist mithin das Eigentum an allen Nachlassgegenständen zugefallen. Fraglich ist, ob sich sein Eigentum auch auf die Bücher erstreckt, die V testamentarisch dem J vermacht hat. Anders als der Erbe wird der Vermächtnisnehmer mit dem Erbfall nicht ipso iure Eigentümer der ihm vermachten Vermögensvorteile. Gem. § 2174 BGB hat er lediglich einen schuldrechtlichen Anspruch auf Übereignung. Dementsprechend hatte J im Tatzeitpunkt nur ein Forderungsrecht gegen S, ihm das Eigentum an den Büchern zu verschaffen.

S hat also eigene Sachen vernichtet. Der objektive Tatbestand ist nicht gegeben.

2. Ergebnis

Infolge fehlender Fremdheit hat S insoweit keine Sachbeschädigung nach § 303 I StGB begangen.

II. Strafbarkeit des S aus § 303 I StGB bzgl. der Bücher aus der Gerichtsbibliothek

Da sich unter den Büchern auch Werke aus der Gerichtsbibliothek befanden, könnte S sich aber diesbezüglich wegen Sachbeschädigung nach § 303 I StGB strafbar gemacht haben.

1. Objektiver Tatbestand

Die von V entliehenen Bücher standen nicht im Eigentum des S, sondern im Eigentum des Staates; sie waren damit für S fremde Sachen. S könnte sie zerstört haben. Zerstört ist eine Sache, wenn ihre bestimmungsgemäße Brauchbarkeit völlig aufgehoben ist. Hierunter fällt auch das Vernichten. S hat die Bücher verbrannt und damit ihre Sachsubstanz aufgehoben. Der objektive Tatbestand ist demnach gegeben.

2. Subjektiver Tatbestand

S müsste in Kenntnis aller Tatumstände gehandelt haben. S war allerdings nicht bekannt, dass sich unter den Büchern auch solche befanden, die dem V nicht gehörten. Er ging vielmehr davon aus, alle Bücher seien Teil der Erbschaft und damit für ihn nicht fremd. Dieser Irrtum schließt nach § 16 I 1 StGB den Vorsatz aus. Es fehlt somit am subjektiven Tatbestand.

3. Ergebnis

Mangels Fremdheitsvorsatzes hat S sich nicht aus § 303 I StGB strafbar gemacht.

III. Strafbarkeit des S aus § 304 I StGB

Im Hinblick auf die Bücher, die aus der Gerichtsbibliothek stammten, könnte S sich jedoch wegen einer gemeinschädlichen Sachbeschädigung nach § 304 I StGB strafbar gemacht haben.

1. Objektiver Tatbestand

Bei den Büchern müsste es sich um Gegenstände der Wissenschaft handeln, die in einer öffentlichen Sammlung aufbewahrt werden. Fraglich ist jedoch bereits, ob eine Gerichtsbibliothek, die von vornherein nur einem begrenzten Benutzerkreis offen steht, als öffentliche Sammlung angesehen werden kann. Zu berücksichtigen ist darüber hinaus, dass sich die Bücher zur Tatzeit gerade nicht mehr in der Bibliothek befanden.
 Ebenso zweifelhaft ist es, ob die Bücher zum öffentlichen Nutzen dienten. Unmittelbar kommen die Bücher nur den am OLG Tätigen zugute; der Gemeinnutzen ist somit nur ein mittelbarer. Außerdem hatte V die Bücher für private Zwecke ausgeliehen, so dass sie im Tatzeitpunkt der Öffentlichkeit gar nicht zur Verfügung standen.
 Ob die Bücher gleichwohl taugliche Tatobjekte i. S. v. § 304 I StGB sind, kann allerdings auf sich beruhen, wenn es an der subjektiven Tatseite fehlt.

2. Subjektiver Tatbestand

Denn S müsste auch vorsätzlich gehandelt haben. Als S die Bücher verbrannte, war ihm jedoch nicht bekannt, dass ein Teil hiervon aus der Gerichtsbibliothek entliehen worden war. Er irrte demnach über die besondere Zweckbestimmung der Bücher und erlag damit einem Tatbestandsirrtum nach § 16 I 1 StGB, der den Vorsatz entfallen lässt.

3. Ergebnis

S hat jedenfalls vorsatzlos gehandelt, so dass eine Strafbarkeit aus § 304 I StGB ausscheidet.

Fall 1 „Bücherverbrennung"

Zweiter Tatkomplex: Das Aufeinandertreffen von J und S

I. Strafbarkeit des J aus § 223 StGB

J hat dem S eine Ohrfeige verpasst. Hierdurch könnte er sich wegen Körperverletzung aus § 223 I StGB strafbar gemacht haben.

1. Objektiver Tatbestand

J könnte S körperlich misshandelt haben. Darunter ist eine üble, unangemessene Behandlung zu verstehen, durch die das Opfer in seinem körperlichen Wohlbefinden nicht nur unerheblich beeinträchtigt wird. Ein mit flacher Hand durchgeführter Schlag auf eine Gesichtshälfte ist für das Opfer regelmäßig mindestens mit einem kurz anhaltenden Schmerzempfinden (zu diesem Erfordernis BGH NStZ-RR 2014, 11) verbunden. Dies gilt umso mehr, wenn die Ohrfeige „schallend" war, also mit einiger Körperkraft verabreicht wurde. J hat demnach S körperlich misshandelt.

Ob S überdies an der Gesundheit geschädigt worden ist, d. h. bei ihm ein vom normalen Zustand der *körperlichen* Funktionen nachteilig abweichender (pathologischer) Zustand hervorgerufen wurde, ist dem Sachverhalt hingegen nicht zu entnehmen.

2. Subjektiver Tatbestand

Der objektive Tatbestand müsste vorsätzlich verwirklicht worden sein. J hat wissentlich und willentlich auf S eingeschlagen. Der subjektive Tatbestand liegt also ebenfalls vor.

3. Rechtswidrigkeit

Die Körperverletzung könnte über § 32 StGB gerechtfertigt sein. J müsste sich in einer Notwehrlage befunden haben, also einem gegenwärtigen, rechtswidrigen Angriff (§ 32 II StGB) ausgesetzt gewesen sein. Ein Angriff ist jede durch menschliches Verhalten drohende Verletzung rechtlich geschützter Güter oder Interessen. S hatte zuvor die dem J vermachten Bücher verbrannt. Damit wurde zwar nicht das Eigentum des J verletzt, jedoch hat S die Vermögensinteressen des J beeinträchtigt. Weil S kein Rechtfertigungsgrund zur Seite stand, war sein Angriff auch rechtswidrig.

Allerdings müsste der Angriff gegenwärtig gewesen sein. Gegenwärtig ist ein Angriff, wenn die Rechtsgutsverletzung noch nicht endgültig eingetreten ist. Als J zu S eilte, waren die Bücher längst den Flammen zum Opfer gefallen. Der Angriff des S war damit abgeschlossen. Infolge fehlender Gegenwärtigkeit kann sich J demnach nicht auf Notwehr berufen. Er handelte rechtswidrig.

4. Schuld

Schuldausschließungs- und Entschuldigungsgründe sind nicht ersichtlich. J handelte also auch schuldhaft.

5. Strafantrag

Der nach § 230 I StGB notwendige Strafantrag ist gestellt.

6. Ergebnis

J hat sich wegen Körperverletzung nach § 223 I StGB strafbar gemacht.

II. Strafbarkeit des S aus § 223 I StGB

Dadurch, dass S dem J einen Hieb in die Magengegend versetzt hat, könnte er sich wegen Körperverletzung nach § 223 I StGB strafbar gemacht haben.

1. Objektiver Tatbestand

S müsste J körperlich misshandelt haben. Durch den schmerzhaften Hieb in die Magengegend ist J in nicht unerheblicher Weise in seinem körperlichen Wohlbefinden beeinträchtigt worden. Der objektive Tatbestand liegt demnach vor.

2. Subjektiver Tatbestand

S hat den Hieb wissentlich und willentlich geführt. Körperverletzungsvorsatz ist mithin gegeben.

3. Rechtswidrigkeit

Möglicherweise steht S das Notwehrrecht aus § 32 StGB zur Seite. S sah sich einem Angriff auf seine körperliche Unversehrtheit ausgesetzt. Da das Handeln des J – wie ausgeführt – nicht von Notwehr gedeckt war, war der Angriff des J auch rechtswidrig. Der Angriff müsste auch gegenwärtig gewesen sein, d. h. noch andauern. J wollte es nicht bei der einen Ohrfeige belassen, sondern hatte bereits zu einem weiteren Schlag ausgeholt. Diese neuerliche Verletzungshandlung stand unmittelbar bevor. S befand sich demnach in einer Notwehrsituation.

Seine Verteidigungshandlung – der Hieb in die Magengegend – müsste erforderlich gewesen sein, um den Angriff des J abzuwenden. Erforderlich ist ein Abwehrverhalten dann, wenn es einerseits geeignet ist, den Angriff zu beenden, und andererseits das relativ mildeste Mittel darstellt. Der Hieb in die Magengegend hat bewirkt, dass J von S abgelassen hat. Die Verteidigung war damit geeignet, den weiteren Angriff des J zu unterbinden.

Fraglich ist, ob dem S nicht eine mildere Handlungsalternative zur Verfügung stand. Möglicherweise musste er sich in der konkreten Angriffssituation darauf beschränken, die Hand des J festzuhalten bzw. die bevorstehende Ohrfeige mit dem Arm abzublocken. Ob S dies gelungen wäre, ist aber ebenso zweifelhaft wie eine dadurch erzielte Dauerwirkung. Da J wutentbrannt handelte, hätte J sich dadurch wohl kaum beeindrucken lassen, sondern nach Loslassen der Hand oder nach Abblocken des Schlages seine Attacke weiter fortgesetzt. Der Hieb des S war somit notwendig, um dem Angriff des J nachhaltig und endgültig entgegenzutreten.

Mit Blick auf sein Vorverhalten könnte aber die Notwehrbefugnis des S eingeschränkt sein. Das Verbrennen der Bücher hat J veranlasst, „Rache" zu nehmen. Durch sein rechtswidriges Verhalten hat S die Reaktion des J – wenn auch nur unbewusst – provoziert und zu der für ihn entstandenen Notwehrlage schuldhaft beigetragen. Daher könnte S verpflichtet gewesen sein, statt Trutzwehr zu üben, sich zurückzuhalten. Das Gebot, dem Angriff auszuweichen bzw. alle Mittel der Schutzwehr zu nutzen, kann aber nur dann gelten, wenn zwischen dem Vorverhalten und dem Angriff ein enger zeitlicher Zusammenhang besteht. Sofern – wie hier – ein Zeitabstand von einer Woche gegeben ist, behält der Angegriffene das uneingeschränkte Recht zur Trutzwehr.

Dem steht es nicht entgegen, dass J zwar erst nach sieben Tagen von dem Schädigungsvorsatz des S erfahren hatte, aber sogleich wutentbrannt herbeieilte. Denn darauf kann es nicht ankommen, weil sonst das Notwehrrecht des Angegriffenen unter Umständen auch noch nach Jahr und Tag geschmälert wäre.

Die Tat des S war somit durch Notwehr geboten. Weil S zudem mit Verteidigungswillen handelte, war die Körperverletzung von Notwehr gedeckt.

4. Ergebnis

S hat sich nicht wegen Körperverletzung nach § 223 I StGB strafbar gemacht.

Gesamtergebnis

J hat sich einer Körperverletzung nach § 223 I StGB strafbar gemacht. Hingegen geht S straffrei aus.

Fall 2 „VfL Bochum – 1. FC Köln: ein Nachspiel"

Kausalität und objektive Zurechnung

Nach einem Bundesliga-Spiel im Bochumer Stadion kommt es zu einer Massenrauferei zwischen rivalisierenden Fans des VfL Bochum und des 1. FC Köln. Als es der Polizei gelingt, die Rauferei zu beenden, findet sie B, einen jungen Bochumer, tot auf dem Boden vor. B hat durch wuchtige Tritte vor den Kopf eine tödliche Schädelfraktur erlitten.

Die Polizei nimmt unter anderem K, einen zweiundzwanzigjährigen Kölner fest. Bei seiner Vernehmung räumt K ein, „mitgemischt" zu haben; er habe sich aber darauf beschränkt, seine Gegner bloß wegzustoßen oder ihnen leichte Schläge vor die Brust zu versetzen. Mit B sei er zu keinem Zeitpunkt in Berührung gekommen. Außerdem sei eine solche Rangelei unter den Fans doch nach jedem Bundesligaspiel gang und gäbe. Dass es zu einem solchen Unglück kommen könne, sei für niemanden voraussehbar gewesen.

Beurteilen Sie die Strafbarkeit des K! § 125 StGB ist nicht zu prüfen. Strafanträge sind, soweit erforderlich, gestellt.

1. Fallvariante

B hat lediglich Verletzungen an der Stirn und im Augenbereich davongetragen. Der Notarzt erklärt dem B, dass er dringend in eine Augenklinik gebracht werden müsste, weil B sonst möglicherweise sein Augenlicht verlieren könne. Als der Notarztwagen die Klinik erreicht hat, sucht B aus Furcht, wegen der Rauferei belangt zu werden, sein Heil in der Flucht. Drei Tage später ist er auf beiden Augen blind.

2. Fallvariante

B hat kräftige Tritte vor beide Schläfen abbekommen. Vier Jahre später wird er taub, was nachweislich auf die Tritte zurückzuführen ist.

Beurteilen Sie auch für diese Fallabwandlungen die Strafbarkeit des K!

Lösung 2 „VfL Bochum – 1. FC Köln: ein Nachspiel"

Lösungsschritte
1. In den Blick rückt zunächst die Strafbarkeit des K aus § 223 I StGB wegen Körperverletzung gegenüber seinen Gegnern, mit denen er sich direkt auseinandergesetzt hat. Insoweit lägen ggf., je nach Anzahl der Betroffenen, mehrere Gesetzesverletzungen vor. Was den Tod des B angeht, ist Totschlag nach § 212 StGB zu bedenken. Nach seiner (hinzunehmenden) Einlassung kann K aber weder der Täter sein, noch hatte er Vorsatz bezüglich des Todeserfolgs. Das ist so offensichtlich, dass in der Klausur von der Prüfung abgesehen werden sollte. Stattdessen kann gleich § 222 StGB, die fahrlässige Tötung, angegangen werden. Hier stellt sich die Frage der Kausalität, die man unter mehreren Aspekten zu behandeln hat und die im Ergebnis zu verneinen ist.

Zum Schluss ist wegen der Rauferei § 231 StGB, die Beteiligung an einer Schlägerei, zu prüfen. Es handelt sich um ein abstraktes Gefährdungsdelikt, das gerade wegen der regelmäßig großen Beweisschwierigkeiten bei der Feststellung der Kausalität geschaffen wurde (BGHSt 14, 132, 134 f.). Einzig dieses Delikt ist auch den **Fallvarianten** zugrunde zu legen, wobei hier fraglich ist, ob die schweren Körperverletzungsfolgen (§ 226 StGB) noch „durch die Schlägerei ... verursacht" worden sind.

2. Bezüglich der von K im Zuge der Rauferei begangenen potenziellen Körperverletzungen nach § 223 StGB ist der Sachverhalt darauf angelegt, dass die **Erheblichkeitsschwelle** eines körperlichen Misshandelns nicht überschritten ist. K hat nach seiner (hinzunehmenden) Einlassung seine Tätlichkeiten auf bloßes Wegstoßen und leichte Hiebe vor die Brust seiner Gegner beschränkt. Durch beides wird das körperliche Wohlbefinden in nur unerheblicher Weise beeinträchtigt (vgl. BGH StV 2001, 680).

Im Rahmen des § 222 StGB bedarf es der Erörterung, ob das Verhalten des K den Tod des B **kausal** herbeigeführt haben könnte. Weil K selbst auf B nicht eingetreten hat bzw. weil sich das nicht nachweisen lässt, scheidet unmittelbare Kausalität aus. Für die Kausalität reicht aber bekanntlich Mitursächlichkeit und damit eine mittelbar gesetzte Bedingung. Daher ist zu prüfen, ob durch das bloße „Mitmachen" bei der Rauferei ein hinreichender Kausalbeitrag geleistet wurde. Nach Maßgabe der **Äquivalenztheorie** ist das anhand der conditio sine qua non-Formel zu bestimmen: Erfolgsursächlich ist jede Bedingung, die nicht hinweggedacht werden kann, ohne dass der konkrete Erfolg entfiele. Anzunehmen wäre dies, wenn gerade das Mitmachen des K zur Folge gehabt hätte, dass das Kampfgeschehen bis hin zur Tötung eskalierte. Erforderlich wäre also der Nachweis, dass **gerade die Teilnahme des K** die Streitwütigkeit des Täters bzw. der Täter gesteigert und damit dazu geführt hatte, dem B wuchtige Tritte vor den Kopf zu versetzen. Hierfür enthält der Sachverhalt jedoch keinerlei Anhaltspunkte. Im Gegenteil: Weil K sich überhaupt nicht in der Nähe von B befand und sich zudem auf „mäßige" Tätlichkeiten beschränkte, ist davon auszugehen, dass auch ohne seine Beteiligung der Todeserfolg nicht ausgeblieben wäre.

Mit Rücksicht auf die **Vielzahl der Beteiligten** ist weiter zu überlegen, ob nicht die Regeln über die **kumulative oder alternative Kausalität** weiterhelfen.

Kumulative Kausalität meint Fälle, in denen unabhängig voneinander vorgenommene Handlungen zwar nicht jeweils für sich, aber in ihrem Zusammenwirken geeignet sind, den Erfolg herbeizuführen. Alternative Kausalität liegt dagegen vor, wenn zwei oder mehrere, unabhängig voneinander erbrachte Tatbeiträge zusammenwirken, die zwar auch für sich allein zur Erfolgsherbeiführung ausgereicht hätten, tatsächlich aber alle in dem eingetretenen Erfolg wirksam wurden (BGHSt 39, 195, 198). In Abwandlung der Grundformel ist hier das conditio sine qua non-Prinzip zu modifizieren: Von mehreren Bedingungen, die zwar alternativ, aber nicht kumulativ hinweggedacht werden können, ohne dass der Erfolg entfiele, ist jede für den Erfolg ursächlich.

Beide Konstellationen sind für K nicht einschlägig. **Kumulative Kausalität** setzt die Feststellung voraus, dass ein Verhalten – wenn auch nur im Zusammenwirken mit anderen Bedingungen – den Erfolg (mit-)verursacht hat. Das kann, wie ausgeführt, für das Verhalten des K nicht angenommen werden. Im Übrigen ist auch kein Fall **alternativer Kausalität** gegeben. Hierfür ist grundsätzlich nur dann Raum, wenn schon das Einzelverhalten für sich allein betrachtet erfolgstauglich wäre.

Diskutabel erscheint noch ein weiterer Ansatz, mit dem sich eventuell die Kausalität begründen ließe: K könnte als **Mittäter** (§ 25 II StGB) gemeinsam mit den anderen Fans des 1. FC Köln für den Tod des B verantwortlich sein. Kennzeichnend für die Mittäterschaft ist ja gerade, dass der Einzelne sich das Handeln des oder der anderen wie eigenes Handeln zurechnen lassen muss. Die für K nicht nachweisbare individuelle Kausalität könnte also überspielt werden, wenn davon auszugehen ist, dass B von einem Täter bzw. Tätern aus der Gruppe der Kölner Fans getötet wurde. Nach bislang h.M. ist aber im Fahrlässigkeitsbereich keine Mittäterschaft möglich (siehe nur *Waßmer*, in: AnwaltKommentar StGB, 3. Aufl. 2020, § 25 Rn. 76 m. w. Nachw.), weil Mittäterschaft einen gemeinsamen Tatentschluss voraussetzt, der auf die wissentliche und willentliche Herbeiführung des Taterfolgs gerichtet sein muss. Sieht man dies anders (dazu *Rengier*, Strafrecht AT, 10. Aufl. 2018, § 53 Rn 3 ff.), ist zumindest zu fordern, dass das „gemeinschaftliche Begehen" auf eine bewusste und gewollte gemeinsame pflichtwidrige Gefahrschaffung („gemeinsames Handlungsprojekt") zurückzuführen ist. Die Kölner Fans müssten sich also abgesprochen haben, entweder die Bochumer Fans anzugreifen oder sich deren Attacke zu stellen. Dass eine solche Verabredung stattgefunden hat, kann jedoch weder dem Sachverhalt entnommen noch mittels einer „lebensnahen Auslegung" angenommen werden.

§ 231 StGB: Objektive Zurechnung und objektive Strafbarkeitsbedingungen

Weil bei § 222 StGB die Hürde der Kausalität nicht zu überwinden ist, bleibt die Beteiligung an einer Schlägerei übrig. Bezugspunkt ist bei **§ 231 StGB** nicht das Handeln des einzelnen „Schlägers", sondern die **Schlägerei als solche**.

1. Das tatbestandliche Unrecht erschöpft sich in der bloßen Beteiligung an der Auseinandersetzung („wird schon wegen dieser Beteiligung ... bestraft"). Bei der **Verursachung der schweren Folge** handelt es sich um eine **objektive**

Bedingung der Strafbarkeit (BGHSt 16, 130, 132), auf die sich Vorsatz und Fahrlässigkeit nicht beziehen müssen (einschränkend *Hirsch*, in: Leipziger Kommentar zum StGB, Bd. 6, 11. Aufl. 2005, § 231 Rn. 13, 15, der Vorhersehbarkeit verlangt). Dieser Besonderheit ist auch im Deliktsaufbau Rechnung zu tragen. Man darf die Prüfung der objektiven Bedingung der Strafbarkeit nicht in die Prüfung des objektiven Tatbestands integrieren, sondern ihr ist ein eigener Gliederungspunkt jenseits der Schuld zu widmen.

2. Weil jedoch vielfach davon gesprochen wird, dass objektive Strafbarkeitsbedingungen „**Tatbestandsannexe**" darstellen, soll im Folgenden eine andere Möglichkeit gewählt werden: Die Erörterung wird zwischen dem subjektiven Tatbestand und der Rechtswidrigkeit vorgenommen.

   a) Für den **Ausgangsfall** kann ohne Umschweife festgestellt werden, dass der Tod des B „durch die Schlägerei" herbeigeführt wurde. Dagegen ist bei den beiden Fallvarianten zweifelhaft, ob die schwere Körperverletzung (§ 226 I Nr. 1 StGB: Verlust des Sehvermögens; Verlust des Hörvermögens), die B erlitt, sich noch der Schlägerei zurechnen lässt. Über die Ursächlichkeit hinaus setzt § 231 StGB voraus, dass die schwere Folge gerade aus der spezifischen Gefährlichkeit der Schlägerei resultiert. Das ist entsprechend der Regeln zu bewerten, die für die Erfolgsqualifikation des § 227 StGB (Körperverletzung mit Todesfolge) gelten.

   b) In der **1. Fallvariante** hat B sich der notwendigen **Heilbehandlung entzogen** und hierdurch die Letztursache für seine Erblindung gesetzt. Dieses Risiko ist er, weil zuvor über die möglichen Konsequenzen aufgeklärt, **eigenverantwortlich** eingegangen. Auch wenn es ihm darum ging, sich der Strafverfolgung zu entziehen, muss seine Entscheidung, sich nicht in ärztliche Behandlung zu begeben, als grob unvernünftig eingestuft werden. Das hat zur Folge, dass seine Erblindung sich gerade nicht auf die von der Schlägerei ausgehenden Gefahren zurückführen lässt; es fehlt der spezifische Gefahrzusammenhang.

   c) In der **2. Fallvariante** geht es in Bezug auf das Ertauben dagegen um die Zurechnung von sog. **Spätschäden**, die zwar unbestreitbar auf ein bestimmtes Ereignis zurückzuführen sind, aber erst nach erheblicher Zeit eintreten.

   Selbstverständlich kann man insoweit den Standpunkt einnehmen, dass der **Zeitablauf allein** die Zurechnung nicht zu sperren vermag. Solange sich die Folgeschäden – wie hier – noch im Rahmen des Voraussehbaren halten und der spezifische Gefahrzusammenhang nicht dadurch unterbrochen ist, dass das Opfer es an Selbstschutzmaßnahmen hat fehlen lassen, muss der Täter für die Spätfolgen einstehen. Hinzu kommt, dass – anders als bei der Verjährung – ein genauer Zeitpunkt, ab dem die zeitliche Zurechnung enden soll, sich nicht angeben lässt.

   Auf der anderen Seite deutet schon der Wortlaut des § 231 StGB („durch die Schlägerei ... verursacht") darauf hin, dass zwischen dem Kampfgeschehen und der schweren Folge ein **zeitlicher Zusammenhang** bestehen muss: Der Erfolg muss entweder während der Schlägerei oder alsbald danach eintreten. Für diese Restriktion spricht überdies das Institut der Verjährung, wonach aus Gründen der Rechtssicherheit und des Rechtsfriedens irgendwann ein Schlussstrich zu ziehen und die Tat nur noch „Geschichte" ist. Zudem wäre es für K kaum einzusehen, wenn er erst nach Ablauf von vier Jahren nach § 231 StGB zur Rechenschaft gezogen werden könnte. Gleiches gilt im Übrigen – theoretisch – für B, weil nach h.M. auch derjenige Beteiligte, der die schwere Körperverletzung selbst in der Schlägerei davongetragen hat, Täter des § 231 StGB sein kann (RGSt 32, 33, 37 f.), es sei denn er hatte sich auf Schutzwehr beschränkt (BGHSt 15, 369, 371).

Berücksichtigt werden muss schließlich, dass das **Schadensereignis** bei § 231 StGB **außerhalb des objektiven Unrechts** steht. Mit dem späteren Eintritt der schweren Folge wird also kein neues Unrecht gesetzt, sondern nur die Voraussetzung geschaffen, dass die Beteiligten bestraft werden können. Das sollte Grund genug sein, eine Schadensfolge, zu der es erst in einem Zeitabstand von vier Jahren gekommen ist, für § 231 StGB nicht genügen zu lassen.

Lösungsskizze
Unsere Vorüberlegungen lassen sich in die folgende Lösungsskizze umsetzen:

Ausgangsfall

I. Strafbarkeit des K aus § 223 I StGB (gegenüber den unmittelbaren Gegnern)
   1. OTB körperliches Misshandeln (–), weil nur unerhebliche Beeinträchtigung
   2. Ergebnis: (–)
II. Strafbarkeit des K aus § 222 StGB
   1. TB
      a) Erfolg: Tod eines Menschen (+), Tod des B
      b) Handlung des K (+), Mitwirken bei der Rauferei
      c) Kausalität?
         aa) Unmittelbar (–), nicht nachweisbar
         bb) Kumulative Kausalität (–), weil nicht mitursächlich
         cc) Alternative Kausalität (–), weil für sich gesehen nicht erfolgstauglich
         dd) Zurechnung qua fahrlässiger Mittäterschaft (–), weil entweder grds. nicht möglich oder keine Tatverabredung
   2. Ergebnis: § 222 StGB (–)
III. Strafbarkeit des K aus § 231 I StGB
   1. OTB
      a) Schlägerei (+)
      b) Daran beteiligt (+)
   2. STB = Vorsatz (+)
   3. Objektive Strafbarkeitsbedingung
      a) Tod eines anderen (+)
      b) Durch die Schlägerei verursacht (+)
   4. Rechtswidrigkeit (§ 231 II StGB): (+)
   5. Schuld (§ 231 II StGB): (+)
   6. Ergebnis: § 231 I StGB (+)

1. Fallvariante

Strafbarkeit des K aus § 231 I StGB

1. OTB und STB (+), wie oben
2. Objektive Strafbarkeitsbedingung
   a) Schwere Körperverletzung (§ 226 I Nr. 1 StGB): (+), Verlust des Sehvermögens auf beiden Augen
   b) Durch Schlägerei verursacht (−), weil eigenverantwortliche, grob unvernünftige Verweigerung ärztlicher Hilfe
3. Ergebnis: § 231 I StGB (−)

2. Fallvariante

Strafbarkeit des K aus § 231 I StGB

1. OTB und STB (+), wie oben
2. Objektive Strafbarkeitsbedingung
   a) Schwere Körperverletzung (§ 226 I Nr. 1 StGB): (+), Verlust des Gehörs
   b) Durch Körperverletzung verursacht? (zw. wegen zeitlichen Abstands)
      − dafür spricht: noch vorhersehbar; Gefahrverwirklichungszusammenhang nicht unterbrochen
      − dagegen spricht: Wortlaut des § 231 StGB; Rechtsgedanke der Verjährung; Erfolgseintritt bloße objektive Strafbarkeitsbedingung
3. Ergebnis: § 231 I StGB (−)

Gesamtergebnis: § 231 I StGB nur im Ausgangsfall (+)

Klausurlösung

Ausgangsfall

I. Strafbarkeit des K aus § 223 I StGB

K könnte sich dadurch, dass er seine Gegner weggestoßen und ihnen Schläge versetzt hat, wegen Körperverletzung nach § 223 I StGB in mehreren Fällen strafbar gemacht haben.

1. Objektiver Tatbestand

K müsste seine Widersacher körperlich misshandelt haben. Darunter ist eine üble, unangemessene Behandlung zu verstehen, durch die das Opfer in seinem körperlichen Wohlbefinden nicht nur unerheblich beeinträchtigt wird. K hat sich lediglich darauf verlegt, andere bloß wegzustoßen bzw. ihnen leichte Hiebe vor die Brust zu verpassen. Dieses Verhalten stellt lediglich einen Bagatellangriff dar, der die Betroffenen nicht nennenswert in ihrem körperlichen Wohlbefinden gestört hat.

Eine körperliche Misshandlung liegt mithin nicht vor. Der objektive Tatbestand entfällt.

2. Ergebnis

K hat sich keiner Körperverletzung nach § 223 I StGB schuldig gemacht.

II. Strafbarkeit des K aus § 222 StGB

Mit Rücksicht darauf, dass B bei der Rauferei, bei der K mitgewirkt hat, zu Tode kam, könnte sich K wegen fahrlässiger Tötung nach § 222 StGB strafbar gemacht haben.

1. Tatbestand

Der Tod eines Menschen, des B, ist eingetreten. Die Tathandlung des K ist darin zu sehen, dass er an der Rauferei aktiv beteiligt war. Fraglich ist aber, ob sein Mitwirken für den Todeserfolg ursächlich war. Nach der Aussage des K, es sei zu keinem Kontakt mit B gekommen, er selbst habe also nicht zugetreten, war sein Verhalten nicht unmittelbar kausal. Nach der Äquivalenztheorie genügt jedoch bloße Mitursächlichkeit, die gegeben ist, wenn eine bestimmte Handlung zusammen mit anderen Kausalfaktoren den Erfolgseintritt mitbewirkt hat. Ob dies der Fall ist, richtet sich nach der conditio sine qua non-Formel. Danach wäre das Handeln des K erfolgsursächlich, wenn es nicht hinweggedacht werden könnte, ohne dass der konkrete Erfolg entfiele. Blendet man K als Einzelperson aus dem Kampfgeschehen aus, wäre B gleichfalls zu Tode gekommen. Dass es gerade das Mitwirken des K war, das den oder die „wahren" Täter zur Tötung motiviert bzw. provoziert hat, lässt sich nicht feststellen. Kausalität in Gestalt von Mitursächlichkeit ist deshalb ebenfalls nicht gegeben.

Kausalität könnte aber dennoch vorliegen, wenn eine Abwandlung der conditio sine qua non-Formel zur Anwendung gelangen würde. So ist anerkannt, dass bei mehreren Einzelhandlungen, die zwar alternativ, nicht aber kumulativ hinweggedacht werden können, ohne dass der Erfolg entfiele, jede für sich erfolgsursächlich ist. Diese Regel ist aber allein den Fällen der alternativen Kausalität vorbehalten, in denen jeder Einzelbeitrag schon bei isolierter Betrachtung ausgereicht hätte, den Erfolg herbeizuführen. Auch über diesen Weg ist demnach der Kausalzusammenhang nicht begründbar.

Zu erwägen bleibt, ob K sich das erfolgsverursachende Verhalten des bzw. der „wahren" Täter zurechnen lassen muss. K könnte als Mittäter nach § 25 II StGB für den Tod verantwortlich sein, wenn B, wofür vieles spricht, von Kölner Fans attackiert wurde. Mittäterschaft setzt jedoch einen gemeinschaftlichen Tatentschluss voraus, der sich auch auf den Tatelfolg erstrecken muss. Daher ist Mittäterschaft bei einer Fahrlässigkeitstat ausgeschlossen. Ließe man hingegen eine fahrlässige Mittäterschaft zu, wäre für diese zu verlangen, dass sich die Beteiligten im Sinne einer bewussten und gewollten gemeinsamen pflichtwidrigen Gefahrschaffung abgesprochen haben. Dies ist nicht ersichtlich, so dass auch über diese Konstruktion K für den Tod des B nicht einzustehen hat.

Mangels Kausalität ist somit der Tatbestand des § 222 StGB nicht erfüllt.

2. Ergebnis

K hat sich nicht wegen fahrlässiger Tötung aus § 222 StGB strafbar gemacht.

III. Strafbarkeit des K aus § 231 I StGB

K war in die Rauferei verstrickt. Er könnte sich deshalb wegen Beteiligung an einer Schlägerei gem. § 231 StGB strafbar gemacht haben.

1. Objektiver Tatbestand

Es muss zunächst eine Schlägerei stattgefunden haben. Eine Schlägerei ist ein Streit mit gegenseitigen Körperverletzungen zwischen mehr als zwei Personen (BGHSt 15, 369, 370). Eine solche Situation war hier gegeben. Beteiligt daran ist jeder, der am Tatort anwesend ist und in feindseliger Weise an den Tätlichkeiten teilnimmt. Ob das bei K der Fall war, ist fraglich, weil sein Handeln – wie gesehen – nicht die Qualität einer Körperverletzung hatte. Für die Beteiligung reicht jedoch jede physische oder psychische Mitwirkung an den Tätlichkeiten, sofern darin eine Feindseligkeit zum Ausdruck gelangt. Auch das bloße Wegstoßen und die leichten Schläge bedeuten demnach eine Beteiligung.

2. Subjektiver Tatbestand

Der hiernach gegebene objektive Tatbestand müsste vom Vorsatz des K umfasst gewesen sein. K hat sich wissentlich und willentlich an der Schlägerei beteiligt. Allerdings hat er nicht mit der Möglichkeit gerechnet, dass jemand hierbei tödlich verletzt werden könnte. Das kann ihn aber nicht entlasten, weil die Voraussetzung „wenn durch die Schlägerei ... der Tod eines Menschen ... verursacht worden ist" eine objektive Bedingung der Strafbarkeit darstellt, die dem Vorsatzerfordernis entzogen ist.

3. Objektive Strafbarkeitsbedingung

B ist getötet worden. Dieser Erfolg ist durch die Schlägerei verursacht worden. Anhaltspunkte dafür, dass es an der Kausalität fehlen könnte, sind nicht erkennbar. Ob dieser Ausgang objektiv bzw. individuell für K vorhersehbar war, spielt keine Rolle. Da es um eine objektive Strafbarkeitsbedingung geht, ist § 18 StGB nicht anwendbar.

4. Rechtswidrigkeit

Rechtfertigungsgründe sind nicht ersichtlich. Die Beteiligung ist deshalb K als Unrechtstat vorzuwerfen, § 231 II StGB.

5. Schuld

Gründe, welche die Schuld des K ausschließen oder ihn entschuldigen würden, sind ebenfalls nicht vorhanden. Die Beteiligung ist mithin K insgesamt vorzuwerfen, § 231 II StGB.

6. Ergebnis

K hat sich wegen Beteiligung an einer Schlägerei aus § 231 I StGB strafbar gemacht.

1. Fallvariante

Strafbarkeit des K aus § 231 I StGB

1. Objektiver und subjektiver Tatbestand

Wie im Ausgangsfall hat K den objektiven und subjektiven Tatbestand des § 231 I StGB verwirklicht.

2. Objektive Strafbarkeitsbedingung

B müsste eine schwere Körperverletzung i. S. d. § 226 I StGB erlitten haben. B ist auf beiden Augen erblindet und hat damit sein Sehvermögen eingebüßt, § 226 I Nr. 1 StGB. Diese Folge müsste durch die Schlägerei verursacht worden sein. Denkt man sich die Rauferei als Gesamtvorgang hinweg, wäre B nicht verletzt worden.

Über den hiernach vorliegenden Ursachenzusammenhang hinaus ist für § 231 StGB ein besonderer Gefahrzusammenhang zu fordern: Die spezifische Gefährlichkeit der Schlägerei muss sich in der konkreten schweren Folge niedergeschlagen haben. Das ist hier zweifelhaft, weil der eigentliche Grund für die Erblindung des B darin zu sehen ist, dass er sich der notwendigen ärztlichen Behandlung entzogen hat. Dabei war er sich des Risikos, das Augenlicht zu verlieren, bewusst. Auch sein Motiv, andernfalls strafrechtlich belangt zu werden, vermag seine Eigenverantwortlichkeit nicht zu beseitigen. Nimmt man hinzu, dass mit dem drohenden Verlust des Sehvermögens ein gravierender Körperschaden bevorsteht, ist das Verhalten des B als völlig unvernünftig und als nicht mehr nachvollziehbar zu bewerten. Das hat zur Folge, dass der schwere Körperverletzungserfolg nicht der Schlägerei zugeordnet werden kann. B hat, weil er eigenverantwortlich nicht für Selbstschutz gesorgt hat, für seine Erblindung selbst einzustehen. Die objektive Bedingung der Strafbarkeit ist somit nicht eingetreten.

3. Ergebnis

K ist in der 1. Fallabwandlung nicht wegen der Beteiligung an einer Schlägerei gem. § 231 StGB strafbar.

2. Fallvariante

Strafbarkeit des K aus § 231 I StGB

1. Objektiver und subjektiver Tatbestand

Wiederum sind wie im Ausgangsfall der objektive und der subjektive Tatbestand erfüllt.

2. Objektive Strafbarkeitsbedingung

B hat, bedingt durch die Schlägerei, sein Hörvermögen verloren. Damit ist eine schwere Körperverletzung i. S. d. § 226 I Nr. 1 StGB eingetreten. Ob diese schwere Folge noch der Schlägerei zugerechnet werden kann, ist allein deshalb fraglich, weil zwischen dem Tatgeschehen und der Ertaubung ein Zeitraum von vier Jahren lag. Anders als in der 1. Fallabwandlung ist davon auszugehen, dass dieser – durchaus vorhersehbare – Spätschaden für B nicht vermeidbar war. Würde man Spätfolgen gleichwohl für nicht zurechenbar halten, wäre damit auch die Schwierigkeit verbunden, diese von „Nichtspätschäden" abzugrenzen, also den Zeitpunkt zu benennen, ab dem eine Zurechnung nicht mehr erfolgen kann.

Vom Ergebnis her wirkt es allerdings befremdlich, wenn eine objektive Bedingung, die erst im zeitlichen Abstand von vier Jahren nach der Schlägerei eintritt, die Strafbarkeit der Beteiligten noch auslösen könnte. K wird sich längst darauf eingerichtet haben, dass ihm kein Strafbarkeitsrisiko mehr droht. Darüber hinaus besteht nach diesem langen Zeitraum auch kein allgemeines Strafbedürfnis mehr, zumal der Eintritt der schweren Folge gar nicht zum Unrecht des Schlägereitatbestandes gehört. Außerdem ist auf den Rechtsgedanken der Verjährung hinzuweisen, dem zu entnehmen ist, dass mit Ablauf einer gewissen Zeit die materielle Strafberechtigung schwindet. Schließlich legt auch der Wortlaut des § 231 I StGB („durch die Schlägerei ... verursacht") eine restriktive Auslegung nahe, wonach der Erfolg entweder schon bei der Auseinandersetzung selbst oder unmittelbar danach eingetreten sein muss.

Daraus ergibt sich, dass der Zeitabstand von vier Jahren eine Zurechnungssperre begründet, die K entlastet.

3. Ergebnis

Wie bei der 1. Fallabwandlung ist auch hier die objektive Strafbarkeitsbedingung nicht erfüllt. K kann demnach nicht aus § 231 I StGB bestraft werden.

Gesamtergebnis

K hat sich im Ausgangsfall lediglich wegen Beteiligung an einer Schlägerei nach § 231 StGB strafbar gemacht. Was die beiden Fallvarianten betrifft, geht er straffrei aus.

Fall 3 „Weißer Schnee aus Kirgistan"

Objektive Zurechnung und Fahrlässigkeit

Der zwanzigjährige H hängt gelangweilt in einem Internet-Café herum. Als die A, mit der H freundschaftlich verbunden ist, das Café betritt und sich zu einem Tisch in der Ecke begibt, setzt H sich sogleich zu ihr. Im Laufe des Gesprächs eröffnet A ihm, dass sie soeben 10 g Heroin aus Kirgistan zum Zwecke der Weiterveräußerung erhalten habe. H erwidert, dass er „mal wieder Lust darauf habe". A, die weiß, dass H derzeit „clean" ist, in der Vergangenheit aber häufiger Drogen – darunter auch harte – konsumiert hat, händigt dem H daraufhin 1 g Heroin zum Preis von 200 € aus. Dabei bemerkt sie, dass es sich um einen sehr starken „weißen" Stoff handele. Beim Konsumieren müsse H aufpassen und „nicht spritzen, sondern nur sniefen". Außerdem müsse er das Rauschgift unbedingt in kleineren Portionen aufteilen. H sichert der A zu, sich an diese Warnung zu halten.

H geht sodann nach Hause, schüttet den gesamten Stoff in einer Linie vor sich auf den Tisch und zieht ihn mit einem zusammengerollten 50 €-Schein in die Nase hoch. Eine halbe Stunde später wird er bewusstlos. Aus seiner Ohnmacht erwacht er nicht mehr. Infolge des Heroingenusses stirbt er an einem Herz-Kreislaufversagen.

Beurteilen Sie die Strafbarkeit der A! Verstöße gegen das Betäubungsmittelgesetz sind nicht zu prüfen.

Lösung 3 „Weißer Schnee aus Kirgistan"

Lösungsschritte
Der **Bearbeitungsvermerk** schließt die nebenstrafrechtlichen Vorschriften des BtMG aus (Hinweis: Einschlägig wären die §§ 29 I Nr. 1, 30 I Nr. 3 BtMG – Abgabe von Betäubungsmitteln mit Todesfolge; vgl. dazu BGHSt 37, 179 ff.; BGH NStZ 2001, 205 f.). Hiermit muss und darf sich der Bearbeiter also nicht befassen.

Ohne Weiteres ist erkennbar, dass **§ 222 StGB** (fahrlässige Tötung) in Betracht kommt. Bei näherem Nachdenken rücken **§ 227 StGB** (Körperverletzung mit Todesfolge) und **§ 224 I Nr. 1 StGB** (gefährliche Körperverletzung durch Beibringung von Gift) in den Blick. Beide Qualifikationen setzen die Erfüllung des Grundtatbestands der einfachen Körperverletzung **(§ 223 StGB)** voraus. Auf sie einzugehen erübrigt sich, wenn A schon nicht aus § 223 StGB verantwortlich ist.

Da der Sachverhalt ein **einheitliches Geschehen** umschreibt und die strafrechtliche Beurteilung jeweils an das gleiche Handeln der A – Überlassen des Heroins – anknüpft, ist von einer Aufteilung in **Tatkomplexe** abzusehen.

Was die **Reihenfolge** der zu diskutierenden Delikte angeht, ist es zweckmäßig, § 222 StGB ans Ende des Gutachtens zu stellen. Dies empfiehlt sich zum einen aus **Konkurrenzgründen**: § 222 StGB würde ggf. hinter § 227 StGB im Wege der Gesetzeskonkurrenz zurücktreten. Zum anderen sprechen dafür **klausurtaktische Erwägungen**. Denn die vorgezogene Prüfung der Körperverletzung leistet im Hinblick auf § 222 StGB entscheidende Vorarbeiten. Die ohnehin schon schwierige Darstellung des Fahrlässigkeitsdelikts wird auf diese Weise vereinfacht.

Die erste – vorläufige – **Grobgliederung** könnte somit wie folgt aussehen:

Strafbarkeit der A aus:

1. § 223 StGB
2. § 224 I Nr. 1 StGB
3. § 227 StGB
4. § 222 StGB

Wendet man sich nunmehr der **(Fein-) Justierung** innerhalb der einzelnen Delikte zu, kann im Rahmen der **Körperverletzung** unschwer festgestellt werden, dass H vor seinem Tod eine **Gesundheitsschädigung** erlitten und A zu diesem Erfolg kausal beigetragen hat. Sie hat allerdings die Tat nicht selbst begangen (§ 25 I Alt. 1 StGB), so dass unmittelbare Täterschaft entfällt. Umzusteigen ist sodann auf **mittelbare Täterschaft** („Wer die Tat durch einen anderen" – hier: durch das Opfer – „begeht", § 25 I Alt. 2 StGB). Diese ist davon abhängig, ob H als Werkzeug eingestuft werden kann, d. h. ein **Verantwortungsdefizit** aufwies (ausführliches Aufbaumuster bei Fall 12, S. 134). Diesbezüglich sind die Angaben im Sachverhalt auszuwerten, die allesamt nahelegen, dass H sich **frei und eigenverantwortlich** selbst geschädigt hat. Von daher scheidet eine täterschaftliche Verantwortung der A aus. Weil die durch H bewirkte Selbstverletzung tatbestandslos ist, ist auch eine **Teilnahme** der A zu § 223 StGB in Gestalt von Beihilfe (§ 27 StGB) ausgeschlossen. Daher brauchen auch die Qualifikatiostatbestände der §§ 224, 227 StGB nicht mehr – und wenn, dann nur kurz (!) – angesprochen zu werden.

Der Aufbau der Fahrlässigkeitstat mit fallspezifischen Erläuterungen
Was Fahrlässigkeitsdelikte – hier § 222 StGB – betrifft, bereitet der Aufbau Anfängern erfahrungsgemäß **Schwierigkeiten**. Wichtige Merkmale bleiben oft unberücksichtigt, sachlich zu trennende Prüfungspunkte werden häufig miteinander vermengt. Daher soll im Folgenden das **Tatbestandsschema** eines fahrlässigen Erfolgsdelikts aufgezeigt und im Anschluss daran durch fallbezogene Hinweise erläutert werden:

Tatbestand:

1. Voraussetzungen des gesetzlichen Tatbestands (Handlung, Erfolg, Kausalität)
2. Verletzung der objektiv gebotenen Sorgfalt
3. Objektive Erfolgszurechnung
   a) Objektive Vorhersehbarkeit des Kausalverlaufs und Erfolgs (nach Maßgabe eines Adäquanzurteils)
   b) Pflichtwidrigkeitszusammenhang
   c) Schutzzweckzusammenhang
   d) Haftungsausschluss aufgrund opfereigener fahrlässiger Selbstschädigung

Hinweis: Den subjektiven Fahrlässigkeitselementen ist auf der Ebene der Schuld Rechnung zu tragen.

Zu 1.: Die Frage der **Kausalität** ist bereits bei der Körperverletzung positiv beantwortet worden. Für § 222 StGB gilt nichts anderes. Im Rahmen der Körperverletzung ist aber auch deutlich geworden, dass das **Handeln** der A (ginge es um eine Teilnahme) nur Beihilfequalität hätte. Fraglich ist daher, ob derjenige, der sich in der Sache auf einen Gehilfenbeitrag beschränkt, Täter des § 222 StGB sein kann. Dies anzunehmen erscheint auf den ersten Blick widersprüchlich. Die A in Bezug auf § 223 StGB als **straflose Teilnehmerin** einzuordnen, sie dagegen bei § 222 StGB als **Täterin** zu bewerten, scheint darauf hinauszulaufen, die in § 27 StGB enthaltenen Limitierungen zu umgehen. Diese Sichtweise würde aber völlig verkennen, dass die Beihilfe ebenso wie die Anstiftung (§ 26 StGB) eben nur dann strafbar ist, wenn sie sich auf eine vorsätzliche (tatbestandsmäßige) Haupttat bezieht und der Hilfe Leistende seinerseits vorsätzlich handelt. Bei § 222 StGB wird jedoch – wie bei allen Fahrlässigkeitsdelikten – gerade nicht zwischen Täterschaft und Teilnahme differenziert. Vielmehr ist **jeder als Täter** anzusehen, der einen **ursächlichen Beitrag** für den Todeserfolg geleistet hat. Dies zeigt auch der weit gefasste Wortlaut (wer ... verursacht) sehr deutlich.

Zu 2.: Der **Sorgfaltspflichtenverstoß** ist, wenn möglich, stets am Gesetz festzumachen. Er lässt sich hier unschwer mit § 29 I Nr. 1 BtMG belegen, wonach das **Veräußern von Betäubungsmitteln** bei Strafe verboten ist. Zu erwägen ist, ob nicht schon an dieser Stelle die **freiverantwortliche Selbstschädigung** des H zu erörtern ist, mit der Folge, dass A im Hinblick auf die Todesfolge kein Sorgfaltsmangel anzulasten wäre. Aber dieser Ansatz ist wenig sinnvoll. Die Prüfung des Handlungsunwertes sollte sich auf die Bewertung des **reinen Tätigkeitsaktes** beschränken. Liegt – wie hier – sogar ein nach § 29 I Nr. 1 BtMG strafbares Tun vor, wirkt es gekünstelt, dem Täter mit Rücksicht auf handlungsunabhängige Umstände ein erlaubt riskantes Verhalten zu bescheinigen.

Zu 3. a) bis c): Diese Gliederungspunkte lassen sich recht kurz behandeln. In Anbetracht der Stärke des ausgehändigten Heroins waren das **Kausalgeschehen** und der Eintritt des **Todeserfolgs** regelgerecht und damit objektiv voraussehbar. Dass H sich über die eindringliche Warnung der A hinwegsetzte, lag nicht außerhalb der Lebenserfahrung. Bei **rechtmäßigem Alternativverhalten** der A – keine Abgabe des Heroins an H – wäre der konkrete Taterfolg ausgeblieben. Der Tod des H liegt zudem im **Schutzbereich** der verletzten Sorgfaltsnorm. Das BtMG will zwar die „Volksgesundheit" schützen und die Allgemeinheit vor Gefahren bewahren, die von Suchtmitteln ausgehen. Hiermit ist aber inzident, wenn nicht gar vorrangig (vgl. BVerfGE 90, 145, 174) der Schutz von Leib und Leben des individuellen Konsumenten verbunden.

Zu 3. d): Die Prüfung der **objektiven Erfolgszurechnung** stellt den Schwerpunkt der Aufgabe dar. Fraglich ist, ob § 222 StGB auch dann tatbestandsmäßig vorliegt, wenn der Erfolg über ein **eigenverantwortliches Opferverhalten** vermittelt wird.

Verfehlt wäre es, dieses Sachproblem erst auf der Stufe der **Rechtswidrigkeit** unterzubringen und zu fragen, ob A eine rechtfertigend wirkende Einwilligung des H zur Seite stand. Dieser Lösungsweg wäre zudem mit Stolpersteinen gepflastert. Entschieden werden müsste nämlich, ob angesichts dessen, dass H offensichtlich das Risiko stark unterschätzte, überhaupt von einer bewussten Rechtsgutspreisgabe gesprochen werden kann und, wenn ja, ob die Einwilligung in die Todesgefahr vor den §§ 216, 228 StGB standhält. **Gegen die Einwilligungskonzeption** spricht zudem entscheidend, dass sie die Konstellation des Mitwirkens an einer fremden Selbstgefährdung mit der einer einverständlichen Fremdgefährdung – ohne Ansehen der Unterschiede – in einen Topf wirft: A würde im Ergebnis so behandelt, als hätte sie H eigenhändig eine Spritze mit Heroin gesetzt. Dass diese Gleichschaltung nicht zu halten ist, zeigt sich vor allem, wenn man beiden – A wie H – Tötungsvorsatz unterstellen würde. Im Fall der einverständlichen Fremdgefährdung wäre A dann aus § 216 StGB zu strafen, dagegen im Fall der eigenverantwortlichen (vorsätzlichen) Selbsttötung als straflose Teilnehmerin anzusehen. Von daher ist es angezeigt, der Thematik – wie hier – einen eigenständigen Prüfungspunkt zu widmen und sie im Tatbestand unter der Rubrik „objektive Erfolgszurechnung" zu behandeln (so auch seit BGHSt 32, 262 ff. die st. Rspr.).

In der Sache ist es heute als gesichert anzusehen, dass bei **gleicher Risikoerkenntnis** die opferseitige Verletzung der „Sorgfalt in eigenen Angelegenheiten" den „Hintermann" von Strafe freistellt. Er trägt nur dann das Risiko der Gefahrenrealisierung, wenn er über größeres Risikowissen verfügt. Dies ist hier gerade nicht der Fall. Zur Begründung kann ein **argumentum a maiore ad minus** herangezogen werden: Da die vorsätzliche Beteiligung an einem Suizid straflos ist, muss es die bloß fahrlässige Beteiligung erst recht sein. Diese Ableitung lässt zugleich die Grenzen des Bereichs der Straffreiheit erkennen. Sie werden gebildet von den Kriterien, die im Vorsatzfall eine mittelbare Täterschaft des Hintermannes begründen würden.

Fall 3 „Weißer Schnee aus Kirgistan"

Lösungsskizze
Die Lösungsskizze könnte nach allem wie folgt beschaffen sein:

I. Strafbarkeit der A aus §§ 223 I, 25 I Alt. 1 StGB
  1. OTB
     a) Gesundheitsschädigung des H vor dem Tod (+)
     b) Kausaler Tatbeitrag (+)
     c) Aber: keine unmittelbare Täterschaft!
  2. Ergebnis: (−)
II. Strafbarkeit der A aus §§ 223 I, 25 I Alt. 2 StGB
  1. OTB: Begehung der Tat durch H selbst
     a) Werkzeugqualität des H?
     b) Aber: keine Verantwortungsdefizite!
     c) Aber: keine unterlegene Risikokenntnis!
  2. Ergebnis: (−)
III. Strafbarkeit der A aus §§ 223 I, 27 StGB: (−), keine Haupttat
IV. Strafbarkeit der A aus §§ 224 I Nr. 1, 227 StGB: (−), kein Grunddelikt
V. Strafbarkeit der A aus § 222 StGB
  1. Tatbestand
     a) Handlung, Erfolg, Kausalität → reichen bloße Förderungsakte für Täterschaft?
     b) Sorgfaltspflichtenverstoß (+), § 29 I Nr. 1 BtMG!
     c) Objektive Erfolgszurechnung
        aa) Objektive Vorhersehbarkeit des Geschehensablaufs (+)
        bb) Pflichtwidrigkeitszusammenhang (+), Tod des H war bei rechtmäßigem Alternativverhalten vermeidbar
        cc) Schutzzweckzusammenhang (+), BtMG dient zwar der Volksgesundheit, aber auch dem Individualschutz
        dd) Zurechnungssperre infolge eigenverantwortlicher Selbsttötung? (+)
            Begründung: gedachter Vorsatzfall!
  2. Ergebnis: (−)

Gesamtergebnis: A ist straflos

Klausurlösung
I. Strafbarkeit der A aus §§ 223 I, 25 I Alt. 1 StGB

A könnte sich dadurch, dass sie H das Heroin überlassen hat, wegen Körperverletzung nach § 223 StGB, begangen in unmittelbarer Täterschaft, strafbar gemacht haben.

1. Objektiver Tatbestand

A könnte H an der Gesundheit geschädigt haben. Darunter ist jedes Hervorrufen oder Steigern eines krankhaften Zustands zu verstehen. Weil im Rauschzustand die körperlichen und geistigen Funktionen vom Normalzustand nachteilig abweichen,

hat H, bevor er verstorben ist, sowohl vor Eintritt seiner Ohnmacht als auch während der Dauer seiner Bewusstlosigkeit, Schaden an seiner Gesundheit genommen.
Für diesen Erfolg müsste das Handeln der A kausal geworden sein. Das ist nach Maßgabe der Äquivalenztheorie dann anzunehmen, wenn ihr Tun nicht hinweggedacht werden kann, ohne dass damit der Erfolg entfiele. Hätte A darauf verzichtet, H das Heroin zu überlassen, wäre es bei H nicht zu einer Gesundheitsschädigung gekommen. Ihr Handeln stellt deshalb eine conditio sine qua non dar. Dass H sich den Stoff selbst zugeführt hat und damit die letzte und entscheidende Ursache gesetzt hat, vermag den Kausalzusammenhang nicht zu unterbrechen, weil nach der Äquivalenztheorie alle Bedingungen gleichviel zählen. Allerdings scheidet eine unmittelbare Täterschaft der A deshalb aus, weil H sich das Heroin zu Hause selbst verabreicht hat.

2. Ergebnis

A hat die Körperverletzung nicht selbst begangen.

II. Strafbarkeit der A aus §§ 223 I, 25 I Alt. 2 StGB

A könnte die Tat aber als mittelbare Täterin verübt haben.

1. Objektiver Tatbestand

A müsste die Körperverletzung „durch einen anderen" begangen haben. Wäre das der Fall, wäre A der Selbstschädigungsakt des H wie eigenes Handeln zuzurechnen. Ein „Anderer" i. S. d. § 25 I Alt. 2. StGB kann grundsätzlich auch das Opfer selbst sein. Gleichwohl ist fraglich, ob der A die Stellung einer mittelbaren Täterin zugeschrieben werden kann. Denn dies setzt voraus, dass H die Rolle eines untergeordneten Werkzeugs inne gehabt hat, also gegenüber A Verantwortungsdefizite aufwies.
Der zwanzigjährige H war erwachsen und damit schuldfähig (vgl. § 19 StGB). Daran ändert es nichts, dass er nach dem Jugendstrafrecht (s. § 1 II JGG) noch als Heranwachsender galt. Zur Tatzeit war er nicht drogenabhängig, so dass seine Verantwortung – entsprechend §§ 20, 21 StGB – nicht infolge von Drogensucht ausgeschlossen oder gemindert war. Auf der anderen Seite hatte H bereits harte Drogen konsumiert. Er hatte deshalb Erfahrung im Umgang mit Betäubungsmitteln und wusste um deren Wirkung.
Eine eigenverantwortliche Selbstverletzung des H könnte abgelehnt werden, wenn H der A im Wissen um die besondere Qualität des Stoffes unterlegen gewesen wäre. A hat jedoch mit warnenden Worten auf die Stärke des Heroins eindringlich hingewiesen und ihm damit ihr Sonderwissen vermittelt. H erlag somit keiner Fehlvorstellung.
H hat sich mithin die Gesundheitsschädigung frei und eigenverantwortlich selbst zugefügt. Er kann daher nicht als „Anderer" i. S. v. § 25 I Alt. 2 StGB angesehen werden.

2. Ergebnis

A hat sich auch nicht wegen einer Körperverletzung in mittelbarer Täterschaft strafbar gemacht.

III. Strafbarkeit der A aus §§ 223 I, 27 StGB

A könnte allenfalls der Teilnahme an der Körperverletzung nach §§ 223 I, 27 StGB schuldig sein. Dies setzt allerdings das Vorliegen einer rechtswidrigen Tat voraus, d. h. einer Tat, die den Tatbestand eines Strafgesetzes verwirklicht, § 11 I Nr. 5 StGB. Die durch H bewirkte Selbstverletzung war jedoch nach § 223 StGB tatbestandslos. A kann sich daher nicht wegen Beihilfe strafbar gemacht haben.

IV. Strafbarkeit der A aus §§ 224 I Nr. 1, 227 StGB

Eine Strafbarkeit der A wegen gefährlicher Körperverletzung infolge der Beibringung von Gift oder anderen gesundheitsschädlichen Stoffen (§ 224 I Nr. 1 StGB) bzw. wegen Körperverletzung mit Todesfolge (§ 227 StGB) scheidet ebenfalls aus. Beide Vorschriften kämen nur zum Zuge, wenn der Grundtatbestand (§ 223 StGB) erfüllt wäre.

V. Strafbarkeit der A aus § 222 StGB

A könnte sich jedoch wegen fahrlässiger Tötung gem. § 222 StGB strafbar gemacht haben.

1. Tatbestand

a) Voraussetzungen des gesetzlichen Tatbestands

H ist infolge des Heroinkonsums verstorben. Diesen Erfolg hat A durch ihr Handeln ebenso wie die vorausgegangene Gesundheitsschädigung kausal herbeigeführt. Das ist bereits im Rahmen der Körperverletzung ausgeführt worden. Dort wurde auch aufgezeigt, dass das Verhalten der A nur Teilnahmequalität hat. Im Hinblick darauf ist fraglich, ob A überhaupt Täterin des § 222 StGB sein kann.

Auf den ersten Blick scheint die Annahme einer Täterschaft auf eine Umgehung der in §§ 26, 27 StGB enthaltenen Restriktionen hinauszulaufen. Allerdings hat der Gesetzgeber die Strafbarkeit der Teilnahme gerade deshalb auf einen vorsätzlichen Beitrag zu einer fremden Vorsatztat begrenzt, weil die fahrlässige Beteiligung ohnehin schon – originär – von § 222 StGB erfasst wird. Dies belegt auch der weite, begehungsneutral gefasste Wortlaut des § 222 StGB. Es heißt nicht wie bei § 212 StGB: „Wer einen Menschen tötet", sondern: „Wer ... den Tod eines Menschen verursacht". Dies bedeutet, dass dem § 222 StGB jede Form der Beteiligung

unterfällt. Täter einer fahrlässigen Tötung kann mithin jeder sein, der in irgendeiner Weise – und sei es auch nur, wenn eine vorsätzliche Haupttat vorläge, als „bloßer Gehilfe" – zu der in den Erfolg umschlagenden Gefahr beigetragen hat.
A hat somit die Merkmale des gesetzlichen Tatbestands erfüllt.

b) Verletzung der objektiv gebotenen Sorgfalt

A müsste den Tod des H fahrlässig verursacht haben. A hat dem H Heroin überlassen und damit der Strafvorschrift des § 29 I Nr. 1 BtMG zuwidergehandelt. Dies stellt eine Sorgfaltspflichtverletzung dar.

c) Objektive Erfolgszurechnung

Kausalverlauf und Erfolgseintritt müssen objektiv vorhersehbar gewesen sein. Heroin gehört zu den „harten" Drogen, aus deren Einnahme erhebliche Gefahren für Leib und Leben erwachsen. Das gilt umso mehr, wenn es sich – wie hier – um einen besonders starken Stoff handelt. Es lag auch nicht außerhalb der Lebenserfahrung, dass H, die Warnung der A in den Wind schlagend, das überlassene Heroin auf einmal konsumieren würde. Der tödliche Ausgang des Geschehens war somit objektiv voraussehbar.
Auch der Pflichtwidrigkeitszusammenhang zwischen dem Sorgfaltsverstoß und dem Todeserfolg liegt vor: Hätte A das Heroin nicht ausgehändigt, wäre H nicht gestorben.
Der Tod des H müsste überdies in den Schutzbereich der verletzten Sorgfaltsnorm fallen. Das BtMG dient zwar dem Schutz der Volksgesundheit, hiermit ist aber gleichzeitig der Schutz des Lebens des einzelnen Konsumenten verbunden. Damit ist der Schutzzweckzusammenhang ebenfalls zu bejahen.
Zu prüfen bleibt, wie es sich auswirkt, dass H sich den Stoff selbst zugeführt hat. Wie zuvor ausgeführt, geschah dies eigenverantwortlich und ohne dass A dem H in der Risikoeinschätzung überlegen gewesen wäre. Im Gegenteil: Weil H sich nicht an die Ermahnung der A, das Heroin nur portionsweise zu konsumieren, hielt, handelte er mit Blick auf die Todesfolge sogar „fahrlässiger" als A. Dieser Befund beseitigt zwar weder die Kausalität noch den Handlungsunwert des Tatbeitrags von A; er könnte aber dazu führen, dass A der Erfolg objektiv nicht zugerechnet werden kann, weil allein H das Risiko der Gefahrrealisierung getragen hat.
Zuvor ist aber zu klären, ob die Beteiligung des H nicht möglicherweise nach Einwilligungsregeln zu behandeln ist. Wäre dies der Fall, könnte eine rechtfertigend wirkende Einwilligung aus zwei Gründen scheitern. Zum einen ist davon auszugehen, dass H sich der Gefahr für sein Leben nicht bewusst war und damit seinen Tod nicht in Kauf genommen hat. Zum anderen könnte die Einwilligung gem. §§ 216, 228 StGB unbeachtlich sein.
Die Orientierung an Einwilligungskriterien hieße aber so zu tun, als habe statt H die A die Todesursache unmittelbar gesetzt, etwa indem sie eigenhändig H mit dessen Einverständnis Heroin injiziert hätte. Dass dieser Fall einer einverständlichen Fremdgefährdung mit der hier vorliegenden Konstellation der Beteiligung an einer

Selbstgefährdung nicht gleichgesetzt werden darf, wird deutlich, wenn man sich vorstellt, A und H hätten beide mit Tötungsvorsatz gehandelt. Im Fall der Fremdtötung wären dann Einwilligungsgrundsätze einschließlich § 216 StGB heranzuziehen; bezüglich des Förderns der Selbsttötung wären dagegen die Regeln der Täterschaft und Teilnahme maßgebend. Wie bei der Körperverletzung wäre A nicht mittelbare Täterin, sondern lediglich straflose Teilnehmerin an einer tatbestandslosen Selbstschädigung. Dieser Vergleich mit dem Vorsatzfall zeigt, dass es nicht um ein Einwilligungsproblem geht, sondern dass bereits der Tatbestand und das Erfordernis der Erfolgszurechnung betroffen sind.

In der Sache ist die Lösung wiederum aus dem Vergleich mit der entsprechenden Vorsatzsituation sowie aus der Erkenntnis abzuleiten, dass die Verantwortlichkeit für Fahrlässigkeit nicht weiterreichen kann als die für Vorsatz. Da im Vorsatzfall der A, weil sie nicht mittelbare Täterin wäre, der Erfolg nicht angelastet werden könnte, muss das Gleiche für § 222 StGB gelten. A hat somit für den Tod des H nicht einzustehen.

2. Ergebnis

A hat mithin auch keine fahrlässige Tötung nach § 222 StGB begangen.

Gesamtergebnis

Nach den Vorschriften des StGB hat sich A nicht strafbar gemacht.

Fall 4 „Der boshafte Jurastudent"

Abweichungen von Vorstellung und Tatgeschehen

Jurastudent S ist durch die Zwischenprüfung gefallen. Maßgebliche Schuld daran trägt – nach Ansicht des S – Professor P. S beschließt, sich zu rächen und P einen Denkzettel zu verpassen. Mit der Post schickt S ohne Absenderangabe ein an P adressiertes Päckchen mit der Aufschrift „persönlich/vertraulich". Das Päckchen beinhaltet eine kleine Pralinenschachtel mit drei „Mon Chéri" und ein mit einer unleserlichen Unterschrift versehenes Kärtchen mit Dankesworten für die hervorragenden Vorlesungen in den vergangenen Semestern. Die Pralinen hat S zuvor mit einer Flüssigkeit präpariert, von der er weiß, dass sie heftige Magenschmerzen und anschließend Übelkeit, Brechreiz und Durchfall auslöst.

M, die Wissenschaftliche Mitarbeiterin des P, nimmt das Päckchen in Empfang. Da sie befugt ist, auch die persönliche Post des P zu öffnen, packt sie das Päckchen aus. Sie weiß, was den Studierenden nicht bekannt ist, dass P überhaupt keine Süßigkeiten mag und die Pralinen mit Sicherheit an sie weiter verschenken wird. Deshalb isst sie spontan alle drei „Mon Chéri". Schon nach kurzer Zeit stellen sich heftige Magenkrämpfe ein.

Zwei Tage später liest S in der Zeitung von dem „Giftanschlag" in der Universität, der statt eines Professors eine Mitarbeiterin getroffen hat. Mit dieser Möglichkeit hatte S zu keiner Zeit gerechnet.

Beurteilen Sie die Strafbarkeit des S! § 267 StGB ist nicht zu prüfen. Strafanträge sind, soweit erforderlich, gestellt.

Lösung 4 „Der boshafte Jurastudent"

Lösungsschritte
1. Weil die Urkundenfälschung (§ 267 StGB) nicht zu erörtern und die Strafgrundlage des § 314 I Nr. 2 StGB (gemeingefährliche Vergiftung) offensichtlich nicht betroffen ist, hat sich die Prüfung auf § 223 StGB und seine beiden Tatalternativen („körperliches Misshandeln" und „Gesundheitsschädigung") zu konzentrieren. Naheliegend ist weiter, dass die Körperverletzung nach § 224 I StGB qualifiziert sein könnte. Zu prüfen ist zunächst, ob es sich bei der Flüssigkeit, mit der S die Pralinen versetzt hat, um ein „Gift" (**Nr. 1 Alt. 1**) i. S. d. Norm handelt. Hierunter wird jeder organische oder anorganische Stoff verstanden, der nach seiner Art und Dosierung unter bestimmten Bedingungen geeignet ist, durch chemische oder chemisch-physikalische Wirkung die Gesundheit erheblich zu schädigen (s. BGHSt 51, 18: Speisesalz). Unter die „anderen gesundheitsschädlichen Stoffe" fallen demgegenüber solche Tatmittel, die auf mechanischem oder thermischem Wege wirken. Als „gefährliches Werkzeug" (**Nr. 1 Alt. 2**) lässt sich dagegen die Flüssigkeit nicht begreifen, da es sich hierbei um einen beweglichen Gegenstand handeln muss, der durch menschliche Kraft zum Zwecke der Verletzung gegen einen Körper in Bewegung gesetzt wird (s. *Kühl*, in: Lackner/Kühl, StGB, 29. Aufl. 2018, § 224 Rn. 4). Allerdings könnte das Vorgehen des S einen „hinterlistigen Überfall" (**Nr. 3**) darstellen. Schließlich enthält der Sachverhalt keine Anhaltspunkte dafür, dass der „Giftanschlag" eine „das Leben gefährdende Behandlung" (**Nr. 5**) war.
2. Die Darstellung des **objektiven Tatbestands** des § 223 StGB scheint mit keinen Schwierigkeiten verbunden zu sein. Handeln, Erfolg und Kausalität stehen außer Zweifel. Allerdings sollte bereits im Rahmen der objektiven Erfolgszurechnung die Frage aufgeworfen werden, ob ein **atypischer Kausalverlauf** vorliegt. Davon spricht man, wenn der Eintritt des Erfolgs völlig außerhalb dessen liegt, was nach dem gewöhnlichen Verlauf der Dinge und nach allgemeiner Lebenserfahrung noch in Rechnung zu stellen ist (BGHSt 3, 62, 63 f.). Im Ergebnis ist dies aber zu verneinen. Dass ein anderer als P von den Pralinen isst, lässt sich kaum als völlig regelwidrig oder ungewöhnlich bezeichnen. S hat zwar damit nicht gerechnet und mag das Geschehen als Unglück empfunden haben. Hierdurch wird jedoch die Zurechnung nicht gesperrt.
3. Wer scharf nachdenkt, stößt weiter auf die Frage, ob S den Tatbestand als **unmittelbarer Täter** (§ 25 I Alt. 1 StGB) oder als **mittelbarer Täter** (§ 25 I Alt. 2 StGB) erfüllt hat. Denn M hat sich das Gift selbst zugeführt und könnte damit von S als ahnungsloses Werkzeug einer Selbstschädigung „missbraucht" worden sein. Der Fall liegt auf der Grenze, und es dürfte letztlich eine „Geschmacksfrage" sein, für welche Täterschaftsform man eintritt (s. auch BGHSt 43, 177 ff.: „Passauer Giftfalle"; dort wurde wegen der „verwandten Struktur" mittelbare Täterschaft gefolgert). Für mittelbare Täterschaft spricht, dass strenggenommen ein Begehen durch einen anderen (= das Opfer selbst) vorliegt. Auf der anderen Seite droht damit die (nachrangige) Figur der mittelbaren Täterschaft überstrapaziert zu werden: Auch der Jogger, der in die Kugel des Todesschützen läuft,

könnte als „ein anderer" i. S. d. § 25 I Alt. 2 StGB begriffen werden. Rechtliche Konsequenzen hat die dogmatisch zutreffende Einordnung freilich nicht. Um einen Zeitverlust zu vermeiden, empfiehlt es sich daher, entweder den Punkt anzusprechen, die Entscheidung aber offenzulassen, oder aber mit einer kurzen Begründung sich für eine Täterschaftsform zu entscheiden.

Error in persona und aberratio ictus in der Fallbearbeitung
Das eigentliche Sachproblem ist auf der **subjektiven Tatseite** verborgen. Unschwer auszumachen ist, dass das reale Tatgeschehen und die Tätervorstellung nicht harmonieren: S zielte darauf, P zu schädigen; objektiv war aber M betroffen. Dieses Auseinanderfallen wäre ohne Bedeutung, wenn S die Möglichkeit der **Erfolgsabweichung** einkalkuliert hätte. Diese Annahme wird jedoch durch den Sachverhalt versperrt. Der Vorsatz des S bezog sich ausschließlich auf die Verletzung des P, was durch den auf dem Päckchen vermerkten Zusatz „persönlich/vertraulich" bekräftigt wird.

1. In allen Fällen, in denen eine Inkongruenz von Tatverlauf und Vorsatz zu verzeichnen ist, steht man vor der Frage, ob sich beides dennoch zu einem kompletten Tatbestand – d. h. zu einem **vollendeten Delikt** – zusammenfügt, oder ob wegen der Diskrepanz eine Aufspaltung vorzunehmen ist. Letzteres hätte zur Folge, dass zunächst ein **Versuch** und anschließend ein etwaiges **Fahrlässigkeitsdelikt** zu prüfen wäre.
2. Der **„Vierer-Kanon"** der Abweichungskonstellationen – error in persona, aberratio ictus, Abweichung vom Kausalverlauf, dolus generalis – sollte dem Bearbeiter bekannt sein, und er sollte auch wissen, welche Konstellationen hiermit erfasst werden: Während unter das Stichwort **„dolus generalis"** die Fälle gefasst werden, in denen der Erfolg zu einem anderen Zeitpunkt (zu früh oder zu spät) eintritt, als der Täter dies erwartet hat, bezeichnet man mit der Kategorie **„Abweichung vom Kausalverlauf"** solche Sachlagen, bei denen nur der Geschehensverlauf auf dem Weg zum Erfolg hin von der Tätervorstellung nicht gedeckt ist. Der Erfolg selbst ist dagegen vom Vorsatz des Täters umfasst. Beide Konstellationen sind in casu nicht einschlägig.
   Stattdessen könnten ein error in persona oder eine aberratio ictus vorliegen. Ein **error in persona vel obiecto** ist dadurch gekennzeichnet, dass der Täter das anvisierte Angriffsobjekt trifft, diesem aber fälschlicherweise eine andere Identität bzw. abweichende Eigenschaften zugeschrieben hat. Ein solcher Irrtum ist jedenfalls dann anzunehmen, wenn der Täter das Opfer im Zuge der Tat sinnlich wahrgenommen hat. Hier ist unstreitig – sofern der Irrtum nicht durch einen anderen Beteiligten manipulativ herbeigeführt wurde – (hierzu und zu den Lösungen *Waßmer*, in: AnwaltKommentar StGB, 3. Aufl. 2020, § 25 Rn. 33), dass die Fehleinschätzung keine Rolle spielt, weil der Täter die für den Tatbestand allein maßgebliche Menschqualität seines Zielobjekts erkannt hat und sein Irrtum nur „außertatbestandliche" Umstände betrifft.
   Mit der Figur der **aberratio ictus** (= Fehlgehen des Schlages) werden dagegen diejenigen Fälle umschrieben, in denen der Taterfolg nicht bei dem anvisier-

ten Opfer, sondern bei einer anderen, sich in unmittelbarer Nähe befindenden Person eintritt. Diesbezüglich ist bekanntlich streitig, ob mit der h.M. auf „Versuch plus Fahrlässigkeit" oder wegen der tatbestandlichen Gleichwertigkeit auf „Vollendung" zu erkennen ist (s. *Waßmer*, in: AnwaltKommentar StGB, 3. Aufl. 2020, § 25 Rn. 47).

3. Die Besonderheit der vorliegenden Klausuraufgabe besteht darin, dass **zwei Problemkreise** ineinander verschachtelt sind. Denn es stellt sich nicht nur die Frage, ob ein „error in persona" oder aber eine „aberratio ictus" vorliegt, sondern es geht um ein sog. **Distanzdelikt**, bei dem Handlung und Tatererfolg raumzeitlich auseinanderfallen, ohne dass der Täter am Erfolgsort anwesend ist. Der Täter nimmt also sein Opfer überhaupt nicht visuell wahr, sondern kann es ausschließlich „geistig" anvisieren. Eine eindeutige Zuordnung zu einer der beiden Kategorien ist dabei – wie gleich deutlich wird – nur schwer möglich. Für die Klausurlösung bieten sich **drei Vorgehensweisen** an:

Geht man „**klassisch**" vor, ist zunächst die Abgrenzungsfrage zu klären. Diejenigen, die bei Distanzdelikten eine „**error in persona-Lösung**" verfechten, werben damit, dass es nicht sachgerecht sei, dem Täter die erheblich milderen Folgen einer aberratio ictus (nur Versuchs- nebst etwaiger Fahrlässigkeitsstrafbarkeit) zugutekommen zu lassen (*Roxin*, Strafrecht, Allgemeiner Teil I, 4. Aufl. 2006, § 12 Rn. 197). Denn der Täter könne das auf den Weg gebrachte Tatmittel ja nicht mehr kontrollieren und setze deshalb eine gesteigerte Gefahr für eine Personenverwechslung. Gibt man dagegen der „**aberratio-Lösung**" den Vorzug, bedeutet dies, dass man sich der Kontroverse über ihre zutreffende rechtliche Behandlung zu stellen hat.

Souveräner erscheint eine **zweite Möglichkeit**: Man lässt die Frage der Zuordnung (zunächst) unter Hinweis darauf unbeantwortet, dass sich die Abgrenzung erübrigt, wenn beide Irrtumsarten mit der gleichen Rechtsfolge (= Vollendung) verbunden sind. Gerade darauf stützt sich nämlich die Auffassung, welche die aberratio ictus dem error in persona gleichstellt: Die Unterscheidung sei im Grunde nicht durchführbar; beide Irrtümer seien austauschbar (*Puppe*, GA 1981, 1, 4 ff.). Folgt man dem nicht, gilt es, zum Ausgangspunkt zurückzukehren und dann das Zuordnungsproblem zu entscheiden.

Eine **dritte Möglichkeit** besteht darin, auf die Zuordnung des bei S vorhandenen Irrtums gänzlich zu verzichten und stattdessen sogleich wertend zu fragen, welches Ergebnis („Vollendung" oder „Versuch und Fahrlässigkeit") mehr einleuchtet. Der Vorzug dieser Vorgehensweise liegt darin, dass die Gründe, die für die Annahme einer aberratio ictus sprechen, sich weitgehend mit den Gründen decken, aus denen sich herleiten lässt, dass bei einer aberratio ictus eine vorsätzlich-vollendete Tat ausscheidet. Daher erspart man sich die Wiederholung von Argumentationslinien.

In der nachfolgenden Falllösung soll gleichwohl die **erste** Möglichkeit der Darstellung gewählt werden. Die **zweite** Möglichkeit, nach der zunächst zu klären ist, ob die aberratio ictus nicht vielleicht doch wie ein error in persona zu behandeln ist, verlangt große geistige Disziplin. Gerade in der Klausursituation besteht aber die Gefahr, sich zu „verzetteln". Die **dritte** Möglichkeit erscheint schließlich – jedenfalls für eine Klausur – (zu) „mutig". Denn der Korrektor dürfte erfahren wollen, in welche „Schublade" von Irrtumstypen der vorliegende Abweichungsfall gesteckt wird.

4. In der Sache wird in der Klausurlösung von einer **aberratio ictus** ausgegangen. Hierfür und damit für die Aufteilung „Versuch und Fahrlässigkeit" spricht Folgendes:

Die Annahme eines error in persona ließe sich zwar damit verteidigen, dass S die Person schädigen wollte, die von den Pralinen isst. Restlos überzeugend ist dieses Argument aber nicht. Denkt man sich anstelle von M ein **anderes Opfer** (etwa eine Reinigungskraft, einen Einbrecher oder einen Studenten, der das Päckchen unerlaubt öffnet), wäre die Vollendungslösung befremdlich. Mit Recht könnte S geltend machen, mit der Aufschrift „persönlich/vertraulich" Vorsorge dahingehend getroffen zu haben, dass nicht das „falsche Opfer" mit den Pralinen in Berührung kommt.

Das Geschehen könnte sich zudem auch so abgespielt haben, dass neben M eine **zweite Person** – insbesondere eine weitere Mitarbeiterin – eine der Pralinen verzehrt hätte. Weil der Vorsatz des S darauf beschränkt war, nur einen Menschen zu verletzen, müsste dann die „error in persona-Lösung" zu dem Ergebnis gelangen, dass neben die vollendete Vorsatztat eine Fahrlässigkeitstat nach § 229 StGB tritt. Allerdings ließe sich dann nicht bestimmen, wer das Opfer des vorsätzlichen Volldelikts und wer das Opfer der fahrlässigen Körperverletzung wäre und dementsprechend den nach § 230 StGB erforderlichen Strafantrag zu stellen hätte. Diese Schwierigkeiten stellen sich nicht, wenn man in „Versuch und Fahrlässigkeit" aufspaltet: Die einzelnen Taten können dann individuell zugeordnet werden (Versuch bzgl. P; fahrlässige Körperverletzungen zum Nachteil der Mitarbeiterinnen).

5. Hat man sich dafür entschieden, dass der Vorsatz des S die Verletzung der M nicht umfasst, scheidet eine volldeliktische Verantwortlichkeit gemäß §§ 223, 224 StGB aus. Im Anschluss daran gabeln sich die Wege. Zu erörtern sind zum einen die **§§ 223, 224, 22, 23 StGB** (bezogen auf P), zum anderen **§ 229 StGB** (bzgl. M).

Innerhalb der **Versuchsprüfung** (Aufbaumuster bei Fall 10, S. 107) verdient das **unmittelbare Ansetzen** (§ 22 StGB) besondere Aufmerksamkeit. Bei Distanzdelikten genügt es, dass der Täter die den unmittelbaren Angriff bildende Kausalkette in Gang gesetzt und damit den weiteren Geschehensablauf aus der Hand gegeben hat (*Zaczyk*, NomosKommentar StGB, 5. Aufl. 2017, § 22 Rn. 29). Demnach hat der Versuch mit dem Versenden des Päckchens begonnen; der weitere Tatverlauf entzog sich dem Einfluss des S.

Im Rahmen der **Fahrlässigkeitsprüfung** von § 229 StGB (Aufbaumuster der Fahrlässigkeitstat bei Fall 3, S. 31) muss schließlich – über den Sorgfaltspflichtenverstoß hinaus – dargelegt werden, dass der konkrete Erfolg (Körperverletzung der M) objektiv wie subjektiv **vorhersehbar** war.

Lösungsskizze
Die vor der Niederschrift konzipierte Lösungsskizze könnte daher wie folgt aussehen:

I. Strafbarkeit des S aus §§ 223, 224 I Nr. 1 und 3 StGB (bzgl. M)
   1. OTB des Grunddelikts
      a) Taterfolg
         aa) Verletzung des körperlichen Wohlbefindens (+)
         bb) Gesundheitsschädigung (+)
      b) Tathandlung: unmittelbare oder mittelbare Täterschaft? Grenzfall, kann aber dahinstehen
      c) Kausalität (+)
      d) Obj. Zurechenbarkeit (+), weil kein atypischer Kausalverlauf
   2. STB des Grunddelikts
      a) Vorsatz des S, M zu schädigen? S wollte P schädigen, Abweichung!
      b) Error in persona oder aberratio ictus? Fehlgehen der Tat; Arg.: Verfehlung der anvisierten Person für S bloßer Zufall; Vorkehrung durch Aufschrift „persönlich/vertraulich"; keine Zuordnung der Taten bei mehreren Verletzten möglich
      c) Rechtsfolge der aberratio ictus: keine Vollendung, sondern Versuchs- und ggf. Fahrlässigkeitsstrafbarkeit; Arg.: wie zuvor
   3. Ergebnis: (−)
II. Strafbarkeit des S aus §§ 223, 224 I Nr. 1 und 3, 22, 23 I StGB (bzgl. P)
   1. Vorabfeststellungen: Vollendete Tat (−) und Versuchsstrafbarkeit (+), §§ 223 II, 224 II StGB
   2. Tatentschluss = Vorsatz bzgl.
      a) Körperverletzungserfolg (+)
      b) Gifteinsatz (§ 224 I Nr. 1 StGB) (+) Flüssigkeit Gift i. S. v. Alt. 1
      c) Hinterlistigem Überfall (§ 224 I Nr. 3 StGB) (+)
   3. Unmittelbares Ansetzen, § 22 StGB: (+) mit Versenden des Päckchens
   4. RW (+)
   5. Schuld (+)
   6. Ergebnis: (+)
III. Strafbarkeit des S aus § 229 StGB (bzgl. M)
   1. Tatbestand
      a) Erfolg, Handlung, Kausalität (+)
      b) Objektive Sorgfaltspflichtverletzung (+)
      c) Objektive Vorhersehbarkeit (+)
   2. RW (+)
   3. Schuld (+) einschließlich der subjektiven Fahrlässigkeitselemente
   4. Strafantrag, § 230 StGB: (+)
   5. Ergebnis: (+)

Konkurrenzen und Gesamtergebnis: § 224 I Nr. 1 Alt. 1 StGB in Tateinheit (§ 52 StGB) mit § 229 StGB

Fall 4 „Der boshafte Jurastudent"

Klausurlösung
I. Strafbarkeit des S aus §§ 223, 224 I Nr. 1 und 3 StGB

S könnte sich, indem er das Päckchen mit den präparierten Pralinen an P versandt hat, einer gefährlichen Körperverletzung nach §§ 223, 224 StGB strafbar gemacht haben.

1. Objektiver Grundtatbestand

Durch den Verzehr der Pralinen könnte M sowohl eine körperliche Misshandlung als auch eine Gesundheitsschädigung erfahren haben. Das wäre der Fall, wenn ihr körperliches Wohlbefinden in nicht nur unerheblicher Weise beeinträchtigt bzw. ein pathologischer Zustand hervorgerufen worden wäre. Die Pralinen haben bei M heftige Magenkrämpfe bewirkt; zudem ist davon auszugehen, dass es später zu den weiteren Folgen gekommen ist, die mit der Einnahme der Flüssigkeit verbunden sind. Dadurch ist das körperliche Wohlbefinden der M empfindlich gestört und zugleich ein Zustand hervorgerufen worden, der einen Heilungsprozess erforderlich macht. Ein Körperverletzungserfolg ist mithin in doppelter Hinsicht zu bejahen.

S hat sich darauf beschränkt, das Päckchen zu verschicken, während M sich die Pralinen selbst zugeführt hat. Daher stellt sich die Frage, ob S die Tat als unmittelbarer Täter selbst (§ 25 I Alt. 1 StGB) oder als mittelbarer Täter durch einen anderen – die M als Opfer/Werkzeug – begangen hat (§ 25 I Alt. 2. StGB). Dies kann hier auf sich beruhen, da S in jedem Fall Täter ist. Denn selbst wenn man von einer mittelbaren Täterschaft ausginge, wiese die sich selbst schädigende M aufgrund ihrer Ahnungslosigkeit ein Verantwortungsdefizit auf und wäre damit taugliche Tatmittlerin.

Das Handeln des S müsste für den Körperverletzungserfolg zumindest mitursächlich geworden sein. Dies ist nach Maßgabe der Äquivalenztheorie mittels der conditio sine qua non-Formel zu bestimmen. Ohne das Verhalten des S wäre das Päckchen nicht in die Hände der M gelangt, und sie hätte keine Möglichkeit gehabt, die Pralinen zu essen.

Darüber hinaus müsste aber S der konkrete Erfolg auch objektiv zurechenbar sein. Weil er das Paket an P mit dem Zusatz „persönlich/vertraulich" adressiert hat, könnte ein atypischer Kausalverlauf vorliegen. Davon kann jedoch nur dann die Rede sein, wenn das Tatgeschehen eine Richtung nimmt, die sich völlig außerhalb der allgemeinen Lebenserfahrung bewegt. Dass eine Mitarbeiterin des P das Päckchen öffnen und die Pralinen verzehren könnte, mag zwar ungewöhnlich sein, ist aber nicht unwahrscheinlich. Die Verletzung der M ist daher S objektiv zuzurechnen. Der objektive Tatbestand ist somit erfüllt.

2. Subjektiver Grundtatbestand

S müsste vorsätzlich gehandelt haben. S war sich der Wirkung der Flüssigkeit bewusst. Ihm stand also vor Augen, dass derjenige, der die präparierten Pralinen verzehrt, in seinem körperlichen Wohlbefinden nachhaltig beeinträchtigt werden und Schaden an seiner Gesundheit nehmen wird. Das Opfer sollte nach der Vorstellung des S jedoch allein P sein. Die Möglichkeit, dass eine andere Person verletzt werden könnte, hat S nicht bedacht.

Fraglich ist, wie sich diese Abweichung des Tatverlaufs auf den Vorsatz auswirkt. Immerhin wollte S diejenige Person schädigen, die von den Pralinen isst. Infolgedessen könnte ein error in persona gegeben sein, d. h. ein Identitätsirrtum, der grundsätzlich unbeachtlich ist; daher wäre der subjektive Tatbestand zu bejahen und eine vollendete Tat läge vor. Für dieses Ergebnis lässt sich anführen, dass S mit dem Abschicken des Päckchens das weitere Geschehen aus seinem Einflussbereich entlassen und damit die Gefahr geschaffen hat, dass die Körperverletzung bei einer anderen Person eintritt.

Auf der anderen Seite könnte eine aberratio ictus anzunehmen sein, die nach vorzugswürdiger Auffassung die Verantwortlichkeit wegen vollendeter Tat ausschließt. Hierfür spricht, dass statt der M jede x-beliebige Person von den Pralinen hätte essen können. Hätte sich beispielsweise ein Außenstehender am Inhalt des Päckchens vergriffen, könnte man anführen, dass S durch die Aufschrift „persönlich/vertraulich" alles dafür getan hatte, damit nur P das Päckchen öffnet. Zu bedenken ist weiter, dass nicht nur M, sondern zusätzlich eine weitere Person die Pralinen hätte verzehren können. Hier wäre unklar, wer das Opfer der Vorsatztat und wer das Opfer der Fahrlässigkeitstat ist.

Die Abweichung ist demnach als aberratio ictus zu bewerten. Diese Irrtumsart wird allerdings teilweise in den Rechtsfolgen einem unbeachtlichen error in persona gleichgestellt, womit eine volldeliktische Verantwortlichkeit bestünde. Die Begründung, der Täter habe einen Menschen verletzen wollen und dies auch getan, kann jedoch aufgrund der zuvor aufgezeigten Bedenken nicht überzeugen: Bei wertender Betrachtung hat S sein Zielobjekt „P" verfehlt. Mit der Verletzung der M hat sich für S eine andere Tat realisiert.

Aus alledem ergibt sich, dass S keinen Vorsatz zur Verletzung der M hatte.

3. Ergebnis

S hat sich nicht wegen vollendeter gefährlicher Körperverletzung nach §§ 223, 224 StGB strafbar gemacht.

II. Strafbarkeit des S aus §§ 223, 224 I Nr. 1 und 3, 22, 23 I StGB

S könnte jedoch wegen versuchter gefährlicher Körperverletzung gemäß §§ 223, 224 I Nr. 1, 3, 22, 23 I StGB strafbar sein.

1. Vorabfeststellungen

Infolge des Vorliegens einer aberratio ictus ist die Körperverletzung des P – wie zuvor dargelegt – nicht vollendet. In Betracht kommt nur ein Versuch, der in §§ 223 II, 224 II StGB unter Strafe gestellt ist.

2. Tatentschluss

Der Tatentschluss setzt Vorsatz voraus, der die Merkmale des Grundtatbestands umfassen muss. Darüber hinaus könnte S die Qualifikationsmerkmale des § 224 I Nr. 1 und 3 StGB in seinen Vorsatz aufgenommen haben.

a) Das Handeln des S war darauf gerichtet, dass P die Pralinen isst und dadurch eine Körperverletzung eintritt. Körperverletzungsvorsatz ist mithin gegeben.
b) Der Vorsatz des S könnte zudem auf den Einsatz von „Gift" gerichtet sein, § 224 I Nr. 1 Alt. 1 StGB. Darunter ist jeder organische oder anorganische Stoff zu verstehen, der in der konkreten Verwendung durch chemische oder chemisch-physikalische Wirkung die Gesundheit erheblich zu schädigen vermag. S wusste um die Wirkung der Flüssigkeit, mit der er die Pralinen versetzt hatte. Infolgedessen kannte er alle Umstände, welche die Flüssigkeit als Gift auszeichnen.
c) S könnte sich weiter vorgestellt haben, die Tat mittels eines hinterlistigen Überfalls zu begehen, § 224 I Nr. 3 StGB. Ein Überfall ist ein unvorhergesehener Angriff. Hinterlistig ist der Überfall, wenn der Täter planmäßig unter Verdeckung seiner wahren Absichten zu Werke geht. S ging davon aus, P werde die Pralinen ohne Argwohn aufessen. Um bei P keine Bedenken aufkommen zu lassen, hat er dem „Präsent" eine Karte mit Dankesworten beigegeben. P sollte glauben, das Päckchen stamme von einem dankbaren Hörer. S hat deshalb wissentlich und willentlich Maßnahmen ergriffen, um den unvorhergesehenen Angriff zu verschleiern.
d) Der Tatentschluss des S war demnach darauf gerichtet, die Körperverletzung durch Beibringung von Gift sowie mittels eines hinterlistigen Überfalls zu verüben.

3. Unmittelbares Ansetzen, § 22 StGB

S müsste gemäß § 22 StGB nach seiner Vorstellung von der Tat unmittelbar zur Verwirklichung der Körperverletzung angesetzt haben. Sofern – wie hier – der Taterfolg an einem anderen Ort eintreten soll, also ein Distanzdelikt vorliegt, beginnt die Tat bereits dann, wenn der Täter das Geschehen auf den Weg gebracht und keine Kontrolle mehr über den weiteren Tatverlauf hat. Dementsprechend hatte S mit dem Abschicken des Päckchens die Grenze zum strafbaren Versuch überschritten.

4. Rechtswidrigkeit

In Ermangelung von Rechtfertigungsgründen handelte S rechtswidrig.

5. Schuld

Schuldausschließungs- sowie Entschuldigungsgründe sind nicht ersichtlich. S hat daher die Tat auch schuldhaft begangen.

6. Ergebnis

S hat sich wegen einer versuchten gefährlichen Körperverletzung nach §§ 223, 224 I Nr. 1, 3, 22, 23 I StGB strafbar gemacht.

III. § 229 StGB

Weil M die Pralinen verzehrt hat, was S nicht erwartet hatte, könnte S außerdem wegen einer fahrlässigen Körperverletzung nach § 229 StGB strafbar sein.

1. Tatbestand

In Bezug auf M liegt sowohl eine körperliche Misshandlung als auch eine Gesundheitsschädigung vor. Hierfür war das Versenden der Pralinen kausal. Die Tatbestandsverwirklichung setzt darüber hinaus Fahrlässigkeitsunrecht voraus, d. h. eine objektive Sorgfaltspflichtverletzung sowie die objektive Vorhersehbarkeit des konkreten Erfolgs. Das Inverkehrbringen von vergifteten Pralinen ist objektiv sorgfaltswidrig. Dass der Erfolg nicht bei P, sondern bei seiner Mitarbeiterin M eingetreten ist, lag nicht ganz fern. P hätte ebenso nach dem Öffnen des Päckchens der M eine Praline anbieten oder ihr die Pralinen schenken können. Damit war der Erfolg vorhersehbar. Dass M das Päckchen „eigenmächtig" geöffnet und zudem ohne ausdrückliche Erlaubnis die Pralinen gegessen hat, stellt nur eine unwesentliche Abweichung vom Kausalverlauf dar, welche die objektive Vorhersehbarkeit nicht ausschließt. Der Tatbestand des § 229 StGB ist mithin gegeben.

2. Rechtswidrigkeit

S hat die Tat rechtswidrig begangen.

3. Schuld

Das Verhalten des S müsste schuldhaft gewesen sein. Im Rahmen einer Fahrlässigkeitstat setzt dies voraus, dass der Täter nach seinen persönlichen Kenntnissen und Fähigkeiten in der Lage gewesen sein muss, den objektiven Sorgfaltspflichtenverstoß zu vermeiden und die Tatbestandsverwirklichung vorherzusehen. Trotz der Aufschrift „persönlich/vertraulich" war für S durchaus die Gefahr erkennbar, dass es statt oder neben P auch eine andere Person „treffen" könnte. Die Fahrlässigkeitsschuld ist somit zu bejahen.

4. Strafantrag, § 230 StGB

Der nach § 230 StGB erforderliche Strafantrag ist gestellt.

5. Ergebnis

S hat sich wegen fahrlässiger Körperverletzung nach § 229 StGB strafbar gemacht.

Konkurrenzen und Gesamtergebnis

S ist sowohl der versuchten gefährlichen Körperverletzung (§ 224 I Nr. 1 und 3, 22, 23 I StGB) als auch der fahrlässigen Körperverletzung (§ 229 StGB) schuldig. Beide Delikte gehen auf ein und dieselbe Handlung – das Versenden der Pralinen – zurück. Sie konkurrieren deshalb idealiter, § 52 StGB.

Fall 5 „Tödliche Sado-Maso-Spiele"

Abgrenzung dolus eventualis/bewusste Fahrlässigkeit

L, die Lebensgefährtin von A, hat großes Interesse an außergewöhnlichen sexuellen Praktiken, vor allem an „Fesselspielen". Dazu gehört, dass A die gefesselte L mit Stricken und Seilen würgt, um bei ihr vorübergehend einen Sauerstoffmangel herbeizuführen, der für sie sexuell stimulierende Wirkung hat. Nachdem A, der an den Spielen kein Interesse hat, Sicherheitsbedenken geäußert hatte, fanden die Fesselspiele eine Zeitlang nicht mehr statt.

Eines Tages verlangt L von A erneut die Durchführung eines Fesselspiels. Nach anfänglichen Vorbehalten lässt A sich umstimmen und fesselt L. Als L ihn auffordert, sie mit einem von ihr bereits vorbereiteten Metallrohr zu würgen, weist A darauf hin, dass das Rohr sich nicht den Konturen des Halses anpasse und das Würgen deshalb tödlich enden könne. Schließlich lässt er sich aber doch von L überreden, das Metallrohr zu verwenden, wobei er auf ihren Wunsch während des Würgens den Druck sogar noch verstärkt. Das intervallartige Zudrücken mit dem Rohr hat zunächst die von L erwünschte Wirkung. Als L sich nicht mehr vernehmlich artikuliert, glaubt A, sie sei – wie sonst üblich – eingeschlafen. Er löst die Fesseln und verlässt das Zimmer. Als er Stunden später nach ihr schaut, muss er feststellen, dass L nicht mehr lebt. Sie ist infolge der massiven Kompression der Halsgefäße und der dadurch unterbundenen Sauerstoffzufuhr zum Gehirn an einem Herzstillstand verstorben. A plant zunächst, sich selbst umzubringen und schreibt einen Abschiedsbrief. Von diesem Vorhaben nimmt er aber Abstand und stellt sich der Polizei.

Beurteilen Sie die Strafbarkeit des A!

Lösung 5 „Tödliche Sado-Maso-Spiele"

Lösungsschritte
1. Das Aufsuchen der maßgeblichen **Strafgrundlagen** macht – jedenfalls anfangs – keine Schwierigkeiten. In den Blick zu nehmen ist zunächst als das schwerste Delikt das **Tötungsdelikt** des Totschlags gem. **§ 212 StGB**. Anhaltspunkte für das Vorliegen von Mordmerkmalen nach **§ 211 StGB** gibt es demgegenüber nicht. Umgekehrt kommt A aber auch **§ 216 StGB** (Tötung auf Verlangen) nicht zugute, weil es an einem (ausdrücklichen und ernsthaften) Todesverlangen der L fehlt. Dies ist so evident, dass sich ein Eingehen auf §§ 211, 216 StGB erübrigt.

Ob überdies **Körperverletzungsdelikte** zu prüfen sind, ist von der zu § 212 StGB aufgezeigten Lösung abhängig. Sofern man A (bedingten) **Tötungsvorsatz** zugesprochen hat, kann die Klausur schnell zu Ende gebracht werden. Die Körperverletzungstatbestände sind dann allesamt – d. h. in allen Qualifizierungen – nachrangig und werden im Wege der Gesetzeskonkurrenz von § 212 StGB verdrängt. Lautet hingegen das Ergebnis **„bewusste Fahrlässigkeit"** (so in BGHSt 49, 166 f., wo es bei der Schilderung des Sachverhalts heißt, dass der Täter darauf vertraute, es werde zum Tode des Opfers nicht kommen; dieser sog. „Irene-Entscheidung" ist Fall 5 nachgebildet), liegt ein Umstieg auf **§ 222 StGB** nahe. Damit würde jedoch übersehen, dass § 222 StGB gewissermaßen eine „Sekundärnorm" darstellt. Denn zwischen der vorsätzlichen und fahrlässigen Tötung ist die Körperverletzung mit Todesfolge, **§ 227 StGB**, angesiedelt. Dieses erfolgsqualifizierende Delikt setzt sich aus einer vorsätzlichen Körperverletzung (§ 223 StGB) und einer fahrlässigen Tötung (§ 222 StGB) zusammen. Nur wenn sich herausstellen sollte, dass die speziellen Voraussetzungen des § 227 StGB nicht gegeben sind, ist abschließend gesondert auf § 222 StGB einzugehen.

§ 227 StGB hat auch Vorrang vor dem Grundtatbestand des **§ 223 StGB** und der gefährlichen Körperverletzung nach **§ 224 StGB**. Dies gilt für § 224 I StGB jedenfalls dann, wenn – wie hier mit dem Einsatz eines gefährlichen Werkzeuges (Nr. 2) und der lebensgefährdenden Behandlung (Nr. 5) – die Todesgefahr gerade durch die Verwirklichung der Qualifikationsmerkmale geschaffen wurde (BGH NStZ-RR 2007, 76). Gleichwohl ist es nicht ratsam, die §§ 223, 224, 227 StGB ausschließlich in der Prüfung des § 227 StGB und damit einer einzigen Deliktserörterung unterzubringen. Das ginge auf Kosten der Übersichtlichkeit. Es empfiehlt sich daher, die §§ 223, 224 StGB vorzuziehen und erst dann – in einer separaten Prüfung – den darauf aufbauenden § 227 StGB zu behandeln. Diese Vorgehensweise hat den Vorteil, die Darstellung des schwierig zu handhabenden § 227 StGB zu „entschlacken". Im Rahmen der §§ 223, 224 StGB heißt es dann, sich dem Einwilligungsproblem (**§ 228 StGB**) zu stellen.

2. Die erste – vorläufige – **Grobgliederung** könnte demnach wie folgt aussehen:
    I. § 212 StGB → Vorsatz?
    II. §§ 223, 224 I Nr. 2, 5 StGB (zum Vorgehen bei Qualifikationen vgl. Fall 15, S. 167) → wirksame Einwilligung, § 228 StGB?
    III. § 227 StGB → wenn (+), Vorrang vor §§ 223, 224, 222 StGB!

Die Sachprobleme im Einzelnen

1. Die Abgrenzung dolus eventualis/bewusste Fahrlässigkeit

Im Rahmen von § 212 StGB ist auf der subjektiven Tatseite der Frage nachzugehen, ob A mit Blick auf den Todeserfolg mit **bedingtem Vorsatz** gehandelt hat. Hierbei sollte man der Versuchung widerstehen, sofort „mit der Tür ins Haus zu fallen", d. h. sich sogleich den Abgrenzungstheorien zuzuwenden. Vielmehr ist zunächst festzustellen, ob sich das **Abgrenzungsproblem** überhaupt stellt. Dies ist nur dann der Fall, wenn der Täter „bei Begehung der Tat" (§ 16 I 1 StGB), d. h. im Zeitpunkt der Tatbegehung, die konkrete Rechtsgutsverletzung für möglich hielt. Selbst wenn – wie hier – dieses kognitive Element offensichtlich vorliegt, sollte man daran denken, dass auf Seiten des Täters Absicht (dolus directus 1. Grades) vorliegen könnte. Denn diese stärkste Vorsatzform, bei der es dem Täter gerade auf den Erfolgseintritt ankommt, setzt nicht wie der direkte Vorsatz (dolus directus 2. Grades) sicheres Erfolgswissen voraus. Es genügt, wenn der Täter die Verwirklichung des Tatbestandes nur als möglich einkalkuliert (BGHSt 35, 325, 327 f.). Davon, dass A den Tod der L als Ziel anstrebte, kann hier freilich keine Rede sein.

Es ist daher geboten, den **Eventualvorsatz** und die **bewusste Fahrlässigkeit** voneinander abzugrenzen. Hierbei handelt es sich um eines der schwierigsten und unübersichtlichsten Probleme des deutschen Strafrechts. Das gilt für die Studierenden und die Praxis gleichermaßen. Es existiert eine derart große und verwirrende Fülle von Kriterien und angebotenen Theorien, dass es nahezu unmöglich erscheint, diese in einer Klausur zu verarbeiten. Dem Aufgabensteller ist das natürlich bewusst. Die Sachverhalte enthalten deshalb oftmals **ergänzende Angaben** („der Täter vertraute dennoch ernstlich darauf"; oder umgekehrt: „damit hatte sich der Täter abgefunden"), welche die Richtung vorgeben. Sollte hingegen – wie hier – der Sachverhalt **offen gehalten** sein, lassen sich regelmäßig beide Lösungen vertreten, wobei aber davor zu warnen ist, bedingten Vorsatz vorschnell zu bejahen. Wichtig ist jedenfalls, dass sämtliche im Sachverhalt enthaltenen Angaben berücksichtigt und ausgewertet werden. Ist das geschehen, ist die Klausur vor jeder Kritik gefeit.

Was die **Art der Darstellung** angeht, ist es üblich, die einzelnen Ansichten, von denen die wichtigsten bekannt sein sollten, aneinanderzureihen. Bei diesem Vorgehen ist darauf zu achten, dass die Meinungen strukturiert – d. h. geordnet nach den **Vorstellungstheorien**, die auf ein Willenselement verzichten, und den **Willenstheorien** – referiert werden und jeweils eine Subsumtion stattfindet. Das Nachteilige und Störende an diesem Aufbau ist, dass das Gutachten mit zahlreichen abstrakt-theoretischen Ausführungen gespickt ist und Wiederholungen nicht zu vermeiden sind.

Mit Rücksicht darauf wird hier ein eleganterer Prüfungsgang gewählt. Ausgangspunkt bildet die (herrschende) Auffassung, welche die Abgrenzung im voluntativen Bereich vornimmt. Ungeachtet des (eher terminologischen) Streits darüber, wie das Wollenselement zu fassen ist, besteht Einigkeit darüber, dass das **ernsthafte Vertrauen des Täters** auf einen guten Ausgang bedingten Vorsatz ausschließt. Dieser „gemeinsame Gegenpol" (*Kühl*, Strafrecht, Allgemeiner Teil, 8. Aufl. 2017, § 5 Rn. 75) kann als Prüfungsansatz dienen: Welche Gründe sprechen indiziell für, welche gegen ein Vertrauen des A? Ist ihm ein berechtigtes Vertrauen auf ein „Es-wird-schon-gut-gehen" zuzusprechen, steht fest, dass er sich nicht gegen das Rechtsgut entschieden hat. Er hat dann den tatbestandlichen Erfolg nicht (billigend) in Kauf genommen bzw. nicht gleichgültig hingenommen usw. Im Anschluss hieran ist darzutun, ob dieses (negative) Ergebnis von den **Vorstellungstheorien bestätigt** wird. Ist dies nicht der Fall, ist Stellung zu beziehen, wobei es jedenfalls in Klausuren ratsam ist, der h.M. (= Willenstheorien) zu folgen.

2. Die Einwilligungssperre des § 228 StGB

Schon bei § 212 StGB sollte im objektiven Tatbestand klargestellt werden, dass keine eigenverantwortliche Selbstschädigung, sondern eine **einverständliche Fremdgefährdung** vorliegt, die nach Einwilligungsregeln zu behandeln ist. L hat zwar A wiederholt veranlasst, sie zu würgen, und insofern „mitgemacht". Gleichwohl hatte aber A vom Zeitpunkt der Fesselung an die **alleinige Tatherrschaft** über das zum Tod führende Geschehen.

Die **Einwilligung** der L könnte die von A begangene gefährliche Körperverletzung (§§ 223, 224 StGB) **rechtfertigen**. Hierbei kann sogleich, ohne die weiteren Erfordernisse der Einwilligung zu behandeln (vgl. das Aufbauschema Fall 7, S. 74), die Frage gestellt werden, ob die Einwilligung an der **Sittenwidrigkeit** der Tat (§ 228 StGB) scheitert. Die Antwort ist davon abhängig, wie der Begriff der Sittenwidrigkeit zu verstehen ist. Ließe man allein **Moralvorstellungen** entscheidend sein, könnte man darüber diskutieren, ob sadomasochistische Verletzungen auch heute noch allgemein als sittlich anstößig empfunden werden (zu Recht verneinend BGHSt 49, 165, 169). Diese Sichtweise würde allerdings nicht dem Rechtsgut der §§ 223 ff. StGB gerecht. Denn diese Tatbestände schützen nicht die Moral, sondern die körperliche Unversehrtheit. Weitgehend Einigkeit herrscht deshalb heute darüber, dass die Sittenwidrigkeit nach **rechtlichen Maßgaben** zu bestimmen und § 228 StGB gewissermaßen als „Verlängerung" des § 216 StGB zu verstehen ist. Danach sind allein solche Taten sittenwidrig, mit denen entweder schwere (§ 226 StGB), irreversible Körperschäden oder bewusst gesetzte konkrete Lebensgefahren einhergehen. Nur dann ist es geboten, das Opfer vor seiner eigenen Unvernunft zu bewahren.

Übertragen auf unseren Fall heißt das, dass eine Einwilligung der L im Hinblick darauf, dass eine konkrete Lebensgefahr bestand und A dies erkannt hat, ausscheidet. Die Körperverletzung bleibt daher rechtswidrig.

3. Die Erfolgsqualifikation des § 227 StGB

A hat den Tatbestand der **§§ 223, 224 StGB** rechtswidrig und auch schuldhaft erfüllt. Damit ist die Grundbedingung für eine Strafbarkeit aus § 227 StGB gegeben. Die Prüfung der sonstigen Voraussetzungen des § 227 StGB lässt sich zügig bewerkstelligen; besondere Sachprobleme tauchen nicht mehr auf. Insoweit ist nur

Fall 5 „Tödliche Sado-Maso-Spiele"   55

unter Beweis zu stellen, dass man mit dem Delikt umzugehen weiß. Der Aufbau ist allerdings, weil es sich bei § 227 StGB um eine **Vorsatz-Fahrlässigkeitskombination** (§ 18 StGB) handelt, nicht trivial. Von daher ist es angebracht, im Folgenden ein Aufbauschema aufzuzeigen (zum Aufbau einer „reinen" Fahrlässigkeitstat vgl. Fall 3, S. 31) und dabei anzudeuten, welche Gliederungspunkte im Einzelfall Schwierigkeiten bereiten können.

Aufbauschema § 227 StGB
  I. Tatbestandsmäßigkeit
     1. Eintritt der Todesfolge
     2. Verursachung durch die Körperverletzung
        a) Verwirklichung des Grundtatbestands (Verweis auf vorangegangene Prüfung)
        b) Kausalität des Täterverhaltens
        c) Tatspezifischer Zusammenhang zwischen Körperverletzung und Tod
           aa) BGH (BGHSt 48, 34 ff.: Gubener Hetzjagd): Versuchslösung, nach der es genügt, wenn der Tod voraussehbar durch die Täterhandlung ausgelöst wird
           bb) H.L.: Vollendungslösung, wonach stets ein Verletzungserfolg notwendig ist
               (1) Z. T.: Letalitätstheorie, nach welcher der Tod unmittelbar aus der vorsätzlich herbeigeführten Verletzung resultieren muss
               (2) Z. T.: Erfolgstheorie, wonach es genügt, dass der Tod „anlässlich" einer vollendeten Körperverletzung eintritt
        d) Gefahrverwirklichungszusammenhang: in der schweren Folge muss sich gerade die dem Grundtatbestand anhaftende spezifische Gefahr niedergeschlagen haben (Tod als typische Folge!); dies ist dann problematisch, wenn der Tod unmittelbar entweder auf das Opferverhalten oder das Eingreifen eines Dritten zurückgeht
     3. Objektive Fahrlässigkeit bzgl. des Todeserfolgs (§ 18 StGB)
        a) Objektive Sorgfaltspflichtverletzung (ergibt sich regelmäßig aus der Erfüllung des Grunddelikts)
        b) Objektive Vorhersehbarkeit (des Kausalgeschehens und des Erfolgseintritts)
 II. Rechtswidrigkeit
III. Schuld
     1. Fehlen von Schuldausschließungs- und Entschuldigungsgründen
     2. Subjektive Fahrlässigkeit bzgl. des Todeserfolgs
        a) Subjektive Sorgfaltspflichtverletzung
        b) Subjektive Vorhersehbarkeit: bewusste/unbewusste Fahrlässigkeit

Lösungsskizze
Die Lösungsskizze, auf welche die Klausurlösung aufbaut, könnte wie folgt aussehen:

I. Strafbarkeit des A aus § 212 I StGB
1. OTB
   a) Handlung, Erfolg, Kausalität (+)
   b) Objektive Zurechnung (+), weil kein Fall eigenverantwortlicher Selbstschädigung; Tatherrschaft bei A; also einverständliche Fremdverletzung
2. STB = Vorsatz
   a) Keine Absicht, kein direkter Vorsatz
   b) Dolus eventualis?
      aa) Möglichkeitsvorstellung (+)
      bb) Vertrauen auf Ausbleiben des Erfolgs (= Willenstheorien)
         (1) Contra: höheres Risiko als bisher; keine einschlägige Erfahrung
         (2) Pro: Geschehen war bis zuletzt von A beeinflussbar; Initiative ging von L aus; Freundschaft/Liebe; Nachtatverhalten
      cc) Vorstellungstheorien (Möglichkeitstheorie, Wahrscheinlichkeitstheorie): eher kein dolus eventualis
3. Ergebnis: § 212 I (−)
II. Strafbarkeit des A aus §§ 223, 224 I Nr. 2, 5 StGB
1. Objektiver Grundtatbestand
   a) Körperliches Misshandeln (+)
   b) Gesundheitsschädigung (+) Einheitstheorie
2. Subjektiver Grundtatbestand: bzgl. der Gesundheitsschädigung eher (−)
3. Qualifikation des § 224 I StGB
   a) Nr. 2 (gefährliches Werkzeug): (+)
   b) Nr. 5 (lebensgefährdende Behandlung): (+)
4. RW: Einwilligung der L
   a) Sittenwidrigkeit der Tat (+), weil konkret lebensgefährdendes Vorgehen
   b) Rechtsfolge: Einwilligung unbeachtlich
5. Schuld (+)
6. Ergebnis: §§ 223, 224 I Nr. 2, 5 StGB (+)
III. Strafbarkeit des A aus § 227 I StGB
1. Tatbestand
   a) Todeserfolg (+)
   b) Durch Körperverletzung verursacht (+)
   c) Objektive Fahrlässigkeit bzgl. der Todesfolge (§ 18 StGB): (+)
2. RW (+), weil Einwilligung unbeachtlich
3. Schuld (+), bewusste Fahrlässigkeit
4. Ergebnis: § 227 I StGB (+), §§ 223, 224, 222 StGB treten zurück

Gesamtergebnis: § 227 I StGB (+)

Klausurlösung
I. Strafbarkeit des A aus § 212 I StGB

A könnte sich dadurch, dass er sich auf die Wünsche der L eingelassen hat, wegen Totschlags nach § 212 I StGB strafbar gemacht haben.

1. Objektiver Tatbestand

A hat L mit dem Metallrohr gedrosselt. Infolgedessen ist L verstorben. Handlung, Taterfolg und Kausalität sind gegeben. Fraglich ist allein, ob A der Tod der L objektiv zurechenbar ist. Daran könnte es mit Blick auf eine eigenverantwortliche Selbstgefährdung fehlen, da L an dem Geschehen beteiligt war und A auch bedrängte, die riskante Handlung vorzunehmen. Dies würde aber voraussetzen, dass L bis zuletzt Tatherrschaft, zumindest aber Mitherrschaft besaß. L hatte jedoch ihre Tatherrschaft spätestens mit der Fesselung verloren. Anschließend war sie A ausgeliefert und konnte allenfalls noch verbal auf ihn einwirken. Die Tatherrschaft lag daher bei A, mit der Folge, dass eine einverständliche Fremdgefährdung gegeben war. Diese lässt die Erfolgszurechnung unberührt.

Der objektive Tatbestand ist somit erfüllt.

2. Subjektiver Tatbestand

A müsste L vorsätzlich getötet haben. Weil es A nicht auf den Erfolg ankam und er überdies nicht mit sicherem Wissen handelte, scheiden Absicht und direkter Vorsatz aus. In Betracht kommt allein bedingter Vorsatz, der als unstreitige Mindestanforderung voraussetzt, dass der Täter den Erfolgseintritt für möglich hielt. A hat die L darauf hingewiesen, dass das Fesselspiel tödlich verlaufen könnte, mithin den Tod der L für möglich gehalten.

Gleichwohl könnte Eventualvorsatz zu verneinen sein. Nach den sog. Willenstheorien, die mit unterschiedlichen Nuancierungen von der Rechtsprechung und im Schrifttum vertreten werden, wäre das der Fall, wenn A ernstlich auf den Nichteintritt des Todes vertraut hätte. Einem solchen Vertrauen könnte entgegenstehen, dass A die Todesgefahr erkannte. A hatte bereits in der Vergangenheit das Würgen mit Stricken und Seilen als lebensgefährlich eingestuft. Ihm war bewusst, dass das Würgen mit einem starren Metallrohr noch höhere Risiken barg. Auf der anderen Seite hat A den Ausgang des Geschehens nicht allein dem Zufall überlassen. Vielmehr wollte er den Ablauf durch Verringern oder Verstärken des Drucks steuern. Außerdem hat er die Drosselung zunächst behutsam durchgeführt und erst auf Drängen der L den Druck erhöht. Mit Rücksicht darauf dürfte er davon ausgegangen sein, dass L sich bei einer zu starken Drosselung abermals bemerkbar machen würde.

Zu berücksichtigen ist ferner, dass A sich nur sehr widerwillig den Wünschen der L gebeugt hat. Er war zunächst nicht bereit, das Metallrohr einzusetzen, weil er fürchtete, L Schaden zuzufügen. Erst die hartnäckigen Bitten der L, mit der er in Freundschaft bzw. Liebe verbunden war, haben ihn dazu gebracht, seine Bedenken zurückzustellen. Als A später L tot auffand, dachte er – offenbar aus Erschütterung und Verzweiflung – an Selbstmord.

All diese Umstände belegen, dass A keine Entscheidung gegen das Rechtsgut Leben getroffen hatte. Er hat vielmehr ernstlich und nicht nur vage darauf vertraut, dass es – so wie schon in der Vergangenheit – zu Schlimmerem schon nicht kommen werde. Nach den sog. Willenstheorien ist damit bedingter Tötungsvorsatz abzulehnen.

Zu einem anderen Ergebnis könnten jedoch die Vorstellungstheorien führen. Danach ist dolus eventualis bereits dann anzunehmen, wenn der Täter den Erfolg für wahrscheinlich bzw. sogar nur für möglich hält. Eine Wahrscheinlichkeitsvorstellung lässt sich indes A nicht zusprechen. Hätte er den Tod der L als wahrscheinlich eingeschätzt, hätte er sich kaum auf das Vorhaben eingelassen. Würde man sich dagegen mit einer bloßen Möglichkeitsvorstellung begnügen, wäre A Vorsatztäter, weil er sich im entscheidenden Handlungsmoment – spätestens als er den Druck verstärkte – der konkreten Möglichkeit der Rechtsgutverletzung sehr wohl bewusst war. Die sog. Möglichkeitstheorie stößt jedoch allgemein auf Ablehnung, da sie den Vorsatz überdehnt und für bewusste Fahrlässigkeit keinen Raum lässt. Daher ist ihr nicht zu folgen.

Aus alledem ergibt sich, dass A keinen bedingten Vorsatz hatte.

3. Ergebnis

A hat sich nicht aus § 212 I StGB wegen Totschlags strafbar gemacht.

II. Strafbarkeit des A aus §§ 223, 224 I Nr. 2, 5 StGB

A könnte jedoch wegen einer gefährlichen Körperverletzung gem. §§ 223, 224 I Nr. 2, 5 StGB strafbar sein.

1. Objektiver Grundtatbestand

A müsste L körperlich misshandelt haben. Durch das Würgen mit dem Metallrohr hat A bei L einen Sauerstoffmangel und Bewusstseinstrübungen bewirkt. Gleichwohl ist fraglich, ob dadurch das körperliche Wohlbefinden der L beeinträchtigt worden ist. Die „Behandlung" hat L sexuell stimuliert, so dass man annehmen könnte, ihr körperliches Wohlergehen sei im Gegenteil gefördert worden. Hierbei bliebe aber unberücksichtigt, dass L ihre Lustempfindungen gerade aus dem Misshandeln – dem Zudrücken des Halses – bezog.

Außerdem könnte auch eine Gesundheitsschädigung vorliegen. Mit dem Würgen waren eine Unterbrechung der Blutzufuhr und eine Unterversorgung des Gehirns mit Sauerstoff verbunden. Darin ist ein pathologischer Zustand zu sehen. Dass dieser alsbald in den Tod einmündete, steht der Annahme einer Gesundheitsschädigung nicht entgegen.

A hat den objektiven Tatbestand des § 223 Abs. 1 StGB in beiden Tatalternativen verwirklicht.

2. Subjektiver Grundtatbestand

A handelte in Kenntnis aller Tatumstände und willentlich. Vorsatz ist mithin zu bejahen.

3. Qualifikation, § 224 I StGB

a) Nr. 2

A könnte mit dem Metallrohr ein gefährliches Werkzeug verwendet haben. Darunter fallen alle Gegenstände, die nach ihrer konkreten Beschaffenheit und Art der Verwendung geeignet sind, erhebliche Verletzungen herbeizuführen. Wenn – wie hier – mit einem Metallrohr gewürgt wird, das sich den Konturen des Halses nicht anpasst, dann lässt sich nicht ausschließen, dass es zu einer Kehlkopfverletzung oder auch Hirnschäden kommen kann.

Dieser Gefahren war A sich auch bewusst. Sein Vertrauen darauf, dass L keinen Schaden nehmen werde, kommt ihm nicht zugute. Da § 224 StGB insgesamt an gefährliche Begehungsweisen anknüpft, ist für den Vorsatz hinreichend, wenn dem Täter die Umstände bewusst sind, aus denen erhebliche Verletzungen resultieren könnten. A hat demnach die Körperverletzung vorsätzlich mittels eines gefährlichen Werkzeugs begangen.

b) Nr. 5

A könnte die Tat zudem mittels einer das Leben gefährdenden Behandlung verübt haben. Weil L das Drosseln nicht überlebte, ist das Qualifikationsmerkmal objektiv gegeben. Fraglich ist aber, ob A insoweit Vorsatz hatte. Lebensgefährdend ist ein Vorgehen, das generell geeignet erscheint, das Opfer in Lebensgefahr zu verbringen. Es genügt, dass der Täter die Umstände kennt, die sein Verhalten als abstrakt lebensgefährdend kennzeichnen. Hier war A sogar bewusst, dass seine Tat auf eine Lebensgefährdung angelegt war. Demnach ist die Tat auch nach § 224 I Nr. 5 StGB qualifiziert.

4. Rechtswidrigkeit

A müsste rechtswidrig gehandelt haben. L hat A zur Tat veranlasst. Zu prüfen ist deshalb, ob A sich auf eine rechtfertigend wirkende Einwilligung berufen kann. Dies wäre ihm zu versagen, wenn der Tat gem. § 228 StGB ein Verstoß gegen die guten Sitten zugrunde lag. Hierüber entscheidet nicht der mit der Tat verfolgte Zweck; ausschlaggebend ist vielmehr, ob die Körperverletzung entweder wegen ihrer Art und Schwere oder aber wegen der mit ihr verbundenen Lebensgefahr als nicht mehr von der Rechtsordnung hinnehmbar erscheint. Wird – wie hier – eine erhebliche Todesgefahr gesetzt, lässt sich aus § 216 StGB ableiten, dass die Einwilligung keine rechtfertigende Kraft haben kann. Die einvernehmlich vorgenommene Tat des A war somit sittenwidrig; eine Rechtfertigung scheidet aus.

5. Schuld

Schuldausschließungs- und Entschuldigungsgründe sind nicht ersichtlich. A handelte mithin auch schuldhaft.

6. Ergebnis

A hat eine gefährliche Körperverletzung nach §§ 223, 224 I Nr. 2, 5 StGB begangen.

III. Strafbarkeit des A aus § 227 I StGB

A könnte sich überdies aus § 227 I StGB wegen Körperverletzung mit Todesfolge strafbar gemacht haben.

1. Tatbestand

Der Tod der L und damit die Todesfolge ist eingetreten. A müsste den Tod der L durch die Körperverletzung verursacht haben. Wie soeben dargelegt, hat A den Tatbestand der Körperverletzung (§§ 223, 224 StGB) rechtswidrig und schuldhaft verwirklicht. Sein Verhalten war auch kausal für den Erfolg. Der Tod der L geht zudem unmittelbar auf das körperliche Misshandeln zurück, so dass selbst nach der strengen Letalitätstheorie der tatspezifische Zusammenhang zwischen Körperverletzung und Todesfolge gegeben ist. Weil der Herzstillstand bei L durch die Kompression der Halsgefäße und die Unterversorgung des Gehirns mit Sauerstoff herbeigeführt worden ist, hat sich mit dem Tod darüber hinaus eine typische Gefahr des Würgens realisiert.

Nach § 18 StGB müsste A hinsichtlich der Todesfolge wenigstens fahrlässig gehandelt haben. Die objektive Sorgfaltspflichtverletzung ergibt sich schon aus der Erfüllung des Grunddelikts. Da der tödliche Ausgang zudem objektiv vorhersehbar war, ist der Tatbestand des § 227 I StGB gegeben.

2. Rechtswidrigkeit

Wie bereits festgestellt, ist die Einwilligung der L wegen der Sittenwidrigkeit der Tat bedeutungslos. A hat rechtswidrig gehandelt.

3. Schuld

Schuld setzt das Vorhandensein der subjektiven Fahrlässigkeitselemente voraus. A hätte die Sorgfaltspflichtverletzung vermeiden können. Weil er den Tod der L als möglich einkalkulierte, ist ihm bewusste Fahrlässigkeit vorzuwerfen.

4. Ergebnis

A ist wegen Körperverletzung mit Todesfolge aus § 227 I StGB strafbar. Aus Gründen der Spezialität treten §§ 222, 223 StGB zurück. Zudem tritt § 224 StGB zurück, weil der Tod der L sich über die Erfüllung der Qualifikationsmerkmale realisierte.

Gesamtergebnis

A ist strafbar wegen Körperverletzung mit Todesfolge gemäß § 227 I StGB.

Fall 6 „Der übereifrige Staatsanwalt"

Rechtfertigungsgründe

Witwe W führt ein kleines an der Schweizer Grenze gelegenes Hotel. Eines Abends erscheint Gast G, der um ein Zimmer für eine Nacht bittet. W weist ihm ein Zimmer im zweiten Stock zu. Als W später in der Zeitung vom Vortag blättert, fällt ihr Blick zufällig auf das Bild des G und sie liest, dass er ein aus der Untersuchungshaft entflohener, zur Festnahme ausgeschriebener Bankräuber ist. Eilends ruft sie Staatsanwalt S an, mit dem sie flüchtig bekannt ist. S will G um jeden Preis stellen. Wider besseres Wissen erklärt er der W, es sei ihre Pflicht, G solange festzusetzen, bis die Polizei komme. W solle die Zimmertür zuschließen und das Eintreffen des Mobilen Einsatzkommandos (MEK) abwarten. Nach dem Anruf begibt sich W in den zweiten Stock und sperrt mit dem Generalschlüssel die Zimmertür des G ab.

Als G sich ein Bier aus dem Getränkeautomaten holen will, bemerkt er, dass er eingeschlossen ist. Sofort versucht er, mit seinem Taschenmesser die Tür gewaltsam zu öffnen. Dabei wird das Türschloss erheblich beschädigt. Als G schließlich erkennt, dass er die Tür nicht öffnen kann, wirft er in ohnmächtiger Wut das Taschenmesser gegen einen Wandspiegel, der daraufhin zersplittert.

Etwa fünfzehn Minuten später trifft das MEK ein. G wird in seinem Zimmer festgenommen.

Beurteilen Sie die Strafbarkeit von G, S und W! Strafanträge sind, soweit erforderlich, gestellt. § 240 StGB ist nicht zu prüfen.

Lösung 6 „Der übereifrige Staatsanwalt"

Lösungsschritte

1. Die geringsten Schwierigkeiten bereitet bei dieser Aufgabe, die einen „Streifzug" durch die Rechtfertigungsgründe verlangt, das Aufspüren der zu untersuchenden **Strafgrundlagen**. Das Verhalten von W und S ist jeweils an § 239 I StGB (Freiheitsberaubung) zu messen, wobei W **unmittelbare Täterin** (§ 25 I Alt. 1 StGB) ist, während für S eine **mittelbare Täterschaft** (§ 25 I Alt. 2. StGB) kraft Irrtumsherrschaft in Betracht kommt. Was G betrifft, ist Sachbeschädigung gem. § 303 I StGB sowohl an der Tür als auch am Spiegel zu diskutieren. Andere Delikte scheiden für ihn augenscheinlich aus. Insbesondere kann G sich nicht aus § 120 StGB (Gefangenenbefreiung) und § 258 StGB (Strafvereitelung) strafbar gemacht haben: Die Flucht als solche und der Befreiungsversuch werden von den Tatbeständen nicht erfasst, weil G selbst der Gefangene bzw. der Vortäter ist.

Den Sachverhalt in **Tatkomplexe** zu zerlegen, erscheint unnötig. Man kann schlicht nach **Personen** gliedern. Begonnen werden muss mit der Strafbarkeit der **W**, weil davon die Entscheidung abhängt, ob S als mittelbarer Täter eingestuft werden kann. Das ist grundsätzlich nur dann möglich, wenn W ein Verantwortungsdefizit aufwies. Die Strafbarkeit des G ist an das Ende zu stellen. Dies entspricht zum einen dem historischen Geschehensablauf und ist zum anderen – was wichtiger ist – gerade deshalb zweckmäßig, weil G wegen des Vorverhaltens von W und S möglicherweise über **Notwehr** (§ 32 StGB) gerechtfertigt war. Das wäre aber nur dann der Fall, wenn G gegenwärtig und rechtswidrig angegriffen worden wäre. Die **Beschädigungen** von Tür und Spiegel sollte man im Übrigen nicht „in einen Topf werfen", sondern getrennt prüfen. Abgesehen davon, dass es sich konkurrenztechnisch ohnehin um zwei eigenständige Taten handelt (neuer Tatentschluss!), nimmt ihre rechtliche Beurteilung auf Rechtfertigungsebene jeweils eine andere Richtung.

Die **Grobgliederung** würde demnach wie folgt aussehen:
A. Strafbarkeit der W aus § 239 I StGB
B. Strafbarkeit des S aus §§ 239 I, 25 I Alt. 2 StGB
C. Strafbarkeit des G
   I. § 303 I StGB (Tür)
   II. § 303 I StGB (Spiegel)

2. Sodann ist das Augenmerk auf die **Delikte im Einzelnen** und die zu bewältigenden **Sachprobleme** zu richten.

Der Befund, dass W den Tatbestand der Freiheitsberaubung (§ 239 I StGB) vorsätzlich erfüllt hat, bedarf nicht vieler Worte. Fraglich ist aber, ob W rechtswidrig handelte oder aber befugt war, G festzusetzen. In den Blick zu nehmen ist zunächst das **Recht zur vorläufigen Festnahme**. Das „Jedermann"-Recht aus § 127 I StPO scheitert jedoch daran, dass G von W nicht „auf frischer Tat" betroffen oder verfolgt worden ist. Das weiterreichende Festnahmerecht aus § 127 II StPO ist dagegen allein der Staatsanwaltschaft und den Beamten des

Polizeidienstes vorbehalten. Ebenso wenig kann W zugutekommen, dass G aus der U-Haft entwichen ist und damit gegen ihn ein **Haftbefehl** bestand (§ 114 I StPO). Die Vollstreckung von Haftbefehlen obliegt allein der Staatsanwaltschaft (§ 36 II 1 StPO), die sich hierbei ihrer Ermittlungspersonen (§ 152 GVG) oder der Polizei (§ 161 I StPO) bedienen kann. Auch der Umstand, dass G zur Festnahme **öffentlich ausgeschrieben** war (§§ 131 ff. StPO), verschafft W keine besonderen Rechte. Der früher sogenannte „Steckbrief" hat nur die Bedeutung, Privatpersonen aufzufordern, den Strafverfolgungsbehörden durch „sachdienliche Hinweise" bei der Fahndung zu helfen. Eingriffsrechte, die über § 127 I StPO hinausgehen, lassen sich daraus jedoch nicht ableiten.

Unter dem Gesichtspunkt einer **Notstandshilfe** zugunsten der Strafrechtspflege könnte W sich allenfalls auf **§ 34 StGB** berufen. Dem steht jedoch § 127 I StPO entgegen, der als abschließende Sonderregelung den Rückgriff auf den rechtfertigenden Notstand sperrt. Würde man nämlich auf § 34 StGB erkennen, würden die besonderen Voraussetzungen des **§ 127 I StPO** überspielt, insbesondere das Erfordernis der „frischen Tat"; die Vorschrift würde weitgehend ins Leere laufen. Anders formuliert: Die im Rahmen des § 34 StGB vom Rechtsanwender vorzunehmende Abwägung der widerstreitenden Interessen hat der Gesetzgeber in § 127 I StPO selbst vollzogen; die Norm belegt – bezogen auf Privatpersonen –, dass das Interesse an der Durchsetzung des staatlichen Strafanspruchs die Freiheit des Festgenommenen nur dann wesentlich überwiegt, wenn dieser auf frischer Tat betroffen oder verfolgt wird.

Der gegen G angeordnete **Haftbefehl** könnte bei näherer Betrachtung aber dennoch entscheidend sein: Hätte S selbst – statt W – den G festgesetzt, hätte er rechtmäßig gehandelt. Damit könnten zwei Konsequenzen verbunden sein: Zum einen könnte S seine weiterreichende **hoheitliche Festnahmebefugnis** wirksam auf W übertragen haben. Wenn nein, könnte S zum anderen möglicherweise für sich in Anspruch nehmen, dass er bei einem **eigenhändigen Einsperren** an Ort und Stelle den G rechtmäßig hätte festsetzen dürfen.

Eine **Übertragung** hoheitlicher Eingriffsbefugnisse auf Privatpersonen sieht die StPO nicht vor. Vielmehr liegt – von § 127 I StPO abgesehen – die Strafverfolgung und die Durchführung von Zwangsmaßnahmen in den **Händen staatlicher Organe**. Denn das Vorliegen prozessualer Eingriffsrechte kann nur von den zur Strafverfolgung berufenen Amtsträgern verlässlich beurteilt werden, die über eine entsprechende rechtliche Ausbildung verfügen, die ein Bürger im Regelfall nicht hat. Um Übergriffe von Privatpersonen zu vermeiden und nicht zuletzt auch um sie selbst vor Gegenwehr zu bewahren, ist es unzulässig, Bürger zum „Hilfspolizisten" zu ernennen. Damit ist das Verhalten der W insgesamt als rechtswidrig zu werten.

Dies gilt dann auch für die Aufforderung des S. Dass er bei einer **hypothetischen unmittelbaren Täterschaft** wegen des Haftbefehls gerechtfertigt gehandelt hätte, kann ihn nicht entlasten. W, die von S gesteuert wurde, hat G die Freiheit unerlaubt entzogen. Dieses Unrecht ist S als **mittelbarem Täter** zuzurechnen, weil es ihm nicht gestattet war, das hoheitliche Festnahmerecht auf W zu übertragen.

Der Irrtum der W, sie sei verpflichtet, G einzuschließen, berührt selbstverständlich nicht ihren **Vorsatz**. Ihre Fehlvorstellung kann auch keinen **Erlaubnistatbestandsirrtum** begründen. Ein solcher ist nur dann gegeben, wenn der Täter irrig von Umständen ausgeht, bei deren Vorliegen sein Handeln gerechtfertigt wäre. Dies ist hier offensichtlich, so dass Ausführungen darüber entbehrlich sind.

W ist allerdings einem **Verbotsirrtum** nach § 17 StGB in Gestalt eines Erlaubnisirrtums (auch indirekter Verbotsirrtum genannt) erlegen. W hat in gutem Glauben, d. h. ohne Unrechtsbewusstsein, G eingesperrt. Ob sie dabei die Grenzen eines rechtlich anerkannten Rechtfertigungsgrundes (§ 127 I StPO) verkannte oder irrig von der Existenz eines nicht anerkannten Erlaubnissatzes ausging, kann auf sich beruhen. Wie fast immer überschneiden sich beide Irrtumsarten, so dass eine eindeutige Zuordnung, die im Übrigen auch müßig wäre, nicht möglich ist.

Ob die fehlende Unrechtseinsicht die Schuld der W beseitigt, ist nach § 17 StGB davon abhängig, ob ihr Irrtum **unvermeidbar** oder aber **vermeidbar** war. Darüber entscheiden letztlich Fahrlässigkeitskriterien, d. h. es ist festzustellen, ob Sorgfaltspflichten vorwerfbar verletzt wurden. Unter Berücksichtigung aller Umstände steht hier außer Frage, dass W auf die Erklärung des S vertrauen konnte und durfte.

Das Ergebnis, dass für W der Irrtum unvermeidbar war (§ 17 1 StGB), macht S zum **mittelbaren Täter** (§ 25 I Alt. 2 StGB) einer Freiheitsberaubung. Konstruktiv wäre zwar auch Anstiftung denkbar, weil § 26 StGB eine schuldhaft begangene Haupttat nicht verlangt (= sog. limitierte Akzessorietät). Die mittelbare Täterschaft hat jedoch keine Auffangfunktion dergestalt, dass sie nur dann zum Einsatz kommt, wenn eine Anstiftung ausfällt. Vielmehr stellt sie einen eigenständigen Beteiligungstypus dar, über den allein Täterschaftskriterien – und nicht etwa vorhandene Strafbarkeitslücken – entscheiden (vgl. das Aufbaumuster Fall 12, S. 134).

Die Voraussetzungen der Notwehr (§ 32 StGB) mit Erläuterungen

Was die **Strafbarkeit des G** wegen Sachbeschädigung angeht, liegt der Schwerpunkt der Prüfung ebenfalls im Rechtfertigungsbereich. Insoweit ist zunächst die Versuchung groß, § 32 StGB (Notwehr) außer Acht zu lassen und Notstandsregeln (§§ 228, 904 BGB, 34 StGB) anzuwenden. Gerade Anfänger meinen häufig, die Notwehr sei ausschließlich den Fällen vorbehalten, in denen der Verteidiger sich gegen den Angreifer körperlich zur Wehr setzt. Das ist aber nicht richtig. Eine Verteidigungshandlung kann sich vielmehr auch gegen Sachen richten, wenn zwei Voraussetzungen erfüllt sind: Durch die Sachbeschädigung müssen zum einen **Rechtsgüter des Angreifers** (= hier Eigentum) betroffen sein, und zum anderen muss die Sachbeschädigung die **Beendigung der Gefahr** erwarten lassen.

Nachfolgend sei das **Aufbauschema** der Notwehr beschrieben und durch fallspezifische Hinweise erläutert:

1. Notwehrsituation
   a) Angriff (= jede durch menschliches Verhalten drohende Verletzung rechtlich geschützter Güter oder Interessen)

b) Gefahr für eigene Rechtsgüter oder für die Rechtsgüter eines anderen (= Nothilfe)
c) Gegenwärtigkeit (= von Versuchsbeginn bis Tatbeendigung)
d) Rechtswidrigkeit (= der Angriff darf nicht seinerseits gerechtfertigt sein)
2. Notwehrhandlung
   a) Verteidigung gegen den Angreifer bzw. seine Rechtsgüter (z. B. Eigentum)
   b) Erforderlichkeit
      aa) Geeignetes Mittel (= tauglich zur Abwehr des Angriffs)
      bb) Mildestes Mittel (= schonendere und ebenso effektive Maßnahmen sind nicht vorhanden)
   c) Ggf. Gebotenheit (in den anerkannten Fallgruppen einer Notwehreinschränkung)
3. Verteidigungswille als subjektives Rechtfertigungselement (= hierfür reicht die Kenntnis der Notwehrlage)

Zu 1.: Die **Notwehrsituation** kann hier ohne Weiteres festgestellt werden: Das Einschließen durch W beschränkte die Fortbewegungsfreiheit des G und war – wie aufgezeigt – von keinem Erlaubnissatz gedeckt.
Zu 2.: W war Eigentümerin des Hotels. Die **Notwehrhandlung** „Sachbeschädigung", begangen an Tür und Spiegel, richtete sich also gegen die Rechtsgüter der Angreiferin. Die Schwierigkeiten beginnen bei der **Geeignetheit** des eingesetzten Tatmittels. Die Beschädigung von Schloss und Tür hat sich **ex post** als untauglich erwiesen, die Freiheit wiederzugewinnen. Vielleicht lag es auch so, dass das Unterfangen, die Tür mit einem Taschenmesser zu öffnen, von vornherein aussichtslos war. Hierauf kommt es jedoch nicht an. Zugrunde zu legen ist eine **ex ante**-Betrachtung aus Sicht des Verteidigers. G ist davon ausgegangen, dass es ihm – wenn auch nur vielleicht – gelingen werde, die Tür zu öffnen und damit den Angriff auf seine Freiheit zu beenden. So gesehen hat G nicht nur ein geeignetes, sondern zugleich auch das schonendste Mittel eingesetzt.

Das gilt allerdings nicht für das Zerstören des Spiegels. Mit diesem „Vandalismus" war – auch aus der Perspektive des G – nicht die geringste Chance verbunden, die Fortbewegungsfreiheit wieder zu erlangen. Diesbezüglich ist also dem G das Notwehrrecht zu versagen.

Lösungsskizze
Die Lösungsskizze könnte nach alledem wie folgt beschaffen sein:

I. Strafbarkeit der W aus § 239 I StGB
   1. OTB: Einsperren des G (+)
   2. STB: Vorsatz (+)
   3. RW
      a) § 127 I StPO (−), keine „frische Tat"
      b) § 127 II StPO (−), W ist Privatperson
      c) § 114 I StPO (Haftbefehl) und §§ 131 ff. StPO (öffentliche Ausschreibung zur Festnahme) (−), weil beides keine Festnahmebefugnis von Bürgern begründet

d) § 34 StGB (−), § 127 I StPO entfaltet als abschließende Sonderregelung Sperrwirkung
e) Übertragung hoheitlicher Eingriffsbefugnisse auf W (−), weil in der StPO aus guten Gründen nicht vorgesehen
4. Schuld: Verbotsirrtum nach § 17 StGB
   a) Fehlende Unrechtseinsicht (+)
   b) Unvermeidbarkeit (+), wegen der Erklärung durch Staatsanwalt S
5. Ergebnis: § 239 I StGB (−)

II. Strafbarkeit des S aus §§ 239 I, 25 I Alt. 2 StGB
1. OTB = Einsperren durch einen anderen
   a) Werkzeugqualität der W (+), Verantwortungsdefizit wegen § 17 1 StGB
   b) Tatveranlassung (+)
   c) Überlegene Stellung des S (+), Irrtumsherrschaft
2. STB: Vorsatz (+)
3. RW: kein Unrecht, weil S selbst den G hätte festsetzen dürfen (§§ 114, 36 II, 127 II StPO)? (−), weil W als „verlängerter Handlungsarm" des S rechtswidrig handelte
4. Schuld (+), insbesondere kein Verbotsirrtum (§ 17 StGB)
5. Ergebnis: (+)

III. Strafbarkeit des G aus § 303 I StGB (Türschloss)
1. OTB
   a) Fremde Sache (+)
   b) Beschädigen (+)
2. STB: Vorsatz (+)
3. RW: § 32 StGB
   a) Notwehrlage: gegenwärtiger rechtswidriger Angriff (+)
   b) Notwehrhandlung: erforderliche Verteidigung
      aa) Rechtsgüter des Angreifers betroffen (+), Eigentum der W
      bb) Geeignetes Mittel (+), G versprach sich von seinem Handeln Erfolg
      cc) Mildestes Mittel (+)
   c) Verteidigungswille (+)
4. Ergebnis: § 303 I StGB (−)

IV. Strafbarkeit des G aus § 303 I StGB (Spiegel)
1. OTB
   a) Fremde Sache (+)
   b) Zerstören (+)
2. STB: Vorsatz (+)
3. RW: § 32 StGB
   a) Notwehrlage (+) wie oben
   b) Notwehrhandlung: geeignetes Mittel (−), weil unnütze Schadenszufügung (Vandalismus)
4. Schuld (+)
5. Strafantrag, § 303c StGB (+)
6. Ergebnis: (+)

Fall 6 „Der übereifrige Staatsanwalt"

Gesamtergebnis: W ist straflos. S ist strafbar aus §§ 239 I, 25 I Alt. 2 StGB, G aus § 303 I StGB

Klausurlösung
I. Strafbarkeit der W aus § 239 I StGB

W könnte sich dadurch, dass sie die Zimmertür zugesperrt hat, wegen Freiheitsberaubung nach § 239 I StGB strafbar gemacht haben.

1. Objektiver Tatbestand

W hat auf Geheiß des S die Tür zum Zimmer des G zugeschlossen und diesem damit die Möglichkeit genommen, den Raum zu verlassen. Sie hat mithin G eingesperrt. Der objektive Tatbestand ist erfüllt.

2. Subjektiver Tatbestand

W handelte mit Wissen und in der Absicht, G nicht entkommen zu lassen. Sie hatte demnach Vorsatz.

3. Rechtswidrigkeit

Das Handeln der W könnte gerechtfertigt sein. Möglicherweise kann sie sich auf Vorschriften der StPO oder auf § 34 StGB berufen.

a) § 127 StPO

Nach § 127 I StPO hat jedermann das Recht, einen anderen vorläufig festzunehmen, wenn dieser auf frischer Tat betroffen oder verfolgt wird. Auf frischer Tat betroffen ist, wer bei Begehung einer rechtswidrigen Tat oder unmittelbar danach am Tatort oder in dessen unmittelbarer Nähe gestellt wird. Die Banküberfälle, die G möglicherweise begangen hat, liegen in der Vergangenheit. Seine Flucht aus der Untersuchungshaft kann weder eine strafbare Gefangenenbefreiung noch eine Strafvereitelung darstellen. Somit scheidet eine Rechtfertigung aus § 127 I StPO aus.

Ebenso kommt eine Berufung auf § 127 II StPO nicht in Betracht, weil W als Privatperson nicht zu den festnahmeberechtigten Amtsträgern gehört.

b) §§ 114, 131 ff. StPO

G war aus der Untersuchungshaft entwichen. Das bedeutet, dass ein Haftbefehl gegen ihn bestand, § 114 I StPO. Der Vollzug von richterlichen Haftanordnungen ist jedoch gem. § 36 II 1 StPO der Staatsanwaltschaft vorbehalten, die sich hierbei ihrer Ermittlungspersonen oder der Polizei bedienen kann, so dass auch aus diesem Grund das Handeln der W nicht erlaubt war.

Dass G überdies nach §§ 131 ff. StPO zur Festnahme öffentlich ausgeschrieben war, ändert hieran nichts. Mit dieser Maßnahme verbindet sich nur die an die Bevölkerung gerichtete Aufforderung, der Polizei durch sachdienliche Hinweise bei der Fahndung zu helfen. Besondere Rechte kann ein Bürger daraus nicht herleiten.

c) W als Beauftragte

S war als Staatsanwalt befugt, G festzunehmen. Hätte S an Stelle von W gehandelt, wäre die Freiheitsberaubung von Hoheitsrechten (§§ 114, 36 II 1, 127 II StPO) gedeckt. Es fragt sich daher, ob S seine Befugnisse wirksam auf W übertragen haben könnte. Die Möglichkeit, einen Bürger mit der Strafverfolgung oder der Durchführung einzelner Zwangsmaßnahmen zu betrauen, ist aber in der StPO – mit Ausnahme von § 127 I StPO – nicht vorgesehen. Um den Beschuldigten vor Übergriffen zu schützen und den Bürger selbst vor sonst drohenden Gefährdungen zu bewahren, ist die Strafverfolgung als eine originär hoheitliche Aufgabe ausgestaltet, die von Privatpersonen nicht übernommen werden darf. Somit konnte S seine Eingriffsbefugnisse nicht auf W delegieren.

d) § 34 StGB

W könnte sich aber möglicherweise auf einen rechtfertigenden Notstand gem. § 34 StGB berufen, wenn die Tat als Notstandshilfe zugunsten der Strafrechtspflege zu bewerten wäre. G wollte sich durch seine Flucht dem staatlichen Strafanspruch auf Dauer entziehen. Dies gilt insbesondere dann, wenn er sich ins nahe Ausland (Schweiz) absetzen wollte. Demnach ist eine gegenwärtige Gefahr gegeben. Im Rahmen der Güter- und Interessenabwägung ist jedoch zu bedenken, dass der Gesetzgeber diesen Interessenkonflikt speziell geregelt hat. Denn § 127 I StPO stellt zwei Schutzgüter, die Fortbewegungsfreiheit des Betroffenen und die Effektivität der Strafrechtspflege, einander gegenüber. Erkennbar ist, dass das Freiheitsrecht nur dann zurücktritt, wenn der Festgenommene „auf frischer Tat" gestellt wird. Ist das – wie hier – nicht der Fall, gebührt dem Freiheitsrecht der Vorzug, mit der Folge, dass W die Berufung auf § 34 StGB zu versagen ist.

W hat nach alledem rechtswidrig gehandelt.

4. Schuld

W könnte nach § 17 S. 1 StGB entschuldigt sein. Dies setzt voraus, dass sie ohne Unrechtseinsicht handelte. S hat W suggeriert, sie sei verpflichtet, G einzusperren. Mit der Fehlvorstellung der W, einer Rechtspflicht nachzukommen, verbindet sich gleichzeitig das Bewusstsein, ihr Handeln sei von der Rechtsordnung gedeckt und deshalb erlaubt.

Der hiernach gegebene Verbotsirrtum müsste unvermeidbar gewesen sein. Das wäre zu bejahen, wenn W kein Sorgfaltspflichtverstoß zur Last gelegt werden könnte. W hat die Erklärung, dass es ihre Pflicht sei, G einzusperren, von einem Staatsanwalt erhalten. Irgendein Anlass, an der Richtigkeit dieser Bewertung der Rechtslage zu zweifeln, bestand für sie nicht. Ihr Verbotsirrtum war somit nicht zu vermeiden. W handelte ohne Schuld, § 17 S. 1 StGB.

5. Ergebnis

W hat sich nicht wegen Freiheitsberaubung aus § 239 I StGB strafbar gemacht.

II. Strafbarkeit des S aus §§ 239 I, 25 I Alt. 2 StGB

S könnte sich durch die an W gerichtete Aufforderung, G einzuschließen, wegen Freiheitsberaubung nach § 239 I StGB strafbar gemacht haben. Weil S den G nicht eigenhändig eingesperrt hat, scheidet eine unmittelbare Täterschaft gem. § 25 I Alt. 1 StGB aus. S könnte aber als mittelbarer Täter gehandelt haben, § 25 I Alt. 2 StGB.

1. Objektiver Tatbestand

S könnte das Einsperren durch einen anderen – die W – bewirkt haben. Diesbezüglich müsste W Werkzeugqualität zufallen, d. h. ein Verantwortungsdefizit aufweisen. W erlag einem unvermeidbaren Verbotsirrtum. Infolgedessen war sie außerstande, sich normgerecht zu verhalten. Überdies hat S den Irrtum in W erregt und sie dadurch erst zur Tat veranlasst. Kraft Irrtumsherrschaft war S „Herr über das Geschehen". Damit muss S sich das Tätigwerden der W wie eigenes Handeln zurechnen lassen.

Somit hat S den objektiven Tatbestand des § 239 I StGB in mittelbarer Täterschaft verwirklicht.

2. Subjektiver Tatbestand

Der innere Tatbestand des § 239 I StGB setzt Vorsatz voraus. S müssen insbesondere die Umstände bekannt gewesen sein, die seine mittelbare Täterschaft begründen. S war sich der Rechtslage bewusst und hat W wissentlich und willentlich zur Tat veranlasst. Der subjektive Tatbestand ist gleichfalls gegeben.

3. Rechtswidrigkeit

Die Tat wäre nicht rechtswidrig, wenn S Eingriffsrechte zur Seite gestanden hätten. Hätte S – anstelle von W – den G höchstpersönlich eingeschlossen, um dann das MEK herbeizurufen, wäre sein Handeln aufgrund des Haftbefehls gemäß §§ 114, 36 II 1, 127 II StPO gerechtfertigt gewesen. Wenn er demnach im Fall der unmittelbaren Täterschaft nicht rechtswidrig gehandelt hätte, könnte man annehmen, dass dies auch im Fall einer mittelbaren Täterschaft gelten müsste. Hierbei würde freilich übersehen, dass die W dem G die Freiheit rechtswidrig entzogen hat, weil S sie nicht mit hoheitlichen Eingriffsrechten ausstatten konnte. Für dieses rechtswidrige Handeln der Tatmittlerin hat S als mittelbarer Täter einzustehen. Er kann G durch ein Werkzeug, das seinerseits rechtswidrig handelte, nicht rechtmäßig festnehmen.

Die Rechtswidrigkeit ist somit gegeben.

4. Schuld

Im Gegensatz zu W hat S schuldhaft gehandelt. Er kannte die Sach- und Rechtslage und hatte demnach Unrechtsbewusstsein.

5. Ergebnis

S hat sich nach §§ 239 I, 25 I Alt. 2 StGB wegen Freiheitsberaubung in mittelbarer Täterschaft strafbar gemacht.

III. Strafbarkeit des G aus § 303 I StGB (Zimmertür)

G könnte sich durch den Versuch, mit einem Taschenmesser die Zimmertür gewaltsam zu öffnen, wegen Sachbeschädigung nach § 303 I StGB strafbar gemacht haben.

1. Objektiver Tatbestand

Die Tür, ein körperlicher Gegenstand (§ 90 BGB), stand im Eigentum der W und war damit für G fremd. G hat das Schloss und damit zugleich die Tür in ihrer Substanz erheblich beschädigt. Der objektive Tatbestand liegt vor.

2. Subjektiver Tatbestand

G handelte wissentlich und hinsichtlich der Beschädigung mit zielgerichtetem Willen (Absicht). Vorsatz ist mithin ebenfalls gegeben.

3. Rechtswidrigkeit

Weil G die Freiheit zu Unrecht entzogen wurde, könnte seine Tat gerechtfertigt sein. Als Rechtfertigungsgrund kommt Notwehr nach § 32 StGB in Betracht.

a) Notwehrlage

G müsste mit einem gegenwärtigen rechtswidrigen Angriff konfrontiert gewesen sein. G war – wie zuvor dargelegt – einem rechtswidrigen Angriff der W auf seine Fortbewegungsfreiheit ausgesetzt. Dass dieser Angriff ohne Schuld erfolgte, ist ohne

Bedeutung. Da G nach wie vor in dem Zimmer eingesperrt war, dauerte der Angriff fort und war damit gegenwärtig. Eine Notwehrsituation war somit gegeben.

b) Notwehrhandlung

G müsste eine erforderliche Verteidigungshandlung vorgenommen haben, wobei sich die Verteidigung zwingend gegen Rechtsgüter des Angreifers richten muss. Mit der Tür hat G das Eigentum der angreifenden W verletzt. Die sog. Relativität des Notwehrrechts ist demnach gewahrt.

Das Verhalten des G wäre erforderlich gewesen, wenn es einerseits geeignet war, den Angriff auf seine Freiheit zu beenden, und G andererseits das mildeste Mittel eingesetzt hätte. Dass G andere, W weniger belastende Maßnahmen hätte ergreifen können, ist nicht ersichtlich. Fraglich ist aber, ob die Sachbeschädigung ein geeignetes Mittel war, die Freiheitsberaubung zu beenden. Denn G hat es nicht geschafft, die Tür zu öffnen. Zudem kann nicht ausgeschlossen werden, dass sein Handeln von vornherein keinen Erfolg versprach. Allerdings ist ebenso wie bei der Prüfung des „mildesten Mittels" auf die ex ante-Sicht des Angegriffenen abzuheben. Hätte G sein Handeln als sinnlos erachtet, hätte er sich kaum darauf verlegt. Von daher hat er seinem Verhalten – wenn auch nur geringfügige – Erfolgsaussichten beigemessen. Die Verteidigung des G war somit erforderlich.

c) Verteidigungswillen

G war sich der Notwehrlage bewusst und handelte zudem mit dem Willen, den Angriff auf seine Fortbewegungsfreiheit zu beenden. Auch das subjektive Rechtfertigungselement ist gegeben. Die Sachbeschädigung an der Tür ist über Notwehr (§ 32 StGB) gerechtfertigt.

4. Ergebnis

In Bezug auf die Tür ist G nicht wegen Sachbeschädigung aus § 303 I StGB strafbar.

IV. Strafbarkeit des G aus § 303 I StGB (Spiegel)

G könnte jedoch dadurch, dass er sein Taschenmesser gegen den Spiegel warf, eine Sachbeschädigung nach § 303 I StGB begangen haben.

1. Objektiver Tatbestand

Der Spiegel gehörte gleichfalls der W und war damit für G eine fremde Sache, die er zerstört haben könnte. Zerstört ist eine Sache, wenn ihre bestimmungsmäßige Brauchbarkeit völlig aufgehoben ist. Infolge des Wurfes war der Spiegel zersplittert und damit unbrauchbar. G hat mithin den objektiven Tatbestand verwirklicht.

2. Subjektiver Tatbestand

G müsste mit Wissen und Wollen gehandelt haben. Es ist anzunehmen, dass G die Zerstörung zumindest als ernsthaft möglich angesehen und billigend in Kauf genommen hat. Damit hatte er Vorsatz, jedenfalls in Form des dolus eventualis. Die subjektive Tatseite liegt daher ebenfalls vor.

3. Rechtswidrigkeit

Die Rechtswidrigkeit könnte erneut nach § 32 StGB ausgeschlossen sein. Zur Zeit der Tat war G eingesperrt und dadurch einem gegenwärtigen rechtswidrigen Angriff ausgesetzt. Allerdings könnte die Zerstörung des Spiegels nicht geeignet gewesen sein, den Angriff abzuwenden, da er, im Gegensatz zur verschlossenen Tür, nicht das Tatmittel des Angriffs war. Zudem hat G in der Erkenntnis, dass seine Befreiungsaktion missglückt war, von der Tür abgelassen und aus Verärgerung und Enttäuschung das Messer gegen den Spiegel geworfen. Er ging also gar nicht davon aus, dass die Tat ihm weiterhelfen könnte. Aus seiner Sicht war sein Handeln sinnlos, so dass keine erforderliche Verteidigung vorlag.
  Notwehr scheidet demnach aus. G handelte rechtswidrig.

4. Schuld

Schuldausschließungsgründe sind nicht ersichtlich. Da G, wie ihm bewusst war, ein ungeeignetes Mittel zum Einsatz brachte, kommt auch eine Entschuldigung nach § 35 StGB nicht in Betracht. G hat sich schuldhaft verhalten.

5. Strafantrag

Der nach § 303c StGB erforderliche Strafantrag ist gestellt.

6. Ergebnis

G ist strafbar wegen einer Sachbeschädigung am Spiegel nach § 303 I StGB.

Gesamtergebnis

Während W straffrei ausgeht, hat sich S wegen Freiheitsberaubung in mittelbarer Täterschaft nach §§ 239 I, 25 I Alt. 2 StGB strafbar gemacht. G ist strafbar wegen Sachbeschädigung nach § 303 I StGB.

Fall 7 „Die Birke in Nachbars Garten"

Fehlen subjektiver Rechtfertigungselemente

E ist Eigentümer eines Wohnhauses mit Garten in einer Reihenhaussiedlung. Seit langem stört ihn eine immer größer werdende Birke, die im Garten seines Nachbarn N steht. Dieser Baum wirft viel Schatten in den Garten des E. Zudem verursachen die Pollen des Baumes bei ihm in jedem Frühjahr eine Allergie. E hat den N schon des Öfteren gebeten, die Birke zu fällen. N hat das jedoch jedes Mal abgelehnt.

Eines Tages beobachtet E, wie N mit seinen Kindern in Urlaub fährt. Er beschließt, die Abwesenheit des N zu nutzen. In der Dämmerung steigt er gerüstet mit einer Kettensäge über den Jägerzaun in den Garten des N und fällt dort die Birke.

Hierbei ahnt E nichts davon, dass N kurz vor der Abfahrt mit der Ehefrau F des E gesprochen hatte. Dieser hatte er gesagt, dass er – des lieben Friedens und der guten Nachbarschaft wegen – damit einverstanden sei, wenn E die Birke in seinem Garten umlege. F hatte dann schlicht vergessen, dies E mitzuteilen.

Beurteilen Sie die Strafbarkeit des E!

Lösung 7 „Die Birke in Nachbars Garten"

Lösungsschritte
Die maßgeblichen **Strafgrundlagen** sind schnell gefunden. Es sind der Hausfriedensbruch (**§ 123 I StGB**) und die Sachbeschädigung (**§ 303 I StGB**). Die Prüfungsreihenfolge spielt an sich keine Rolle. Wenn hier chronologisch vorgegangen, also mit dem Hausfriedensbruch begonnen wird, dann deshalb, weil die hierbei aufgezeigte Lösung Argumente für das bei der Sachbeschädigung angesiedelte Sachproblem liefert.

Mit der Prüfung des objektiven Tatbestands des § 123 I StGB verbinden sich im Wesentlichen drei Fragen. Zum einen geht es beim **Hausfriedensbruch** darum, den Garten des N einer in § 123 StGB genannten **Räumlichkeit** – Wohnung oder befriedetes Besitztum? – zuzuordnen. Obwohl eine räumlich-funktionale Beziehung zur Wohnung besteht, ist es vorzugswürdig, Zubehörflächen wie Gärten allenfalls als befriedetes Besitztum zu bewerten, da dies der Wortsinn nahelegt und sonst die Abgrenzung unmöglich wäre (vgl. *Ostendorf*, in: NomosKommentar StGB, 5. Aufl. 2017, § 123 Rn. 21). Letztlich kann dies hier aber auf sich beruhen, da der Garten eingezäunt ist (also keine „offene" Zubehörfläche darstellt) und daher als befriedetes Besitztum begriffen werden kann.

Zum anderen muss die Tathandlung des **„Eindringens"** richtig definiert werden (= Betreten gegen bzw. ohne den Willen des Hausrechtsinhabers). Das ist sehr wichtig, weil man sonst leicht auf Abwege gerät: Die Zutrittserlaubnis des N hat nämlich nicht – wie bei der Sachbeschädigung – die Bedeutung einer rechtfertigend wirkenden Einwilligung, sondern lässt als **tatbestandsausschließendes Einverständnis** bereits den Tatbestand entfallen!

Weil E nichts von der Zutrittserlaubnis wusste und infolgedessen irrig annahm, er breche den Hausfrieden, ist an eine **Versuchsstrafbarkeit** zu denken. Sie scheitert aber daran, dass der Versuch bei dem Vergehen des § 123 StGB nicht unter Strafe steht, §§ 23 I, 12 II StGB.

Anders liegen die Dinge bei der **Sachbeschädigung** durch Fällen des Baumes. Insoweit ist der Tatbestand erfüllt (der Baum als wesentlicher Bestandteil des Grundstücks, § 94 I BGB) und erst bei der Rechtswidrigkeit zu fragen, ob E sich auf eine ihn **rechtfertigende Einwilligung** berufen kann. Hier liegt das Kernproblem des Falls: Die Frage ist, wie es sich auswirkt, dass E in Unkenntnis der Zustimmung des N handelte.

Die Voraussetzungen der (rechtfertigenden) Einwilligung und des (tatbestandsausschließenden) Einverständnisses mit fallspezifischen Erläuterungen

Die **rechtfertigende Einwilligung** findet sich im StGB insbesondere an einer Stelle: in § 228 StGB (Einwilligungssperre bei sittenwidrigen Körperverletzungen). Im Übrigen sind die **Wirksamkeitsvoraussetzungen** ungeschrieben. Zur Wiederholung bzw. Auffrischung seien sie kurz benannt und durch fallspezifische Hinweise kommentiert:

1. Disponibles Rechtsgut
   a) (−) bei Allgemeinrechtsgütern
   b) (−) bei Leben (§ 216 StGB)
   c) (−) bei gravierenden, irreparablen Körperschäden (§ 228 StGB)
2. Dispositionsbefugnis des Einwilligenden
3. Einwilligungsfähigkeit (besondere Einsichtsfähigkeit, Verstandesreife)
4. Keine Willensmängel
5. Kundgabe nach außen hin vor der Tat
6. Handeln in Kenntnis der Einwilligung (= subjektives Rechtfertigungselement)

Die Punkte 1. bis 5. lassen sich schnell abhandeln. Das **Schutzgut** des § 303 StGB – Eigentum – ist selbstverständlich disponibel (§ 903 BGB). Weil in Ermangelung gegenteiliger Anhaltspunkte davon auszugehen ist, dass N Alleineigentümer des Grundstücks ist, steht seine **Dispositionsbefugnis** außer Zweifel. Umstände, die gegen seine **Einsichtsfähigkeit** (als Erwachsener) sprechen könnten, sind ebenso wenig ersichtlich wie etwaige **Willensmängel** (Täuschung, Drohung, Zwang). N hat des Weiteren seine Erlaubnis **nach außen hin** – F gegenüber – zum Ausdruck gebracht. Dies geschah auch **vor der Tat**. Dass die Erklärung nicht unmittelbar gegenüber E abgegeben wurde, ist unschädlich. Problematisch ist hier nur Punkt 6 (dazu sogleich unten): Wird ein **Handeln in Kenntnis** der Einwilligung vorausgesetzt, muss sie N erreicht haben.

Im Gegensatz dazu unterliegt das **tatbestandsausschließende Einverständnis** – nach h.M. – grds. eigenen Regeln, weil nur die natürlichen Willensgegebenheiten entscheidend sind. Anders als bei der Einwilligung ist die **natürliche Einsichtsfähigkeit** ausreichend. Auch eine **Kundgabe** wird nicht gefordert, vielmehr genügt die bewusste innere Zustimmung. Schließlich führen **Willensmängel** grundsätzlich nicht bzw. nur in sehr begrenztem Maße zur Unwirksamkeit des Einverständnisses.

Das Sachproblem: die Abwesenheit subjektiver Rechtfertigungselemente

Nach der Feststellung, dass E die Aktion in Unkenntnis der Einwilligung des N durchführte, sind zwei – hintereinander zu schaltende – Fragen aufzuwerfen: Zum einen ist zu klären, ob subjektive Rechtfertigungselemente **überhaupt zu verlangen** sind. Möglicherweise reicht das Vorliegen der objektiven Rechtfertigungsvoraussetzungen, um E rechtmäßiges Handeln zu bescheinigen. Wenn nein, ist im Anschluss zu untersuchen, welche **Rechtsfolgen** aus dem Fehlen des subjektiven Rechtfertigungselements resultieren.

1. Die Antwort auf beide Fragen wäre durch das Gesetz vorgezeichnet, wenn man einen anderen Ansatz als den hier gewählten zugrunde legt und der **Lehre von den negativen Tatbestandsmerkmalen** folgt. Danach setzt sich der objektive (Gesamt-)Unrechtstatbestand aus den Tatbestandsmerkmalen im eigentlichen Sinne und dem Fehlen objektiver Rechtfertigungselemente (= negative Tatumstände) zusammen. Der Vorsatz bezieht sich entsprechend auf beide Teile. So gesehen, wäre hier mit Blick auf die Einwilligung der objektive Tatbestand nicht

erfüllt. Weil E jedoch nichts von der Einwilligung wusste, hätte er Tatentschluss bezüglich aller Momente des objektiven Gesamtunrechtstatbestands, zu dessen Verwirklichung er gem. § 22 StGB nach seiner Vorstellung von der Tat unmittelbar angesetzt hätte (Versuch).

Gleiches gilt, wenn man, wie eine neuere Auffassung (Nachweise bei *Roxin*, Strafrecht AT, Bd. 1, 4. Aufl. 2006, § 13 Rn. 11), der Einwilligung **generell tatbestandsausschließende Wirkung** beimisst, weil bei ihrem Vorliegen keine wirkliche Rechtsgutsverletzung stattfindet. Denn auch bei Zugrundelegung dieses Konzepts hätte der ahnungslose E in der Vorstellung gehandelt, die Disposition des Eigentümers N zu missachten; damit wäre er ebenfalls Versuchstäter.

2. Hält man dagegen mit der h.M. (unter Berufung auf die Gesetzessystematik, § 11 I Nr. 5 StGB) am **dreistufigen Deliktsaufbau** (Tatbestand – Rechtswidrigkeit – Schuld) fest und stuft zudem die Einwilligung mit der herkömmlichen Auffassung (unter Berufung auf den klaren Wortlaut des § 228 StGB: „rechtswidrig") als **Rechtfertigungsgrund** ein, ist die Entwicklung des Ergebnisses weitaus schwieriger. Dann bedarf es nämlich schlüssiger – zwischengesetzlicher – Begründungen, um einerseits die Notwendigkeit eines „Einwilligungsbewusstseins" und andererseits die Überlegenheit der Versuchslösung darzutun. Im Einzelnen:

a) Für das **Erfordernis subjektiver Rechtfertigungselemente** spricht zum einen der **Wortlaut** der Erlaubnisnormen, die im StGB verortet sind. In §§ 32, 34 StGB heißt es jeweils „um", was darauf hindeutet, dass der Notwehr- bzw. Notstandstäter in Kenntnis der objektiven Rechtfertigungssituation gehandelt haben muss. Ins Feld führen lässt sich zum anderen der Gedanke der **Kompensation**: Wenn sich das tatbestandliche Unrecht aus objektiven und subjektiven Faktoren zusammensetzt, kann es auf Ebene der Rechtswidrigkeit nur dann (vollständig) entfallen, wenn sich auch dort objektive und subjektive Elemente wiederfinden. Mit anderen Worten: Der (objektive) Erfolgsunwert und der (subjektive) Handlungsunwert werden nur beseitigt, wenn über das Vorhandensein der objektiven Rechtfertigungsgründe hinaus eine diesbezügliche Kenntnis beim Täter gegeben ist!

Herangezogen werden können darüber hinaus **fallbezogene Argumente**. Wie gesehen, führt das Nichtwissen des E im Rahmen des Hausfriedensbruchs dazu, dass Versuchsunrecht vorliegt, das nur deshalb nicht zu veranschlagen ist, weil das Gesetz auf Strafe verzichtet. Dem widerspräche es, derselben Fehlvorstellung im Zusammenhang mit § 303 StGB keine Bedeutung beizumessen und E stattdessen eine vollständige Rechtfertigung und damit Straffreiheit zu gewähren. Und weiter: Angenommen, N hätte ohne Wissen des E das Eigentum am Grundstück nach Maßgabe des § 928 I BGB aufgegeben. Dann hätte E infolge seines Fremdheitsvorsatzes unstreitig einen – wenn auch untauglichen – Versuch der Sachbeschädigung begangen. Dazu würde es aber nicht passen, ihn straflos ausgehen zu lassen. Denn hier wie dort handelt ja E mit der gleichen „bösen" Absicht, ohne dass zwischen beiden Taten ein Unwertgefälle erkennbar wäre.

b) Was die **Folgen der fehlenden Kenntnis** angeht, geben die bisherigen Darlegungen bereits die Richtung vor: E ist nur **Versuchstäter** (vgl. *Heinrich*, Strafrecht AT, 5. Aufl. 2016, Rn. 462). Die „klassische" Auffassung (BGHSt 111, 114) nimmt dagegen den Standpunkt ein, dass eine Rechtfertigung komplett entfällt. Da der Täter den tatbestandlichen Erfolg mit rechtswidrigem Verletzungsvorsatz herbeigeführt habe, müsse er mit **Vollendungsstrafe** belegt werden.

Außer Acht bliebe aber dabei, dass E einen Erfolg gesetzt hat, der wegen der objektiv vorliegenden Einwilligung von der Rechtsordnung gedeckt ist. Äußerlich betrachtet war es ihm erlaubt, den Baum zu fällen, so dass seine Tat **keinen Erfolgsunwert** in sich birgt. Angelastet werden kann ihm deshalb nur ein (subjektiver) **Handlungsunwert**, der allein ein Vollendungsunrecht nicht zu begründen vermag. Die Tat des E ist vielmehr einem untauglichen Versuch vergleichbar. Daher ist es richtig, E wie einen Versuchstäter zu behandeln. E kann nur eine nach § 303 III StGB strafbare versuchte Sachbeschädigung zur Last gelegt werden.

3. **Aufbautechnisch** sollte der ganze Problemkomplex innerhalb der **Rechtswidrigkeit** erörtert werden. Entscheidet man sich für die Versuchslösung, wäre zu überlegen, ob man die **Vollendungsprüfung** nicht abzubrechen hat und auf eine eigenständige Versuchserörterung umsteigen muss. Das wäre jedoch des Guten zu viel. Hat man das Problem umfassend diskutiert, gäbe es im Rahmen einer Versuchsprüfung nichts Neues mehr zu sagen. Wichtig ist nur, dass – sobald die Weichen für den Versuch auf der Rechtfertigungsebene gestellt sind – kurz auf die Strafbarkeit des Versuchs (§ 303 III StGB) hingewiesen wird. Im Anschluss daran dürfen die Schuld sowie das Strafantragserfordernis (§ 303c StGB) nicht unberücksichtigt bleiben.

Lösungsskizze

Die angestellten Vorüberlegungen münden in folgende Lösungsskizze:

I. Strafbarkeit des E aus § 123 I StGB
   1. OTB
      a) Garten noch Teil der Wohnung? Zweifelhaft, jedenfalls befriedetes Besitztum
      b) Eindringen = Betreten gegen den Willen (−), tatbestandsausschließendes Einverständnis des N
   2. Ergebnis: (−)
II. Strafbarkeit des E aus §§ 123, 22 StGB (−), keine Versuchsstrafbarkeit
III. Strafbarkeit des E aus § 303 I StGB
   1. OTB
      a) Birke = Sache (+), § 90 BGB
      b) Fremdheit (+), im Eigentum des N, § 94 I BGB
      c) Zerstören (+)
   2. STB = Vorsatz (+)

3. Rechtswidrigkeit: Einwilligung des N?
   a) Eigentum disponibel
   b) N dispositionsbefugt (+)
   c) Kundgabe vor der Tat (+)
   d) Einsichtsfähigkeit und keine Willensmängel (+)
   e) Handeln in Kenntnis und aufgrund der Einwilligung (−)
      aa) Gleichwohl volle Rechtfertigung, weil subj. Rechtfertigungselemente nicht zu fordern?
         (−), Arg.: Wortlaut der §§ 32, 34 StGB; keine vollständige Kompensation des tatbestandlichen Unrechts; Vergleich mit der Lösung zu § 123 I StGB und den Fällen eines „echten" untauglichen Versuchs
      bb) Vollendung oder Versuch? Arg. für Versuchslösung: fehlender Erfolgsunwert, nur Handlungsunwert = „quasi" untauglicher Versuch, der strafbar ist (§ 303 III StGB)
      cc) Gleiches Resultat auf Grundlage der Lehre von den negativen Tatbestandsmerkmalen ((Gesamt)-Unrechtstatbestand entfällt) und der neueren Auffassung, wonach auch die Einwilligung bereits den Tatbestand ausschließt
4. Schuld (+)
5. Strafantrag, § 303c StGB (+)
6. Ergebnis: §§ 303 I, 22, 23 I StGB

Klausurlösung
I. Strafbarkeit des E aus § 123 I StGB

E könnte sich dadurch, dass er über den Zaun in den Garten des N kletterte, wegen Hausfriedensbruchs nach § 123 I StGB strafbar gemacht haben.

1. Objektiver Tatbestand

Der Garten müsste unter eine der in § 123 I StGB aufgeführten Räumlichkeiten fallen. Gärten gehören zwar nicht zum eigentlichen Wohnbereich, sie könnten aber, wie dies für Nebenräume anerkannt ist, der Wohnung funktional zugeordnet sein. Ob das auch für Gärten als Zubehörflächen gilt, ist zweifelhaft, kann jedoch hier dahinstehen. Da der Garten des N umzäunt ist, handelt es sich nicht um eine offene Zubehörfläche, sondern um ein eingehegtes und damit befriedetes Besitztum.

E müsste in den Garten eingedrungen sein. Darunter ist ein Betreten gegen oder ohne den Willen des Hausrechtsinhabers zu verstehen. N hatte vor seiner Abfahrt der F gegenüber geäußert, dass er es erlaube, wenn E in den Garten komme, um die Birke zu fällen. Dieses Einverständnis schließt ein Eindringen aus, so dass es am Tatbestand fehlt. Dass N seine Zutrittserlaubnis nicht gegenüber E erklärt hat, ist ohne Belang, weil für ein tatbestandsausschließendes Einverständnis schon die bewusste innere Zustimmung genügt.

2. Ergebnis

E hat sich somit nicht wegen vollendeten Hausfriedensbruchs aus § 123 StGB strafbar gemacht.

II. Strafbarkeit des E aus §§ 123 I, 22, 23 I StGB

Weil E in Unkenntnis des Einverständnisses den Garten des N betrat, kommt ein Versuch in Betracht. Dieser müsste aber strafbar sein. Der Hausfriedensbruch stellt gem. § 12 II StGB ein Vergehen dar, bei dem nach § 23 I StGB die Versuchsstrafbarkeit explizit angeordnet sein muss. Das ist bei § 123 StGB nicht geschehen, mit der Folge, dass E sich auch nicht wegen versuchten Hausfriedensbruchs strafbar gemacht hat.

III. Strafbarkeit des E aus § 303 I StGB

Durch das Fällen der Birke könnte E sich jedoch wegen Sachbeschädigung nach § 303 I StGB strafbar gemacht haben.

1. Objektiver Tatbestand

Bei einem Baum handelt es sich um einen körperlichen Gegenstand i. S. d. § 90 BGB, mithin um eine Sache. Diese müsste für E fremd gewesen sein. Das wäre anzunehmen, wenn die Birke im Eigentum des N stand. Nach § 94 I BGB gehören Pflanzen zu den wesentlichen Bestandteilen eines Grundstücks, d. h. sie sind dem Eigentum des Grundstückseigners zugehörig. Die Fremdheit ist somit zu bejahen.

E könnte den Baum zerstört haben. Zerstört ist eine Sache, wenn infolge äußerer Einwirkung *ihre Einheit völlig aufgelöst oder ihre Brauchbarkeit völlig aufgehoben ist*. E hat die Birke gefällt. Damit wurde ihre Existenz als Lebewesen vernichtet.

E hat demnach eine fremde Sache zerstört und den objektiven Tatbestand erfüllt.

2. Subjektiver Tatbestand

E handelte in Kenntnis aller objektiven Tatumstände und hinsichtlich des Zerstörungserfolgs mit Absicht. Der Vorsatz ist mithin gegeben.

3. Rechtswidrigkeit

Das Verhalten des E könnte aufgrund einer Einwilligung des N gerechtfertigt sein.

a) Die Zustimmung des N müsste zunächst den objektiven Wirksamkeitsvoraussetzungen einer Einwilligung genügen. Es ist davon auszugehen, dass N Alleineigentümer des Nachbargrundstücks ist. Folglich war er berechtigt, über sein Eigentum an der Birke zu verfügen. Er hat die Erlaubnis vor der Tat erteilt, ohne dass Umstände, die gegen seine Verstandesreife und Willensfreiheit sprächen, erkennbar sind. Die Erklärung ist zwar nicht unmittelbar gegenüber E abgegeben worden. Es genügt aber, wenn die Einwilligung in irgendeiner Weise nach außen hin zum Ausdruck kommt, also auch, wenn sie einem anderen – hier F – zur Kenntnis gebracht wird. Das äußere Geschehen war somit von der Einwilligung des N gedeckt.

b) E handelte jedoch, ohne von der Einwilligung zu wissen. Gleichwohl könnte er gerechtfertigt sein, wenn es allein auf die objektive Rechtfertigungslage ankäme.

Dass für alle Erlaubnissätze auch subjektive Rechtfertigungselemente zu verlangen sind, legen jedoch bereits die Rechtfertigungsnormen der §§ 32, 34 StGB mit ihrer subjektiven Umschreibung des rechtfertigenden Verhaltens („um") nahe. Darüber hinaus liegt tatbestandliches Unrecht nur dann vor, wenn die objektiven Unrechtselemente von subjektiven – dem Vorsatz – begleitet werden. Mit Blick darauf wäre es nicht konsequent, bei dem Unrechtsausschluss auf der Rechtfertigungsseite allein auf die objektive Sachlage abzustellen. Hiermit wäre außerdem das zu § 123 StGB aufgezeigte Ergebnis nicht in Einklang zu bringen. Wäre dort der Versuch unter Strafe gestellt, hätte E mit Blick auf sein Nichtwissen um das Einverständnis einen strafbaren Versuch begangen. Dann geht es aber nicht an, ihm im Rahmen von § 303 StGB keine rechtswidrige Tat vorzuhalten.

All diese Gründe sprechen dafür, dass die rechtfertigende Wirkung der Einwilligung auch von subjektiven Elementen abhängig ist. Der Täter muss daher im Bewusstsein und aufgrund der Einwilligung handeln.

c) Zu klären bleibt, welche Rechtsfolgen die Unkenntnis des E nach sich zieht. Da E den tatbestandlichen Erfolg mit rechtswidrigem Verletzungsvorsatz herbeigeführt hat, könnte er wegen vollendeter Sachbeschädigung zu belangen sein. Dabei bliebe jedoch unberücksichtigt, dass E mit dem Fällen des Baumes einen Erfolg gesetzt hat, der den Eigentümerinteressen des N nicht zuwiderlief. Äußerlich betrachtet durfte E infolge des Einverständnisses des N die Birke zerstören, mit der Folge, dass seiner Tat kein objektiver Erfolgsunwert zugeschrieben werden kann. Weil E von der Erlaubnis des N nichts ahnte, ist lediglich der subjektive Handlungsunwert nicht ausgeräumt. Dieser allein kann jedoch keine Verantwortlichkeit wegen Vollendung auslösen, sondern lediglich eine Versuchsstrafbarkeit begründen.

Deutlich wird das, wenn man einen Vergleichsfall heranzieht und annimmt, N hätte sein Eigentum am Grundstück und damit auch an der Birke nach § 928 I BGB (durch Verzichtserklärung dem Grundbuchamt gegenüber und Eintragung ins Grundbuch) aufgegeben. Der hiervon nichtsahnende E hätte sich dann an einer herrenlosen Sache vergriffen, also keinen objektiven Erfolgsunwert gesetzt. Sein Irrtum darüber, dass der Baum fremd ist, hätte ihn nur in die Versuchsstrafbarkeit geführt.

Entsprechendes hat im vorliegenden Fall zu gelten. E, der von der Einwilligung des N nichts wusste, ist so zu behandeln, als habe er sich das Vorhandensein einer fremden Sache irrig eingebildet. Daher hat E lediglich Versuchsunrecht nach § 22 StGB verwirklicht; seine Verantwortlichkeit verkürzt sich auf eine – nach § 303 III StGB strafbare – versuchte Sachbeschädigung.

d) Die Versuchslösung wäre sogar zwingend, wenn man entweder generell alle Rechtfertigungsgründe oder aber speziell die Einwilligung bzw. deren Abwesenheit dem Tatbestand zuschlagen würde. Für die erste Ansicht tritt die Lehre von den negativen Tatbestandsmerkmalen bzw. vom Gesamtunrechtstatbestand ein, für die zweite streiten diejenigen, die das eigentliche Schutzgut der Eigentumsdelikte in den Befugnissen des Eigentümers erblicken, die sich aus dem Herrschaftsrecht ergeben (§ 903 BGB). Ausgehend von dieser Prämisse hätte die Erlaubnis des N bereits tatbestandsausschließende Bedeutung. Da E aber glaubte, ohne Einwilligung zu handeln, wäre ihm der Tatentschluss zur Sachbeschädigung zuzusprechen, und er hätte mit dem Fällen gem. § 22 StGB unmittelbar zur Tatbestandsverwirklichung angesetzt.

4. Schuld

Schuldausschließungs- und Entschuldigungsgründe sind nicht ersichtlich. E hat den Versuch auch schuldhaft begangen.

5. Strafantrag

Nach § 303c StGB ist die Strafverfolgung von einem Strafantrag abhängig, es sei denn, die Strafverfolgungsbehörde bejaht ein besonderes öffentliches Interesse an der Strafverfolgung.

6. Ergebnis

E hat sich wegen versuchter Sachbeschädigung nach §§ 303 I, III, 22, 23 I StGB strafbar gemacht.

Fall 8 „Der vertauschte Vandale"

Erlaubnistatbestandsirrtum

A wird eines Nachts durch Geräusche auf der Straße aus dem Schlaf gerissen. Er eilt ans Fenster und sieht, wie der heranwachsende H, der einen schwarzen Kapuzenpulli mit weißen Totenköpfen trägt, sich an dem neuen, am Straßenrand geparkten Audi A6 des A zu schaffen macht. H hat bereits beide Seitenspiegel abgetreten und ist jetzt dabei, die Motorhaube mit einem Schraubenzieher zu „bearbeiten". Wutentbrannt stürmt A nach draußen. H, der die Haustür zufallen hört, dreht sich nach A um, so dass dieser im Schein der Straßenbeleuchtung das Gesicht des H sehen kann. H wendet sich zur Flucht und spurtet davon. A erkennt, dass er keine Chance hat, H einzuholen, und nimmt resignierend die erheblichen Schäden an seinem Wagen in Augenschein.

Zwei Wochen später geht A mit seiner Ehefrau F durch die Fußgängerzone. Im Menschengewühl sieht er plötzlich den zwanzigjährigen Z, der wie H mit einem schwarzen Totenkopf-Kapuzenpulli bekleidet ist. A schaut sich Z näher an und ist überzeugt davon, in ihm H zu erkennen. Daher raunt er der F zu: „Den schnappen wir uns! Der soll gefälligst meinen Schaden ersetzen!" Von hinten schlingt A sodann seine Arme um den überraschten Z und hält diesen fest, während F den Z auf Ausweispapiere hin durchsucht, aber keine findet. Als A den Z auffordert, Namen und Adresse anzugeben, antwortet Z nicht. A gibt daraufhin F ein Zeichen, per Handy die Polizei herbeizurufen, um auf diese Weise die Personalien des Z in Erfahrung zu bringen. Die Polizei erscheint nach etwa zehn Minuten und nimmt Z, der bis dahin verzweifelt versucht hat, sich aus dem Haltegriff des A zu befreien, mit auf die Wache. Dort klärt sich auf, dass Z mit dem nächtlichen Vorfall nichts zu tun hatte.

Z, der durch den festen Zugriff des A Blutergüsse an beiden Oberarmen davongetragen hat, stellt Strafantrag gegen A wegen aller in Betracht kommenden Delikte.

Beurteilen Sie die Strafbarkeit des A!

Lösung 8 „Der vertauschte Vandale"

Lösungsschritte

Die **Strafgrundlagen**, die es zu erörtern gilt, sind schnell aufgefunden. Es sind dies die Freiheitsberaubung (**§ 239 I StGB**) sowie mit Blick auf die Hämatome bei Z die Körperverletzung (**§ 223 StGB**), und zwar in beiden Handlungsalternativen („körperliche Misshandlung" und „Gesundheitsschädigung"). Die Nötigung (**§ 240 StGB**) kann demgegenüber vernachlässigt werden. Denn abgesehen davon, dass die Nötigung das rechtliche „Schicksal" der Freiheitsberaubung teilt (in beiden Fällen im Ergebnis keine Strafbarkeit), ist der allgemeinere § 240 StGB, wenn sich – wie hier – der Nötigungserfolg auf die Erduldung einer Freiheitsberaubung beschränkt, neben dem speziellen § 239 StGB nicht in Ansatz zu bringen (BGHSt 30, 235, 236). In welcher Reihenfolge § 239 StGB und § 223 StGB geprüft werden, spielt keine Rolle, weil sie im Unwert gleichviel wiegen.

Was den objektiven und subjektiven Tatbestand angeht, sind bei beiden Strafnormen keine nennenswerten Schwierigkeiten zu überwinden. Spitzfindigen Bearbeitern wird allerdings auffallen, dass A einem **Eigenschaftsirrtum** aufgesessen ist, der einem **error in persona** vergleichbar ist: Mit Z hat A objektiv einen Menschen angegriffen, dessen Unschuld sich später erwiesen hat. Subjektiv ging A davon aus, er habe den nächtlichen Missetäter vor sich. Dass dieser Irrtum keine Bedeutung hat, ist hier sogar noch deutlicher als bei einem „klassischen" error in persona. A ist einem den Tatbestandsvorsatz unangetastet lassenden **Motivirrtum** erlegen, weil Fehlvorstellungen über das „Vorleben" des Opfers außertatbestandliche Momente betreffen.

Die eigentlichen Sachprobleme stellen sich erst jenseits des Tatbestands ein. Relativ schnell lässt sich feststellen, dass das Verhalten des A objektiv nicht gerechtfertigt ist. Notwehr (**§ 32 StGB**) scheitert bereits daran, dass das Eigentum des A von Z nicht angegriffen worden ist. Die vorläufige Festnahme (**§ 127 I StPO**) scheidet ebenfalls aus, weil die Sachbeschädigung bereits zwei Wochen zurücklag und Z sie überdies nicht begangen hatte. Übrig bleibt allein die zivilrechtliche Selbsthilfe (**§ 229 BGB**), die der Durchsetzung oder Sicherung eines eigenen Anspruchs dient. Für sie ist aber naturgemäß nur dann Raum, wenn sich die Selbsthilfehandlung gegen den wirklichen Schuldner richtet.

Der Erlaubnistatbestandsirrtum (hier in Gestalt einer Putativselbsthilfe) und seine methodische Behandlung

Die sich anschließende entscheidende Frage ist, ob A ein Erlaubnistatbestandsirrtum bzw. eine Putativrechtfertigung zugesprochen werden kann. Ein solcher Irrtum ist gegeben, wenn der Täter von einer Sachlage ausgeht, die – wenn sie **tatsächlich gegeben** wäre – sein Verhalten **rechtfertigen würde**.

1. Dabei ist zu betonen, dass zunächst untersucht werden muss, ob überhaupt die **Konstellation eines Erlaubnistatbestandsirrtums** vorliegt. Erst danach heißt es, sich den Rechtsfolgen dieses Irrtums zuzuwenden. Gerade bei Studienanfängern ist die Versuchung groß, einen Erlaubnistatbestandsirrtum vor-

schnell zu bejahen und sogleich auf die „Theorien" einzugehen. So wäre es in casu verfehlt, kurzerhand von einer Putativnotwehr auszugehen oder den Erlaubnistatbestandsirrtum auf § 127 I StPO zu beziehen. Übersehen würde dabei, dass auch nach der Vorstellung des A die Voraussetzungen beider Rechtfertigungsgründe nicht erfüllt sind: A ging gerade nicht von einem „gegenwärtigen" Angriff des Z aus (§ 32 StGB) und glaubte auch nicht, er habe Z „auf frischer Tat" betroffen (§ 127 I StPO). Es ist also geboten, vorab akribisch und sorgfältig zu prüfen, ob unter Zugrundelegung der **Annahmen des Täters** sämtliche Merkmale der jeweiligen Erlaubnisnorm erfüllt sind. Diese Prüfung kann dann ergeben, dass in Wahrheit nur ein bloßer Verbotsirrtum (§ 17 StGB) vorliegt, etwa weil der Handelnde die Tragweite oder den Umfang eines Rechtfertigungsgrundes falsch eingeschätzt bzw. überdehnt hat.

Ein Erlaubnistatbestandsirrtum kommt hier allein mit Blick auf die §§ 229, 230 BGB in Betracht. Explizit geregelt ist diese **Putativselbsthilfe** im Übrigen in § 231 BGB, der daran eine verschuldensunabhängige Schadensersatzpflicht (*Grothe*, in: Münchener Kommentar zum BGB, Bd. 1, 8. Aufl. 2018, § 231 Rn. 1) knüpft. Der Text dieser Vorschrift kann als Ausgangspunkt für die Prüfung herangezogen werden: A müsste „eine der in § 229 [BGB] bezeichneten Handlungen in der irrigen Annahme [vorgenommen haben], dass die für den Ausschluss der Widerrechtlichkeit erforderlichen Voraussetzungen vorhanden seien".

Zu diesen **Voraussetzungen** gehören im Einzelnen (vgl. *Kindhäuser*, Lehr- und Praxiskommentar, StGB, 7. Aufl. 2017, Vor §§ 32–35 Rn. 72):
1. Selbsthilfesituation
    a) Der Täter hat einen eigenen fälligen Anspruch gegen den Betroffenen
    b) Ohne sofortiges Eingreifen besteht die Gefahr, dass die Verwirklichung des Anspruchs vereitelt oder wesentlich erschwert wird
    c) Obrigkeitliche Hilfe ist nicht rechtzeitig zu erlangen
    d) Im Fall der Festnahme: Fluchtverdacht
2. Selbsthilfehandlung
    a) Von § 229 BGB zugelassenes Selbsthilfemittel
    b) Erforderlichkeit zur Gefahrenabwendung (§ 230 I BGB)
3. Handeln zum Zwecke der Selbsthilfe (= subjektives Rechtfertigungselement)

Bei all diesen Erfordernissen ist als Prämisse die **Vorstellung des Täters** – hier des A – zugrunde zu legen. Hiernach hat A sich einen **Schadensersatzanspruch** gegen Z (aus §§ 823 I, 823 II BGB i. V. m. § 303 I StGB) zugeschrieben. Aus seiner Sicht war zudem zu befürchten, dass er diesen Anspruch faktisch **nicht hätte durchsetzen** können, wenn er Z nicht gestellt hätte. Bis zum Eintreffen der Polizei war des Weiteren **hoheitliche Hilfe nicht zu erreichen**. Als A den Z erspähte, hätte er zwar theoretisch gleich die Polizei verständigen können. Diese wäre aber voraussichtlich zu spät gekommen und hätte Z in der Menschenmenge nicht mehr aufgefunden. Da A in Z einen Straftäter sah und Z sich überdies – in Erwartung der Polizei – verzweifelt wehrte, ist A die ganze Zeit davon ausgegangen, Z könnte sich seiner Verantwortung durch **Flucht** entziehen. Was die Selbsthilfehandlung angeht, hat A sich auf nach § 229 BGB erlaubte Maßnahmen verlegt: die **Festnahme** und – was für § 223 StGB relevant ist – die **Widerstandsbeseitigung**. Die **Erforderlichkeit** i. S. d. § 230 I BGB ist gleichbedeutend mit der Erforderlichkeit bei der Notwehr (§ 32 II StGB): Das Mittel muss zunächst **geeignet** sein, den Anspruch zu sichern. Das Festhalten des Z zu dem Zweck, Ausweispapiere bei ihm zu suchen und danach seine Personalien zu erfragen, war allemal ein taugliches Vorgehen. Dies trifft aber auch auf die Zeit zwischen Anruf und Ankunft der Polizei zu. Von der Polizei hat A – zu Recht – erwartet, sie werde die Identität des Z feststellen und damit zur Sicherung seines Anspruchs beitragen.

Schließlich war das Verhalten des A, seine Vorstellung als wahr unterstellt, das **mildeste Mittel**, welches ihm als Anspruchsinhaber zur Verfügung stand. Den Z bloß zur Rede zu stellen, hätte aus Sicht des A nicht weitergeholfen. Das kraftvolle, über ein einfaches Festhalten hinausgehende Zugreifen, das mit der Verursachung von Blutergüssen verbunden war, erschien notwendig, um die Gegenwehr des Z zu unterbinden. A war nach alledem in einem Erlaubnistatbestandsirrtum verfangen.

2. Erst jetzt ist in einem zweiten Schritt zu klären, welche **Rechtsfolgen** dieser Befund nach sich zieht. Der Erlaubnistatbestandsirrtum wird erfahrungsgemäß von Studenten in besonderem Maße „gefürchtet", gilt es doch, eine Reihe von **Theorien** „abzuarbeiten", bei deren Darstellung die Gefahr besteht, dass sich Fehler einschleichen. Für weitere Irritationen sorgt der Umstand, dass Unsicherheiten bestehen, an welcher Stelle im **Deliktsaufbau** die Thematik zu verorten ist. Je nach Theorie ist nämlich entweder der subjektive Tatbestand (so die modifizierte Vorsatztheorie und die Lehre von den negativen Tatbestandsmerkmalen) oder die Rechtswidrigkeit (Lehre vom Wegfall des Vorsatzunrechts) oder aber die Schuld (strenge Schuldtheorie sowie rechtsfolgenverweisende eingeschränkte Schuldtheorie) betroffen (dazu im Einzelnen *Valerius*, Einführung in den Gutachtenstil, 4. Aufl. 2017, S. 148 ff.).

a) Diesseits wird empfohlen, einen **pragmatischen Prüfungsansatz** zu wählen: Man steigt ein mit der Bemerkung, dass der – zuvor festgestellte – Erlaubnistatbestandsirrtum gesetzlich nicht ausdrücklich geregelt ist. Das StGB kennt nur den **Tatbestandsirrtum** (§ 16 I StGB) und den **Verbotsirrtum** (§ 17 StGB). Daher ist zu entscheiden, zu welcher dieser beiden Irrtumsarten die **größere Sachnähe** besteht, also ob der Erlaubnistatbestandsirrtum eher dem Tatbestandsirrtum oder dem Verbotsirrtum wesensverwandt ist.

Die Vorteile dieser Vorgehensweise liegen darin, dass man sich und dem Korrektor das schematisch wirkende „Abklappern" der einzelnen Theorien erspart. Stattdessen ist man gleich bei den **Sachargumenten**, die ohnehin im Vordergrund stehen müssen. Außerdem wird damit dem Umstand Rechnung getragen, dass die „**§ 16-Lösungen**" (Lehre von den negativen Tatbestandsmerkmalen: kein Vorsatz; rechts*grund*verweisende eingeschränkte Schuldtheorie: kein Vorsatzunrecht; rechts*folgen*verweisende eingeschränkte Schuldtheorie: keine Vorsatzschuld) für den **Täter** immer auf das gleiche Ergebnis (keine Bestrafung wegen vorsätzlicher Tat) hinauslaufen und nur konstruktiv voneinander abweichen. Relevant werden sie nur, wenn „bösgläubige" **Teilnehmer** auf den Plan treten, denen die Rechtswidrigkeit bekannt ist, weil dann deren Strafbarkeit vom

Vorliegen einer **vorsätzlichen und rechtswidrigen Haupttat** abhängt (dies wäre nur gemäß der rechts*folgen*verweisenden eingeschränkten Schuldtheorie der Fall!). Hier liegt diese Konstellation nicht vor, da die – ohnehin nicht zu prüfende – F keine Anhaltspunkte dafür hat, dass das Handeln des A nicht gerechtfertigt ist.

Erweist sich der Irrtum als **nicht fahrlässig bzw. unvermeidbar**, wäre zu bedenken, ob man nicht den Streit insgesamt auf sich beruhen lassen kann, weil der Weg über die „§ 17-Lösung" (strenge Schuldtheorie) ebenfalls zur Straflosigkeit führt (so der Vorschlag von *Graul*, JuS 1992, L 49, 52). Das ist bequem, erscheint aber zumindest dann wenig glücklich, wenn ein Fahrlässigkeitstatbestand existiert, weil in einem solchen Fall die Prüfung jeweils unterschiedlich verläuft.

Auf den Fall zugeschnitten: Folgt man der **„§ 17-Lösung"**, wäre A im Rahmen von § 223 StGB auf der Ebene der Schuld ein unvermeidbarer Verbotsirrtum zuzubilligen. Nach § 17 S. 1 StGB hätte er dann „ohne Schuld" gehandelt, mit der Folge, dass die Prüfung abzuschließen wäre. Anders ist dies bei den **„§ 16-Lösungen"**. Danach müsste – vgl. § 16 I 2 StGB – von § 223 StGB auf § 229 StGB umgestiegen und dort gefragt werden, ob der Irrtum des A über die rechtfertigende Sachlage bei pflichtgemäßer Sorgfalt hätte vermieden werden können.

Die **strenge Schuldtheorie** zu favorisieren, ist allerdings angesichts der erdrückenden Übermacht der Gegenposition und der Stichhaltigkeit ihrer Argumente nicht ratsam. Die Begründungen, mit denen die strenge Schuldtheorie aus dem Feld geschlagen werden kann, sollten geläufig sein. Angeführt werden kann, dass sowohl die Unkenntnis der zum gesetzlichen Tatbestand gehörenden Umstände (§ 16 I 1 StGB) als auch die irrtümliche Annahme einer rechtfertigenden Sachlage **Irrtümer über Tatsachen** darstellen und nicht – wie bei § 17 StGB – Bewertungsirrtümer. Den Verbrechensstufen „Tatbestand" und „Rechtswidrigkeit" fällt zudem die gleiche Funktion zu, nämlich das Unrechtsurteil gegen den Täter festzulegen. Von daher ist es nur konsequent, hier wie dort mit gleichen Regeln zu arbeiten und die irrige Annahme eines rechtfertigenden Sachverhalts einem auf den Verbotstatbestand bezogenen Irrtum gleichzustellen. In beiden Fällen **fehlt das (subjektive) Handlungsunrecht**, nur mit dem Unterschied, dass beim Tatbestandsirrtum von vornherein kein Handlungsunwert gegeben ist, während beim Erlaubnistatbestandsirrtum der durch den Vorsatz begründete Handlungsunwert wieder aufgehoben wird. Das ändert aber nichts daran, dass – so oder so – der Täter von Vorstellungen geleitet wird, die auf ein **rechtlich erlaubtes Tun** hinauslaufen (*Roxin*, Strafrecht, Allgemeiner Teil I, 4. Aufl. 2006, § 14 Rn. 64).

Darüber hinaus ist zu berücksichtigen, dass es oft zweifelhaft ist, wie das Beispiel der Einwilligung zeigt (Fall 7, S. 74), ob bestimmte Umstände bereits den **Tatbestand** oder erst die **Rechtswidrigkeit** ausschließen. Für die strenge Schuldtheorie wäre diese dogmatische Zuordnung jedoch ausschlaggebend. Bei entsprechenden Irrtümern müsste sie im ersten Fall einen Tatbestandsirrtum folgern, im zweiten Fall dagegen einen Verbotsirrtum. Das

stünde im Widerspruch zu der Erkenntnis, dass es im Grunde genommen keine „trennscharfe" Grenze zwischen Tatbestandsbeschränkung und Rechtfertigung gibt.
b) Für den Klausurbearbeiter bleibt die Frage nach dem passenden **„Standort"** des Erlaubnistatbestandsirrtums. Diesbezüglich empfiehlt sich die Prüfung im Rahmen der **Rechtswidrigkeit**, da bereits in diesem Rahmen der Streitstand dargestellt und erforderlichenfalls entfaltet werden kann. Wie stets gilt jedenfalls auch hier der Grundsatz, dass Aufbautechnisches in der Falllösung nicht zu begründen ist.
c) Es wurde bereits darauf hingewiesen, dass nach dem Ausfall der Vorsatztat nach § 223 StGB auf **§ 229 StGB** einzugehen ist (vgl. hierzu das Aufbaumuster einer Fahrlässigkeitstat bei Fall 3, S. 31). Aufhänger für die Frage, ob A ein **objektiver Sorgfaltspflichtverstoß** zur Last gelegt werden kann, ist seine Fehlvorstellung: Hätte er bei Anwendung der im Verkehr erforderlichen Sorgfalt erkennen können, dass es sich bei Z um einen Unbeteiligten handelt? Insoweit sind die – wenn auch spärlichen – Angaben im Sachverhalt auszuwerten (ungewöhnlicher Kapuzenpulli; A hat das Gesicht des H gesehen; Z trug keine Ausweispapiere bei sich und gab seine Personalien nicht preis; evtl. auch die Gegenwehr). In Anbetracht all dieser Umstände ist davon auszugehen, dass A den Sorgfaltsanforderungen gerecht geworden ist.

Lösungsskizze
Diese Vorüberlegungen lassen sich in folgender Lösungsskizze zusammenfassen:

I. Strafbarkeit des A aus § 239 I StGB
  1. OTB
     Freiheitsberaubung auf andere Weise (+)
  2. STB = Vorsatz (+), Irrtum über die Tätereigenschaft des Z (bzgl. der zwei Wochen zuvor begangenen Sachbeschädigung) irrelevant
  3. RW
     a) Objektive Rechtfertigung
        aa) § 32 StGB (−), kein Angriff von Seiten des Z
        bb) § 127 I StPO (−), Tat nicht „frisch", Z nicht der Täter
        cc) §§ 229, 230 BGB (−), Z nicht der Schuldner
     b) Putativrechtfertigung
        aa) Irrige Annahme der Voraussetzungen der §§ 229, 230 BGB (+)
        bb) Rechtsfolge des Erlaubnistatbestandsirrtums: Tatbestandsirrtum (eingeschränkte Schuldtheorien) oder Verbotsirrtum (strenge Schuldtheorie)
  4. Ergebnis: § 239 I StGB (−), Fahrlässigkeit steht nicht unter Strafe
II. Strafbarkeit des A aus § 223 I StGB
  1. OTB
     a) Körperliche Misshandlung (+)
     b) Gesundheitsschädigung (+)
  2. STB = Vorsatz (+)

3. RW
   a) Keine objektive Rechtfertigung
   b) Putativselbsthilfe (§§ 229, 230 BGB): (+), § 229 BGB erlaubt auch die Widerstandsbeseitigung
   c) Rechtsfolge: wie oben, keine Verantwortlichkeit wegen Vorsatzes
4. Ergebnis: § 223 I StGB (−)

III. Strafbarkeit des A aus § 229 StGB
1. TB
   a) Verletzungserfolg (+)
   b) Fehleinschätzung objektiv sorgfaltswidrig (−)
2. Ergebnis: § 229 StGB (−)

Gesamtergebnis: A geht straflos aus.

Klausurlösung
I. Strafbarkeit des A aus § 239 I StGB

A könnte sich dadurch, dass er Z festgehalten hat, wegen Freiheitsberaubung gem. § 239 I StGB strafbar gemacht haben.

1. Objektiver Tatbestand

A hat Z nicht nur kurzzeitig, sondern über zehn Minuten festgehalten, wodurch die Fortbewegungsfreiheit des Z für geraume Zeit aufgehoben war. A hat demnach auf andere Weise einen Menschen der Freiheit beraubt. Der objektive Tatbestand ist erfüllt.

2. Subjektiver Tatbestand

A handelte wissentlich und willentlich, mithin vorsätzlich. A nahm allerdings irrig an, der von ihm Festgenommene sei die Person, die sein Auto beschädigt hatte. Diese Fehlvorstellung betrifft jedoch nur eine bestimmte Eigenschaft des Opfers und hat deshalb auf den Vorsatz, einen anderen Menschen festzuhalten, keinen Einfluss. Der subjektive Tatbestand ist daher gleichfalls gegeben.

3. Rechtswidrigkeit

a) Objektive Rechtfertigung

Das Unrecht der Tat wäre ausgeschlossen, wenn A eine Erlaubnisnorm zur Seite stünde. Zu denken ist zunächst an Notwehr, § 32 StGB. Da es sich bei Z aber nicht um den Schädiger handelte und die Sachbeschädigung zudem zwei Wochen zuvor verübt worden war, fehlt es bereits an einem „gegenwärtigen" Angriff i. S. d. § 32 II StGB. Aus dem gleichen Grund entfällt eine aus § 127 I StPO abgeleitete Befugnis zur vorläufigen Festnahme, die eine „frische" Straftat voraussetzen würde. Möglicherweise kann A sich auf die zivilrechtliche Selbsthilfe nach §§ 229,

230 BGB berufen. Das Selbsthilferecht dient im Hinblick auf das staatliche Gewaltmonopol dazu, in besonderen Ausnahmefällen die faktische Durchsetzung eigener Ansprüche zu sichern. Daher kann Selbsthilfe nur gegen den wahren Schuldner geübt werden. Dies zeigt sich auch daran, dass § 231 BGB für die Fälle der irrtümlichen und damit rechtswidrigen Selbsthilfe eine Schadensersatzpflicht ohne Verschulden normiert. Folglich scheidet eine Rechtfertigung gem. §§ 229, 230 BGB gleichfalls aus. Das Festhalten des Z war objektiv rechtswidrig.

b) Putativrechtfertigung

   aa) A könnte einem Erlaubnistatbestandsirrtum erlegen sein. Ein solcher Irrtum ist gegeben, wenn der Täter von einer Sachlage ausgeht, die, wenn sie vorläge, sein Verhalten rechtfertigen würde. Mit Blick auf § 32 StGB sowie § 127 I StPO kann das nicht angenommen werden, weil A sich weder einen „gegenwärtigen" Angriff noch ein Betreffen auf „frischer" Tat vorgestellt hat. A könnte allerdings in der irrigen Annahme gehandelt haben, die Voraussetzungen der Selbsthilfe lägen vor.

   A glaubte, er habe mit Z den Schädiger vor sich, den er aus Deliktsrecht (§ 823 BGB) auf Schadensersatz in Anspruch nehmen könnte. Nach seiner Vorstellung bestand auch die Gefahr, dass er, wenn er Z unbehelligt ließe, seine Forderung nie hätte geltend machen können, da Z in der Menschenmenge zu verschwinden drohte. Zum Zeitpunkt seines Zugriffs war überdies obrigkeitliche Hilfe nicht rechtzeitig erreichbar. Wenn A sich darauf verlegt hätte, nur die Polizei anzurufen, wäre Z bei ihrem Eintreffen höchstwahrscheinlich nicht mehr zu greifen gewesen.

   Nach § 229 BGB muss schließlich im Fall der Festnahme Fluchtverdacht bestehen. Insoweit müssen die äußeren Umstände darauf hindeuten, dass der Anspruchsgegner ohne die Festnahme fliehen wird. Weil A den Z als Straftäter erachtete, dieser seine Personalien verschwieg und vor allem weil Z – augenscheinlich aus Furcht vor der Polizei – verzweifelten Widerstand leistete, ist A von der drohenden Flucht des Z ausgegangen. Er hat sich somit irrig eine Selbsthilfesituation vorgestellt.

   Des Weiteren müsste A sich, seine Annahme als wahr unterstellt, auf eine erlaubte Selbsthilfehandlung besonnen haben. § 229 BGB lässt ausdrücklich eine Festnahme und damit eine tatbestandliche Freiheitsberaubung zu. Die Maßnahme muss allerdings gem. § 230 I BGB zu Abwendung der Gefahr erforderlich sein, also sowohl ein taugliches als auch zugleich das mildeste Mittel zur Anspruchssicherung darstellen. Das Festhalten des Z, um seine Identität festzustellen bzw. um später seine Identität durch die Polizei feststellen zu lassen, war geeignet, die Durchsetzung des Anspruchs abzusichern. Die Festnahme war zudem auch das schonendste Mittel. Ohne sie hätte Z das Weite gesucht.

   Nach allem ist die Fehleinschätzung des A als Erlaubnistatbestandsirrtum zu klassifizieren.

   bb) Zu klären bleibt, welche Rechtsfolgen aus diesem Irrtum erwachsen. Der Erlaubnistatbestandsirrtum ist im StGB – anders als der Tatbestandsirrtum

(§ 16 I StGB) und der Verbotsirrtum (§ 17 StGB) – nicht ausdrücklich geregelt. Demnach ist zu klären, zu welcher dieser beiden Irrtumsformen die größere Sachverwandtschaft besteht.

Der Erlaubnistatbestandsirrtum könnte zum einen (gemäß der strengen Schuldtheorie) § 17 StGB näher stehen, womit allerdings (nur) die Schuld des A entfiele. Dass der Erlaubnistatbestandsirrtum jedoch eher einem Tatbestandsirrtum gleichzustellen ist, ergibt sich bereits daraus, dass es bei beiden Kategorien grundsätzlich nicht um Bewertungsirrtümer, sondern um Sachverhaltsirrtümer geht. Ein Unterschied besteht nur insoweit, als beim Tatbestandsirrtum der Täter Merkmale nicht kennt, die dem Verbotstatbestand zugehörig sind, während er bei der Putativrechtfertigung von Umständen ausgeht, die einen Erlaubnistatbestand begründen. In beiden Fällen ist aber dem Täter zu attestieren, dass seine Vorstellungen – objektiv bewertet – nicht auf ein unerlaubtes Handeln gerichtet sind: Während beim Tatbestandsirrtum von vornherein kein Handlungsunwert vorliegt, wird beim Erlaubnistatbestandsirrtum der durch den Vorsatz begründete Handlungsunwert wieder aufgehoben. Hier wie dort fehlt es demnach am subjektiven Handlungsunrecht.

Der Erlaubnistatbestandsirrtum steht damit dem Tatbestandsirrtum näher. Infolgedessen ist die Regel des § 16 I StGB heranzuziehen, wobei hier – da nur die Strafbarkeit des A zu prüfen ist und die Frage des Vorliegens einer vorsätzlichen und rechtswidrigen Tat (hinsichtlich der Teilnehmerstrafbarkeit) keine Rolle spielt – offen bleiben kann, ob direkt (Lehre von den negativen Tatbestandsmerkmalen: kein Vorsatz), analog (rechts*grund*verweisende eingeschränkte Schuldtheorie: kein Vorsatzunrecht) oder nur in den Rechtsfolgen (rechtsfolgenverweisende eingeschränkte Schuldtheorie: keine Vorsatzschuld). A ist jedenfalls so zu behandeln, als habe er nicht vorsätzlich gehandelt (§ 16 I S. 1 StGB).

4. Ergebnis

A hat sich keiner Freiheitsberaubung nach § 239 I StGB strafbar gemacht.

II. Strafbarkeit des A aus § 223 I StGB

A könnte sich aber nach § 223 I StGB wegen Körperverletzung strafbar gemacht haben, da er derart kräftig zupackte, dass Z an beiden Oberarmen Blutergüsse erlitt.

1. Objektiver Tatbestand

A könnte Z körperlich misshandelt haben. Dies setzt eine üble, unangemessene Behandlung voraus, durch die entweder die körperliche Unversehrtheit oder das körperliche Wohlbefinden nicht nur unerheblich beeinträchtigt wird. Das feste Zupacken hat bei Z Hämatome verursacht. Damit hat Z sowohl eine Substanzschädigung als auch Schmerzen erfahren. Ein Bluterguss macht zudem einen Heilungsprozess erforderlich, so dass A einen vom normalen Zustand der *körperlichen* Funktionen nachteilig abweichenden pathologischen Zustand hervorgerufen, mithin Z zugleich an der Gesundheit geschädigt hat.

Der objektive Tatbestand ist somit in beiden Handlungsalternativen gegeben.

2. Subjektiver Tatbestand

Die innere Tatseite setzt Vorsatz voraus. Es ist davon auszugehen, dass A zumindest mit der Möglichkeit rechnete, Z könne aufgrund des kraftvollen Haltegriffs an Körper und Gesundheit Schaden nehmen. Dies hat er zumindest billigend in Kauf genommen. Somit liegt jedenfalls bedingter Vorsatz vor.

3. Rechtswidrigkeit

Wie bereits festgestellt, war das Vergehen des A objektiv betrachtet rechtswidrig. Auch hier könnte jedoch mit Blick auf die §§ 229, 230 BGB ein Erlaubnistatbestandsirrtum vorliegen. A, der mit Z seinen Schuldner vor sich glaubte, ist – wie ebenfalls bereits aufgezeigt – von einer Selbsthilfesituation ausgegangen. Fraglich ist indes, ob das zivilrechtliche Selbsthilferecht auch Körperverletzungen deckt.

Für das Recht zur vorläufigen Festnahme nach § 127 I StPO ist anerkannt, dass die Vorschrift auch leichte Körperverletzungen rechtfertigt, sofern sie mit der Festnahme einhergehen und für diese unerlässlich sind. Für § 229 BGB kann nichts anderes gelten. Das wird dadurch bekräftigt, dass § 229 BGB über die Festnahme hinaus auch die Beseitigung von Widerstand zulässt, die der Verpflichtete gegen eine Handlung leistet, die er zu dulden hat. Unter Zugrundelegung der Vorstellung des A musste Z die Festnahme hinnehmen. Seinen in der Gegenwehr bestehenden Widerstand durfte A deshalb grundsätzlich brechen. A hat sich dabei darauf beschränkt, seinen Haltegriff zu verstärken. Das hat bei Z nur zu einer leichten Körperverletzung geführt. Aus der Sicht des A war dieses Verhalten zudem erforderlich (§ 230 I BGB), weil Z sich sonst hätte befreien und fliehen können. A ist demnach auch in Bezug auf die Körperverletzung einem Erlaubnistatbestandsirrtum erlegen. Wie gesehen, ist A daher jedenfalls so zu behandeln, als habe er gemäß § 16 I S. 1 StGB nicht vorsätzlich gehandelt.

4. Ergebnis

A ist nicht strafbar nach § 223 I StGB wegen vorsätzlicher Körperverletzung.

III. Strafbarkeit des A aus § 229 StGB

A könnte jedoch wegen fahrlässiger Körperverletzung gem. § 229 StGB strafbar sein.

1. Tatbestand

A hat durch sein Handeln einen Körperverletzungserfolg verursacht. Dabei müsste er die im Verkehr erforderliche Sorgfalt außer Acht gelassen haben. Dies wäre der

Fall, wenn er die Personenverwechslung hätte erkennen können. A war zunächst der außergewöhnliche Kapuzenpulli aufgefallen. Auf dieses Indiz hat er sich jedoch nicht verlassen, sondern Z näher gemustert. Weil A in der Tatnacht das Gesicht des H gesehen hatte sowie H und Z in etwa das gleiche Alter haben, ist davon auszugehen, dass Z dem Schädiger H täuschend ähnlich sieht. Hinzu kommt, dass es A nicht gelungen ist, die Personalien des Z in Erfahrung zu bringen, und Z sich, anstatt seine Identität zu offenbaren, verzweifelt wehrte. Aus alledem durfte A schließen, den wahren Schuldner gefasst zu haben. Seine Fehlvorstellung kann ihm deshalb nicht vorgeworfen werden. Mangels Sorgfaltspflichtenverstoß scheidet mithin der Tatbestand aus.

2. Ergebnis

A ist auch nicht strafbar gem. § 229 StGB wegen fahrlässiger Körperverletzung.

Gesamtergebnis

A ist straffrei.

Fall 9 „Alkohol am Steuer"

Actio libera in causa

Der alkoholunerfahrene Immobilienmakler M ist abends zu einem Geschäftsessen eingeladen. Er rechnet damit, dass in der Runde viel getrunken wird, und er, wenn auch nur ungern, „mithalten" muss. Gleichwohl ist er entschlossen, um jeden Preis mit seinem eigenen Pkw wieder nach Hause zu fahren. Tatsächlich wird während des Abendessens und danach ausgiebig gezecht. Man verabschiedet sich. Anschließend steigt M mit dem Gefühl, nicht mehr fahrtüchtig zu sein, in seinen Wagen und tritt die Heimfahrt an. Unterwegs gerät er in eine Polizeikontrolle. Die ihm entnommene Blutprobe ergibt zur Tatzeit einen Wert von 3,1 ‰ Blutalkoholkonzentration (BAK).

Beurteilen Sie die Strafbarkeit des M!

Lösung 9 „Alkohol am Steuer"

Lösungsschritte
1. Als **Strafgrundlage** kommt primär § 316 I StGB in Betracht, die vorsätzliche Trunkenheit im Verkehr. Ob darüber hinaus auf § 323a StGB (Vollrausch) einzugehen ist, hängt von dem Ergebnis zu § 316 StGB ab. Sollte sich herausstellen, dass M infolge seines Rausches schuldunfähig war und auch über die Grundsätze der **actio libera in causa** (im Folgenden alic; lat.: eine in der Ursache freie Handlung) nicht aus § 316 I StGB bestraft werden kann, ist § 323a StGB zu prüfen. Könnte M dagegen aus § 316 I StGB belangt werden, bliebe für den Auffangtatbestand des Vollrausches kein Raum. Das Delikt sollte dann entweder gar nicht oder nur kurz angesprochen werden.
2. Auf den ersten Blick ist erkennbar, dass sich im Rahmen von § 316 I StGB auf der Ebene der Schuld das Problem der alic stellt. Darauf ist die Klausur zugeschnitten. Dies darf aber nicht dazu verleiten, sich nur auf diesen Schwerpunkt zu konzentrieren und die **übrigen Merkmale des § 316 I StGB** zu vernachlässigen. Im Einzelnen:
   a) So ist innerhalb des **objektiven Tatbestands** darzutun, dass M im Straßenverkehr ein Fahrzeug geführt hat, obwohl er infolge des zuvor getrunkenen Alkohols nicht in der Lage war, das Fahrzeug sicher zu führen. Die BAK betrug bei M zur Fahrt- und damit Tatzeit 3,1 ‰. Mit diesem Wert lag M weit über dem Grenzwert, der die sog. **absolute Fahruntüchtigkeit** auslöst, nämlich 1,1 ‰ (BGHSt 37, 89). Ab diesem Mindestwert wird für Kraftfahrzeugführer die alkoholbedingte Verkehrsuntüchtigkeit unwiderlegbar vermutet – Gegenbeweise sind ausgeschlossen.
   b) Der **Vorsatz** des M müsste auch die Fahruntauglichkeit umfassen. Hier droht der Fehler, den Vorsatz damit zu belegen, dass M im Vorfeld einkalkuliert hatte, die Heimfahrt möglicherweise betrunken anzutreten. Diese Vorstellung kann aber als sog. **dolus antecedens** M nicht belasten, weil es nach § 16 I 1 StGB auf die Kenntnis „bei Begehung der Tat" ankommt. Spekulationen darüber, ob bei einem derart hohen Promillewert Vorsatz – hier bezüglich der Fahruntauglichkeit – überhaupt möglich und denkbar ist, lägen neben der Sache. Insoweit ist im Sachverhalt Vorsorge getroffen: M besteigt seinen Pkw mit dem Gefühl, nicht mehr fahrtauglich zu sein.
   c) Auf der Ebene der **Schuld** sind die biologischen und psychologischen Voraussetzungen des **§ 20 StGB** zu erörtern. Früher war anerkannt, dass BAK-Werte von **3 ‰** an aufwärts „regelmäßig" den Anwendungsbereich des § 20 StGB eröffnen (BGHSt 34, 29, 31). Von dieser schematischen Festlegung ist man heute abgerückt. Je nach **Einzelfall** kann Schuldunfähigkeit auch schon bei Werten unter 3,0 ‰ oder – umgekehrt – erst bei Werten weit darüber gegeben sein (BGH NStZ 2005, 329). Gleichwohl entfaltet ein sehr hoher Promillewert, selbst wenn er nicht mehr das alleinige Bewertungskriterium darstellt, nach wie vor eine gewichtige **Indizwirkung**: Nach der Rechtsprechung besteht jedenfalls dann, wenn eine BAK von 3,0 ‰ erreicht ist, Veranlassung, die Schuldfähigkeit unter Berücksichtigung aller wesentlichen objektiven und

subjektiven Umstände des Erscheinungsbildes und des Verhaltens des Täters zu prüfen (s. nur OLG Naumburg BeckRS 2010, 20447).

Folglich lassen sich die 3 ‰ BAK (bei § 21 StGB: 2,0 ‰) als **Richtwert** veranschlagen. Unter „normalen Umständen" sind Täter mit diesem Alkoholisierungsgrad schuldunfähig. Anhaltspunkte, dass es bei M anders liegen könnte, sind nicht ersichtlich. Im Gegenteil: Weil M keine Erfahrung mit Alkohol hat, ist davon auszugehen, dass er erst recht in den Bereich des § 20 StGB fällt.

Uneinigkeit besteht allerdings darüber, unter welche Alternative des § 20 StGB der Alkoholrausch zu subsumieren ist. Medizinisch betrachtet, stellt der Rausch eine Intoxikation (Vergiftung) dar, mit der Folge, dass eine **krankhafte seelische Störung** anzunehmen wäre. Auf der anderen Seite könnte aber auch, legt man den allgemeinen Sprachgebrauch zugrunde, eine – nicht krankhafte - **tiefgreifende Bewusstseinsstörung** gegeben sein. In der Sache ist dieser Streit belanglos, da hieraus keine praktischen Konsequenzen erwachsen. Man sollte deshalb in der Klausur so – wie gelegentlich auch der BGH (BGHSt 37, 231, 239) – verfahren und auf diese Fragestellung nicht näher eingehen: Der Trunkenheitszustand bedeutet „entweder eine krankhafte seelische Störung oder eine tiefgreifende Bewusstseinsstörung".

Die weitere Frage ist, wie man mit den **psychologischen Erfordernissen** des § 20 StGB – **fehlendes Einsichts- oder Steuerungsvermögen** – umzugehen hat. Bei Licht besehen sind diese Merkmale ohne Eigenwert. Denn die Bewertung, ob und ggf. in welchem Umfang die Einsichts- oder die Steuerungsfähigkeit beeinträchtigt sind, fließt bereits in die Feststellung der „Eingangsmerkmale" (krankhafte seelische Störung bzw. tiefgreifende Bewusstseinsstörung) mit ein (*Fischer*, StGB, 66. Aufl. 2019, § 20 Rn. 45). Für das Vorliegen dieser Defekte ist nämlich auch der Zusammenhang zwischen Störung und konkreter Tat maßgeblich. Mit Rücksicht darauf können die psychologischen Voraussetzungen schlicht aus dem Befund der psychischen Störung abgeleitet werden.

3. Sollte es, weil § 316 I StGB ausfällt, notwendig werden, § 323a StGB zu erörtern, gilt es, folgende Besonderheiten zu bedenken: Der **Unrechtstatbestand** des Vollrausches erschöpft sich darin, dass sich der Täter durch Alkohol oder andere berauschende Mittel in einen **Rausch mit nicht auszuschließender Schuldunfähigkeit** versetzt. Nur darauf brauchen sich Vorsatz oder Fahrlässigkeit zu erstrecken. Die **rechtswidrige Tat**, die der Täter im Rauschzustand verübt, stellt eine sog. **objektive Bedingung der Strafbarkeit** dar (Aufbauempfehlungen bei Fall 2, S. 21 f.). Das Begehen der Rauschtat muss also nach heute h.M. für den Täter nicht einmal vorhersehbar gewesen sein (BGHSt 16, 124 ff.), da schon das schuldhafte, abstrakt gefährliche Sichberauschen das strafwürdige Unrecht darstellt. Nur vereinzelt wird das anders gesehen und verlangt, dass für den Täter zumindest vorhersehbar war, dass er im Rausch irgendwelche Ausschreitungen strafbarer Art begehen wird (OLG Hamm NStZ 2009, 40). Um auch dieser Meinung Rechnung zu tragen, sollte in der Falllösung darauf hingewiesen werden, dass M dem Alkohol im Zustand der Fahrtüchtigkeit zugesprochen hat. Die spätere Rauschtat (§ 316 I StGB) war damit für ihn absehbar.

Die actio libera in causa (alic) und ihre methodische Behandlung
Für § 316 I StGB ist festzustellen, dass die Schuld des M an sich gem. **§ 20 StGB** ausgeschlossen ist. Möglicherweise findet jedoch eine **Korrektur** dieses Ergebnisses statt. Nach der Rechtsfigur der alic, die sich gewohnheitsrechtlich entwickelt hat, könnte M dennoch aus § 316 I StGB verantwortlich sein. Die alic dient bekanntlich dazu, Schulddefizite bei Begehung der eigentlichen Tat durch eine zeitlich vorverlegte Verantwortlichkeit zu überbrücken. Weil die Tat als solche dem Täter nicht vorgeworfen werden kann, wird auf ein Verhalten vor dem Verlust der Schuldfähigkeit ausgewichen: auf das **Sichberauschen**.

1. Wichtig ist, dass vorab festgestellt wird, dass überhaupt der Befund einer **alic** vorliegt. Mit § 316 I StGB steht eine Vorsatztat in Rede. Von daher ist für den Zeitraum noch vorhandener Schuldfähigkeit ein sog. **Doppelvorsatz** zu fordern. Der Täter muss zum einen den Vorsatz haben, sich **zu berauschen**, sich also in den Zustand der Schuldfähigkeit zu versetzen. Zum anderen muss ihm vor Augen stehen, dass er später im Rauschzustand die **konkrete Tat begehen** wird. Hinzukommen muss somit ein „vorauseilender" deliktischer Vorsatz. Typisches Beispiel bildet der Fall, dass der Täter, der ein Verbrechen plant, sich Mut antrinkt, um seine Hemmungen zu beseitigen.
   In casu wies M diesen zweifachen Vorsatz auf: Vor und während des Trinkens war ihm bewusst, dass er viel Alkohol konsumieren würde. Gleichwohl war er fest entschlossen, in jedem Fall zu fahren, selbst dann, wenn er volltrunken sein sollte. Damit hatte M bezüglich des Eintritts der Schuldunfähigkeit Vorsatz.
2. Erst jetzt ist der Frage nachzugehen, welche **Rechtsfolgen** aus einer vorsätzlichen alic erwachsen. Darum rankt ein heftiger Streit, der sich am Wortlaut des § 20 StGB („ohne Schuld handelt, wer bei Begehung der Tat ...") entzündet. Damit schreibt § 20 StGB eindeutig vor, dass für die Schuldbewertung auf den Zeitpunkt der Tatbegehung (§ 8 S. 1 StGB) abzustellen ist. Dies ist der Dreh- und Angelpunkt der Kontroverse (hierzu ausführlich *Hillenkamp/Cornelius*, 32 Probleme aus dem Strafrecht, Allgemeiner Teil, 15. Aufl. 2017, 13. Problem, S. 103 ff.), die sich durch die Grundsatz-Entscheidung des BGH zur alic bei Straßenverkehrsdelikten (BGHSt 42, 235 ff.) verschärft hat.
   a) Einzelheiten beiseite lassend, können im Wesentlichen **vier Meinungsgruppen** unterschieden werden, die sich nicht nur in den Ergebnissen, sondern auch konstruktiv unterscheiden:
   - Erstens die **Schuldlösungen**, denen das Bemühen gemein ist, § 20 StGB zu „reparieren", d. h. die Vorschrift so zurechtzuschneiden, dass der Täter im Tatzeitpunkt dennoch als schuldhaft handelnd anzusehen ist.
   - Zweitens die **Tatbestandslösungen**, die dem Wortlaut des § 20 StGB treu bleiben und den Strafbarkeitsvorwurf auf das vorgelagerte Handeln – die Herbeiführung des Defektzustands, das Sichbetrinken – verlegen.
   - Drittens die **differenzierenden Ansichten**, die je nach Deliktstyp eine Haftung über die alic zulassen oder nicht. Zu dieser Rubrik gehört die BGH-Rechtsprechung, welche die alic bislang nur für den Bereich der **Straßenverkehrsdelikte** (§§ 316, 315c StGB, 21 StVG) verworfen hat

(BGHSt 42, 235, 238 ff.), im Übrigen aber an ihr festhält (vgl. BGH JR 1997, 391; NStZ 2000, 584, 585). Hierunter zu zählen ist auch die Theorie, welche die alic als einen Sonderfall der mittelbaren Täterschaft erachtet: Der Täter macht sich sehenden Auges selbst zum (schuldlos handelnden) Werkzeug. Diese Konstruktion ist nur möglich bei Delikten, die der mittelbaren Täterschaft zugänglich sind. Bei **eigenhändigen Delikten** – und dazu gehört § 316 StGB – ist demgegenüber eine Zurechnung über die Regeln der mittelbaren Täterschaft ausgeschlossen.
- Viertens die Ansichten, welche die Rechtsfigur der **alic**, weil contra legem, ausnahmslos **ablehnen**.

b) Den Meinungsstreit in der Klausur **sachgerecht darzustellen**, ist schwierig. Das gilt umso mehr, als die unterschiedlichen Modelle jeweils eigene Lösungs- und Prüfungswege einfordern. Nach den **Schuldlösungen** ist § 316 I StGB nur einmal zu behandeln, wobei bei der Tatbestandserörterung auf das Fahren im Zustand der Fahruntauglichkeit abzustellen ist. Dies ist zunächst auch Anknüpfungspunkt für die **Tatbestandslösungen**, die dann aber im Rahmen der Schuld dem M den Schuldausschließungsgrund des § 20 StGB attestieren. Konsequenterweise ist nunmehr eine zweite Prüfung des § 316 I StGB nachzuschalten, bei der das Sichberauschen in den Blick zu nehmen ist. Zu klären ist hierbei, ob das Trinken bereits als „Führen eines Fahrzeugs" oder zumindest als Beginn der Tatbestandsverwirklichung ausgegeben werden kann. Wenn ja, ist offensichtlich, dass dem M bei dieser „Defektbegründungshandlung" § 20 StGB nicht zugutekommt.

Noch anders fiele der Ablauf der Darstellung aus, wenn man sich bei der alic an den Grundsätzen der **mittelbaren Täterschaft** orientieren würde. Strenggenommen müsste nach der Feststellung, dass M als unmittelbarer Täter nicht zur Rechenschaft gezogen werden kann, eine weitere Deliktsprüfung vorgenommen werden: „Strafbarkeit des M aus §§ 316 I, 25 I Alt. 2 StGB". Ein solches Vorgehen wäre freilich gewagt, zumal die mittelbare Täterschaft im Schrifttum nur als Rechtsgedanke herangezogen wird, um damit die Tatbestandslösung abzusichern bzw. darzulegen, dass bei Straßenverkehrsdelikten eine alic nicht in Betracht kommt (vgl. *Roxin*, Strafrecht, Allgemeiner Teil I, 4. Aufl. 2006, § 20 Rn. 61 ff.).

c) Für welchen **Aufbau** soll man sich nunmehr entscheiden? Natürlich ist es dem Bearbeiter unbenommen, die Gesamtproblematik in nur einer Deliktserörterung darzustellen. Das wäre jedoch mit dem Nachteil verbunden, dass man die einzelnen Konzepte schematisch hintereinander „abzuarbeiten" hätte und zudem ihren aufbautechnischen Eigenarten nicht gerecht würde. Vorgeschlagen wird deshalb eine zweistufige Prüfungsweise:
1. § 316 I StGB durch die Verkehrsteilnahme
2. § 316 I StGB durch den Alkoholverzehr

d) Innerhalb der **ersten Prüfung** – der Verkehrsteilnahme – hat man sich mit den **Schuldlösungen** auseinanderzusetzen. Nach dem sog. **Ausdehnungsmodell** soll dabei die in § 20 StGB enthaltene Formulierung „bei Begehung der Tat" erweitert werden auf ein vortatbestandliches, auf die Tatbestandserfüllung bezogenes Verhalten. Die Verfechter des sog. **Ausnahmemodells** plädieren demgegenüber dafür, bei der alic das Erfordernis „bei Begehung der Tat" aus dem Gesetz zu streichen oder die Präposition „bei" durch „bezüglich der" zu ersetzen. Diese Abweichungen vom Koinzidenzprinzip des § 20 StGB entsprächen richterlicher Rechtsfortbildung und seien gewohnheitsrechtlich anerkannt.

Dem lässt sich – im Einklang mit BGHSt 42, 235, 240 ff. – freilich entgegenhalten, dass beide Auffassungen den eindeutigen **Wortlaut** des § 20 StGB missachten. Die Umschreibung „bei Begehung der Tat" findet sich auch in den §§ 16, 17 StGB und wird dort nicht auf zeitlich vorgelagerte Handlungen ausgedehnt. Aus logisch-systematischen Gründen muss dies auch für § 20 StGB gelten. Den Wortlaut des Gesetzes unter Berufung auf Gewohnheitsrecht sprachlich umzugestalten oder gar zu ignorieren, ist mit dem Gesetzlichkeitsprinzip des Art. 103 II GG (einfachgesetzlich: § 1 StGB) nicht zu vereinbaren, wonach die Heranziehung von Gewohnheitsrecht zu Lasten des Täters nicht statthaft ist.

e) Hat man mit diesen gewichtigen Argumenten den Schuldlösungen eine Absage erteilt, hat der Umstieg auf die **zweite Prüfung** – das Sichberauschen – zu erfolgen. Hier stellt sich das Problem der alic bereits im objektiven Tatbestand bei der Tathandlung. Das **„Führen"** eines Fahrzeugs setzt voraus, dass das Fahrzeug in Bewegung gesetzt wird. Tatbestandsmäßig ist somit erst „das Anrollen der Räder" (BGHSt 35, 390, 394). Entgegen der früheren Rechtsprechung reichen dafür selbst Vorbereitungshandlungen, die dem Anfahren unmittelbar vorangehen (Motor anlassen, Handbremse lösen, Licht einschalten usw.) nicht aus. Deshalb kann das Sichberauschen, das der eigentlichen Tathandlung zeitlich vorgelagert ist, erst recht nicht unter ein „Führen" subsumiert werden (BGHSt 42, 235, 240).

Abschließend sollte angefügt werden, dass auch das Begründungsmodell der **mittelbaren Täterschaft** nicht weiterhilft: Bei § 316 StGB handelt es sich nämlich um ein eigenhändiges Delikt (BGHSt 18, 6), das dieser Täterschaftsform nicht – auch nicht im Fall der „Täter-Werkzeug-Identität" – offensteht.

Lösungsskizze
Ergebnis der Vorüberlegungen könnte die nachfolgende Lösungsskizze sein:

I. Strafbarkeit des M aus § 316 I StGB (Heimfahrt)
  1. OTB
    a) Führen eines Fahrzeugs im Straßenverkehr (+)
    b) Vorangegangener Genuss von Alkohol (+)
    c) Fahruntüchtigkeit (+), ab 1,1 ‰ absolute Fahruntüchtigkeit
  2. STB = Vorsatz zur Zeit der Tat (+), insbes. auch bzgl. der Fahruntüchtigkeit
  3. RW (+)
  4. Schuld
    a) § 20 StGB
      aa) Biologischer Defektzustand (+) im Regelfall ab 3 ‰; zudem Alkoholunerfahrenheit

              bb) Psychologische Voraussetzungen (+)
          b) Korrektur durch die Rechtsfigur der alic?
              aa) Befund einer vorsätzlichen alic (+), Doppelvorsatz
              bb) Schuldlösungen
                  (1) Ausdehnungsmodell: widerstreitet §§ 16, 17 StGB
                  (2) Ausnahmemodell: mit Art. 103 II GG nicht vereinbar
      5. Ergebnis: (−)
  II. Strafbarkeit des M aus § 316 I StGB (Sichbetrinken)
      1. OTB
          a) Führen eines Fahrzeugs
              aa) Tatbestandslösung bei der alic
              bb) Bewegungsvorgang (−), Sichbetrinken vorgelagert
          b) Rechtsgedanke der mittelbaren Täterschaft (−), weil eigenhändiges Delikt
      2. Ergebnis: (−)
  III. Strafbarkeit des M aus §§ 323a i. V. m. 316 I StGB
      1. OTB
          a) Sich durch Alkohol in einen Rausch versetzt (+)
          b) Schuldunfähigkeit infolge des Rausches (+)
      2. STB = Vorsatz (+)
      3. Objektive Strafbarkeitsbedingung: Begehung einer rechtswidrigen Tat, die wegen Schuldunfähigkeit nicht bestraft werden kann (+), § 316 I StGB im Zustand der Schuldunfähigkeit begangen; zudem Begehung von M vorhergesehen
      4. RW (+)
      5. Schuld (+), insoweit kein § 20 StGB
      6. Ergebnis: (+)

Gesamtergebnis: M hat sich gem. §§ 323a i. V. m. 316 I StGB strafbar gemacht.

Klausurlösung
I. Strafbarkeit des M aus § 316 I StGB (Heimfahrt)

M könnte sich dadurch, dass er nach dem Geschäftsessen die Heimfahrt angetreten hat, wegen vorsätzlicher Trunkenheit im Verkehr aus § 316 I StGB strafbar gemacht haben.

1. Objektiver Tatbestand

M hat im Straßenverkehr ein Fahrzeug geführt. Dies geschah nach dem Genuss von Alkohol, der dazu geführt haben müsste, dass M nicht mehr in der Lage war, seinen Pkw sicher zu führen. Zur Tatzeit betrug die BAK 3,1 ‰. Dieser Wert liegt weit über dem Blutalkoholgehalt, der die absolute Fahrunsicherheit (ab 1,1 ‰) begründet. Damit wird die Fahruntüchtigkeit des M unwiderlegbar vermutet. Der objektive Tatbestand ist erfüllt.

2. Subjektiver Tatbestand

Die innere Tatseite setzt Vorsatz voraus. M hat wissentlich und willentlich am Straßenverkehr teilgenommen. Weil er die Fahrt mit dem Gefühl, nicht mehr fahrtauglich zu sein, begonnen hat, hatte M während des Fahrens auch Vorsatz – zumindest dolus eventualis – in Bezug auf seine Fahruntauglichkeit. Der subjektive Tatbestand ist ebenfalls gegeben.

3. Rechtswidrigkeit

Rechtfertigungsgründe sind nicht ersichtlich. Mithin handelte M rechtswidrig.

4. Schuld

a) Die Schuld des M könnte gem. § 20 StGB ausgeschlossen sein. Eine BAK von mindestens 3,0 ‰ hat im Normalfall zur Folge, dass beim Täter eine psychische Störung i. S. d. § 20 StGB anzunehmen ist. Hierbei kann es mangels rechtlicher Konsequenzen auf sich beruhen, ob ein Alkoholrausch eine krankhafte seelische Störung oder aber eine tiefgreifende Bewusstseinsstörung bedeutet. Anhaltspunkte dafür, dass dieser Richtwert für M nicht maßgeblich sein sollte, fehlen. Weil der Sachverhalt den M als alkoholunerfahren beschreibt, ist im Gegenteil sogar davon auszugehen, dass bei ihm der Promillegrenzwert noch niedriger anzusetzen ist.

Infolge des biologischen Defekts müsste M außerstande gewesen sein, das Unrecht seiner Tat einzusehen oder danach zu handeln. Anerkannt ist, dass diese beiden psychologischen Voraussetzungen schon Bestandteil der Prüfung der Eingangsmerkmale sind. Wenn die medizinischen Wissenschaften davon ausgehen, dass ab 3,0 ‰ BAK regelmäßig eine schuldrelevante Störung anzunehmen ist, dann liegt dies insbesondere auch am fehlenden Einsichts- oder Steuerungsvermögen. Daher liegen die Voraussetzungen des § 20 StGB vor. M war somit zur Tatzeit schuldunfähig.

b) Gleichwohl könnte M über die Grundsätze der actio libera in causa (alic) aus § 316 I StGB die Tat vorgeworfen werden. Denn vor der Fahrt hatte M sich mindestens bedingt vorsätzlich in den Zustand der Schuldunfähigkeit versetzt. Dabei war er entschlossen, für die Heimfahrt auf jeden Fall seinen Pkw zu benutzen. Mit Rücksicht darauf könnte ihm die Berufung auf § 20 StGB zu versagen sein. § 20 StGB stellt zwar in zeitlicher Hinsicht auf die Tatbegehung ab. Fraglich ist aber, ob dies auch für den Fall einer vorsätzlichen alic gilt. So könnte hier der Begriff der „Tat" in dem Sinne erweiternd zu lesen sein, dass er das Vorverhalten – das Sichberauschen im Zustand der Fahrtauglichkeit – einbezieht (sog. Ausdehnungsmodell). Dieser Weg scheint indes nicht gangbar. Die Wendung „bei Begehung der Tat" ist zudem in den §§ 16, 17 StGB enthalten und wird dort streng beim Wort genommen. Hiervon allein bei § 20 StGB abzuweichen wäre systemwidrig.

Auf der anderen Seite ist zu erwägen, ob bei der alic nicht das zeitliche Erfordernis „bei Begehung der Tat" entfallen könnte (sog. Ausnahmemodell). Rechtfertigen ließe sich dies mit dem Gedanken des Rechtsmissbrauchs und dem Hinweis darauf, dass das Institut der alic gewohnheitsrechtlich anerkannt ist. Diese Lösung ist jedoch noch bedenklicher. Sie hält nämlich vor dem Gesetzlichkeitsprinzip des Art. 103 II GG nicht stand, wonach strafbarkeitsbegründendes Gewohnheitsrecht ausgeschlossen ist.

Somit bleibt es dabei, dass M während des Fahrens schuldunfähig war.

5. Ergebnis

Durch die Heimfahrt hat M sich nicht wegen Trunkenheit im Verkehr gem. § 316 I StGB strafbar gemacht.

II. Strafbarkeit des M aus § 316 I StGB (Sichbetrinken)

Nach den Grundsätzen der alic könnte M sich allerdings schon durch das Sichbetrinken gem. § 316 I StGB strafbar gemacht haben.

1. Objektiver Tatbestand

Der objektive Tatbestand wäre erfüllt, wenn M durch den Alkoholkonsum die Tathandlung des „Führens" bereits verwirklicht hätte. Davon gehen die sog. Tatbestandslösungen aus, die bei der alic auf das Verhalten vor Eintritt der Schuldunfähigkeit abstellen. Dieser Ansatz wird allerdings dem Wortsinn des „Führens" nicht gerecht. Ein Fahrzeug wird erst dann geführt, wenn es in Bewegung gesetzt wird. Verhaltensweisen, die dem Bewegungsvorgang zeitlich weit vorgelagert sind, lassen sich darunter nicht fassen, selbst wenn sie für das spätere Führen ursächlich sind und in der Vorstellung vorgenommen werden, zeitversetzt den Tatbestand zu erfüllen.

Das Führen eines Fahrzeugs durch M ließe sich allenfalls über die Konstruktion einer mittelbaren Täterschaft bejahen. M könnte sich selbst zum Werkzeug gemacht und die Tat damit durch einen schuldlos Handelnden verübt haben. Abgesehen davon, dass mittelbare Täterschaft nach § 25 I Alt. 2 StGB die Tatbegehung durch einen „anderen" voraussetzt, ist die Zurechnung des Führens noch aus einem weiteren Grund ausgeschlossen: § 316 StGB ist ein eigenhändiges Delikt, d. h. das Führen kann nicht durch einen Tatmittler vollzogen werden. Folglich ist der objektive Tatbestand nicht gegeben.

2. Ergebnis

M hat sich demnach auch nicht deshalb aus § 316 I StGB strafbar gemacht, weil er sich in den Zustand der Schuldunfähigkeit versetzte.

III. Strafbarkeit des M aus §§ 323a i. V. m. 316 I StGB

M könnte sich jedoch wegen Vollrausches nach § 323a StGB strafbar gemacht haben.

1. Objektiver Tatbestand

M hat alkoholische Getränke konsumiert und sich dadurch in einen Rausch versetzt (BAK 3,1 ‰). Infolgedessen ist bei ihm der Zustand der Schuldfähigkeit (§ 20 StGB) eingetreten. Der objektive Tatbestand ist gegeben.

2. Subjektiver Tatbestand

M müsste vorsätzlich gehandelt haben. M hat bewusst viel Alkohol getrunken und hierbei die Möglichkeit bedacht, dass die konsumierte Menge ihn schuldunfähig machen bzw. bei ihm einen Zustand erheblich verminderter Schuldfähigkeit auslösen könnte. Damit hatte M sich auch abgefunden, so dass jedenfalls bedingter Vorsatz anzunehmen ist.

3. Objektive Strafbarkeitsbedingung

M hat im Vollrausch eine rechtswidrige Tat gem. § 316 I StGB begangen, für die er mangels Schuldfähigkeit nach § 20 StGB nicht einzustehen hat. Diese sog. Rauschtat ist eine objektive Strafbarkeitsbedingung. Das bedeutet, dass der Täter während des Sichberauschens weder wissen noch damit rechnen muss, später im Vollrausch eine Straftat zu begehen. Würde man gleichwohl eine wie auch immer geartete subjektive Beziehung des Täters zur Rauschtat verlangen, so wäre dem hier Genüge getan: M war, als er dem Alkohol zusprach, entschlossen, die Heimfahrt mit seinem Pkw anzutreten.

4. Rechtswidrigkeit

M handelte rechtswidrig.

5. Schuld

M hat die Tat zudem schuldhaft begangen. Vor, zu Beginn des Sichbetrinkens und einige Zeit danach befand er sich noch nicht im Anwendungsbereich des § 20 StGB.

6. Ergebnis

M hat sich wegen Vollrausches (§§ 323a i. V. m. 316 I StGB) strafbar gemacht.

Gesamtergebnis

Als Gesamtergebnis ist festzustellen, dass M zwar nicht aus § 316 I StGB bestraft werden kann, sich aber nach §§ 323a i. V. m. 316 I StGB strafbar gemacht hat.

Fall 10 „Der untaugliche Flachmann"

Versuch und Rücktritt

A kommt nicht darüber hinweg, dass B, seine frühere Verlobte, das Verlöbnis gelöst und sich von ihm getrennt hat. Um sich mit ihr auszusprechen, lädt er B zu einer Autofahrt ein. A fährt in ein einsames Waldstück und hält dort an. Seine eindringlichen und verzweifelten Wünsche und Bitten, B möge zu ihm doch zurückkehren, lehnt B in brüskem Ton mit der Bemerkung ab, sie wolle nie wieder mit einem Gewalttätigen zusammen sein. Auch diesmal fürchtet sie, dass A wieder aggressiv werden könnte. A gerät tatsächlich in Wut und beschließt in plötzlicher Gefühlswallung, B zu töten. Er ergreift eine auf dem Rücksitz liegende, fast volle 3/8-Liter-Likörflasche, einen sog. Flachmann, und versetzt der B damit einen Schlag gegen den Kopf, der jedoch nicht die gewollte tödliche Wirkung hat. A erkennt, dass er wegen der Enge des Raumes zu wuchtigeren Schlägen nicht ausholen kann, und will B nunmehr erwürgen. Er lässt den Flachmann fallen, umfasst mit beiden Händen den Hals der B und drückt mit aller Kraft zu. Seine Wut schlägt aber schnell in Mitleid um, und er lässt von B ab. Während B, die eine Prellung am Hinterkopf davongetragen hat, aus dem Wagen flüchtet, verharrt A auf dem Fahrersitz.

Beurteilen Sie die Strafbarkeit von A!

Lösung 10 „Der untaugliche Flachmann"

Lösungsschritte
1. Die Suche nach den **Strafgrundlagen** des Falles, der an die Entscheidung BGHSt 10, 129 ff. angelehnt ist, bereitet keine Schwierigkeiten. Das Verhalten des A ist zu messen an **§ 212 I StGB** (Versuch, **§§ 22, 23 StGB**) sowie an **§ 223 I StGB** (Vollendung). Beide Delikte könnten qualifiziert sein. Der Tötungsentschluss des A könnte von niedrigen Beweggründen und der Vorstellung heimtückischer Begehungsweise (**§ 211 II StGB**) begleitet sein. Was die Körperverletzung betrifft, sind im Rahmen von **§ 224 I StGB** die Nr. 2 („gefährliches Werkzeug"), Nr. 3 („hinterlistiger Überfall") und Nr. 5 („lebensgefährdende Behandlung") ins Auge zu fassen.

Die **Reihenfolge** der Tatbestände ist nach dem Schwereprinzip auszurichten: Zu beginnen ist mit dem **Tötungsversuch**; danach hat die Erörterung der **Körperverletzung** zu erfolgen. Empfohlen wird, die Delikte jeweils in einer „**Verbundprüfung**" unterzubringen, d. h. sowohl die §§ 211, 212 StGB (i. V. m. §§ 22, 23 StGB) als auch die §§ 223, 224 StGB gemeinsam zu prüfen. Mit Blick auf die h.L. lässt sich dieses platzsparende Verfahren auch für § 211 und § 212 StGB praktizieren (dagegen geht der BGH bekanntlich von eigenständigen Delikten – delicta sui generis – aus, so dass konsequenterweise beide Tatbestände getrennt zu prüfen wären).

Im Übrigen fragt sich, ob hier nicht ganz auf eine **Diskussion der Mordmerkmale** verzichtet werden kann. Denn möglicherweise ist A auf ganzer Linie mit strafbefreiender Wirkung vom Tötungsversuch nach § 24 I StGB zurückgetreten. Wäre dies der Fall, würde die Erörterung der Mordmerkmale jedenfalls im Ergebnis zu nichts führen. Wenn gleichwohl Mordmerkmale anzusprechen sind, dann deshalb, weil die Lösung einer kompletten Strafaufhebung alles andere als gesichert ist.

2. Die eigentlichen Schwierigkeiten beginnen erst jetzt. Sie sind bedingt durch das **zweiaktige Vorgehen** des A (Schlag, Würgen) und die **Rücktrittsfrage**, dem Zentralproblem der Aufgabe. Dass A jedenfalls von dem Versuch, B zu erdrosseln, zurückgetreten ist, lässt sich unschwer ausmachen. Fraglich ist aber, ob dieser Rücktritt auch auf den vorangegangenen Versuch des Erschlagens erstreckt werden kann. Diesem Sachproblem muss die Lösung **aufbautechnisch** gerecht werden. Auf den ersten Blick böte es sich an, die beiden Versuchshandlungen getrennt, **chronologisch nacheinander** abzuhandeln. Das aber wäre mit dem Nachteil verbunden, dass über die Strafbarkeit des Erstversuchs nicht endgültig entschieden werden könnte. Das wäre erst dann möglich, wenn man den Rücktritt bezogen auf das Erwürgen bejaht hätte. Gewissermaßen in einem dritten Schritt müsste dann auf das Ersthandeln zurückgekommen und geklärt werden, ob der Rücktritt auch insoweit „greift".

Dieser wenig elegante Aufbau wird vermieden, wenn man die Reihenfolge einfach **umdreht**, also mit der Prüfung des zweiten Versuchs – des Erdrosselns – beginnt und jenseits der Schuld feststellt, dass ein Rücktritt gegeben ist. Bei der Prüfung des ersten Versuchs – des Schlags mit dem Flachmann – könnte man sich dann zwanglos dem Problem zuwenden, ob das Aufgeben die ursprünglich geplanten tödlichen Schläge umfasst. Wer so – vermeintlich trickreich – vorgeht, läuft allerdings Gefahr, sich die Rüge einzuhandeln, die Chronologie des Geschehens nicht beachtet zu haben.

Vorzugswürdig ist deshalb ein dritter Weg: Die beiden Ausführungsakte werden in einer **einheitlichen Deliktsprüfung** untergebracht. Das scheint kompliziert zu sein, weil der Tatentschluss und das unmittelbare Ansetzen auf beides bezogen werden müssen. Auf der anderen Seite wird die Rücktrittsproblematik nicht zerrissen; sie lässt sich vielmehr, was der Sache dienlich ist, zusammenhängend darstellen.

Legt man die Regeln der **Konkurrenzlehre** zugrunde, ist diese Arbeitsweise sogar zwingend. Die Einzelbetätigungen des A bilden nämlich keine eigenständigen Versuchstaten, sondern verdichten sich zu einem Versuch. Dies wird deutlich, wenn man annimmt, A hätte entweder unfreiwillig das Würgen eingestellt oder aber die Tötungstat durch Erdrosseln vollendet. Im ersten Fall wäre dann von einem einheitlichen, durchgängigen strafbaren Versuch auszugehen. Im zweiten Fall ginge der vorangegangene Versuch, B zu erschlagen, in der Vollendung der Tat auf.

Abhängig ist die Annahme einer solchen **natürlichen Handlungseinheit** von zwei Faktoren: Zum einen muss der **Tatentschluss** ununterbrochen fortbestehen, zum anderen müssen die Einzelakte zeitlich **dicht aufeinander** folgen (dazu im 3. Teil – Konkurrenzlehre – S. 186). Diese Voraussetzungen sind in casu zu bejahen. Dies sollte im Gutachten an geeigneter Stelle ausdrücklich angebracht werden, um dem Leser vor Augen zu führen, warum man beides zusammengefügt hat.

Aus konkurrenztechnischer Sicht ist es überdies geboten, im Rahmen der Körperverletzung das **Schlagen und Würgen** zu einer Tat zu verbinden. Kraft natürlicher Handlungseinheit verklammern sich die körperlichen Misshandlungen (beim Teilakt „Schlagen" zudem die Gesundheitsschädigung) zu nur einer Gesetzesverletzung.

Aufbau des Versuchs und des Rücktritts mit Erläuterungen

Der Fall soll zum Anlass genommen werden, das **Prüfungsschema** einer versuchten Straftat und des Rücktritts eines Alleintäters (§ 24 I StGB) vorzustellen. Anschließend werden die einzelnen Gliederungspunkte sowohl allgemein als auch fallbezogen erläutert.

Strafbarkeit aus §§ X, 22, 23 I StGB

1. Vorprüfung
    a) Nichtvollendung
    b) Versuchsstrafbarkeit, §§ 23 I, 12 StGB
2. Tatentschluss
    a) Vorsatz bzgl. aller objektiven Tatumstände
    b) Ggf. besondere subjektive Unrechtselemente (Absichten)
    c) Vorsatz bzgl. etwaiger Qualifikationsmerkmale

3. Unmittelbares Ansetzen, § 22 StGB
4. Rechtswidrigkeit
5. Schuld
6. Rücktritt, § 24 I StGB
   a) Kein fehlgeschlagener Versuch
   b) Unbeendeter/beendeter Versuch
   c) Aufgabe der weiteren Tatausführung/Verhindern der Tatvollendung
   d) Freiwilligkeit

Zu 1.: Aus Gründen der Klarstellung sollte einleitend kurz darauf hingewiesen werden, dass die Tat **nicht vollendet** worden ist und deshalb nur Versuch in Betracht kommt. Das objektiv nicht gegebene Tatbestandsmerkmal sollte dabei genau bezeichnet werden. Ist das Vorliegen eines bloßen Versuchs nicht auf den ersten Blick erkennbar, muss die Prüfung des Volldeliktes vorangestellt werden.

Anders als bei Verbrechen ist bei **Vergehen** der Versuch nur dann strafbar, wenn das Gesetz dies explizit anordnet, § 23 I StGB. Auf den Absatz, in dem das geschehen ist (z. B. § 223 II StGB), ist hinzuweisen.

Zu 2.: Warum beim Versuch innerhalb der Tatbestandsprüfung eine Umkehrung stattzufinden hat, also die **subjektive vor der objektiven Tatseite** zu prüfen ist, liegt nicht ohne Weiteres auf der Hand. Dieser – spezielle – Aufbau erklärt sich daraus, dass beim Versuch der subjektive Tatbestand – im Gegensatz zum objektiven – vollständig vorliegen muss. Darüber hinaus gibt erst der Tatplan Aufschluss darüber, auf welche konkrete Deliktsverwirklichung der Täter überhaupt zielte und von welcher Strafgrundlage dementsprechend auszugehen ist. So könnte es etwa im vorliegenden Fall so liegen, dass A mit dem Schlag nur auf eine Körperverletzung aus war oder B durch das Würgen lediglich erschrecken wollte.

In der Sache muss der **Tatentschluss** des Täters alle objektiven Tatmerkmale des jeweiligen Delikts abdecken. Mit dem bei Vollendungstaten gebräuchlichen Standardsatz: „A handelte wissentlich und willentlich; Vorsatz ist mithin gegeben." darf man sich hier nicht begnügen! Es gilt vielmehr, anhand der Tätervorstellung alle objektiven Tatbestandsmerkmale „abzuarbeiten". Dabei ist jedoch der Versuchung zu widerstehen, sprachlich ins Objektive abzugleiten. Diese Gefahr ist besonders groß, wenn einzelne Merkmale objektiv vorliegen. Der objektive Befund interessiert indes nicht; maßgeblich sind allein die Vorsatzgegebenheiten.

Treten über das versuchte Grunddelikt hinaus **Qualifikationen** auf den Plan, so brauchen auch deren Voraussetzungen nur vom Tatentschluss umfasst zu sein. Der Fehler, dass Qualifikationsmomente objektiv geprüft und festgestellt werden, ist – aus welchen Gründen auch immer – weit verbreitet. Hier wäre es demnach falsch zu erörtern, ob A (tatsächlich) heimtückisch zu Werke gegangen ist. Der richtige Prüfungsansatz muss stattdessen die Frage nach dem **Heimtückevorsatz** sein: A müsste sich Umstände vorgestellt haben, welche die Heimtücke begründen.

Zu 3.: Man sollte sich nicht scheuen, im Gutachten die **Legaldefinition** des § 22 StGB wortgetreu zu wiederholen: A müsste nach seiner Vorstellung von der Tat zur Verwirklichung des Tatbestands unmittelbar angesetzt haben. Je nach Fallgestaltung ist abzugrenzen zwischen (noch) **strafloser Vorbereitung** und (bereits) **strafbarem Versuchsbeginn**. Diese Abgrenzung erübrigt sich, wenn – wie hier – die Tathandlung schon vollzogen ist (Schlag) bzw. damit begonnen wird (Würgen).

Zu 6.: Der **Rücktritt** des Alleintäters gemäß § 24 I StGB stellt einen **persönlichen Strafaufhebungsgrund** dar, der jenseits der Schuld zu diskutieren ist. Das oben wiedergegebene Aufbaumuster entspricht dem gängigen Schema.

a) Danach ist an erster Stelle zu fragen, ob der Versuch **fehlgeschlagen** ist. Hat der Täter die Vorstellung, er könne den Versuch nicht mehr in Richtung Vollendung vorantreiben, ist ein Rücktritt **ausgeschlossen**. Man muss sich jedoch darüber im Klaren sein, dass sich dahinter die gesetzliche Umschreibung der Rücktrittshandlung verbirgt. Ein „Aufgeben" setzt begrifflich den Glauben an die Möglichkeit erfolgversprechender Tatfortsetzung voraus. Bei näherer Betrachtung liegt somit das Problem im richtigen Verständnis des Merkmals „**Tat**" i. S. d. § 24 I StGB:

Bedeutete schon der **Schlag** mit dem Flachmann – für sich allein gesehen – „eine Tat", wäre der Versuch fehlgeschlagen. Dass A auf weitere Schläge, die er ohnehin für zwecklos erachtete, und das Weiterwürgen verzichtet hat, käme ihm nicht zugute, weil eine Tataufgabe nach erkanntem Fehlschlag nicht möglich ist.

Bildeten dagegen der Schlag und das sich anschließende **Würgen** zusammen die „Tat" i. S. d. § 24 I StGB, läge kein fehlgeschlagener Versuch vor, weil die Tat durch Weiterwürgen noch zur Vollendung hätte geführt werden können. Entscheidend ist also, ob man zwischen dem Schlag und dem Würgen eine Zäsur annimmt, die den Schlag als eigenständige Versuchstat erscheinen lässt.

Hierüber streiten bekanntlich im Wesentlichen die sog. **Einzelaktstheorie** und die **Gesamtbetrachtungslehre** (dazu und zu den Argumenten im Einzelnen *Hillenkamp/Cornelius*, 32 Probleme aus dem Strafrecht, Allgemeiner Teil, 15. Aufl. 2017, 18. Problem, S. 148 ff.). Für das Abstellen auf den Einzelakt spricht, dass A sich mit seinem für erfolgstauglich gehaltenen Schlag weit vorgewagt hatte. Aus seiner Sicht war es dem bloßen Zufall zu verdanken, dass B den Schlag überlebt hat. Von daher hat A die Versuchsstrafe „verdient".

Die besseren Gründe sprechen jedoch für eine **Gesamtbetrachtung**. Für sie streitet neben dem **Opferschutzgedanken** vor allem, dass – wie aufgezeigt – die beiden tätlichen Angriffe zueinander in **natürlicher Handlungseinheit** stehen und damit eine einheitliche Versuchstat darstellen. Hinzu kommt, dass A, als er den Tötungsentschluss spontan fasste, nur deshalb die Flasche ergriffen hat, weil er sie auf der Rückbank erblickte. Ihm kam es also nicht auf das Tatmittel „Flachmann" an. Die Tat hätte sich vielmehr auch so abspielen können, dass A sich sogleich für das Erwürgen entschieden hätte. Zu bedenken ist schließlich, dass hier dem vorhandenen Strafbedürfnis dadurch Rechnung getragen wird, dass A immerhin aus § 224 I StGB (mit einer Freiheitsstrafe bis zu zehn Jahren!) verantwortlich ist.

b) Die Abgrenzung „**unbeendeter/beendeter Versuch**" stellt die Weichen für das dem Täter abverlangte Rücktrittsverhalten (Tataufgabe oder Erfolgsverhinderung). Maßgeblich ist erneut die Tätervorstellung, nunmehr über das zur Vollendung erforderliche Verhalten. Nach der Gesamtbetrachtungslehre ist auf den Zeitpunkt der letzten Ausführungshandlung abzustellen („**Rücktrittshorizont**"). Hier war A bewusst, dass er hätte weiter würgen müssen, um die Tat zum Abschluss zu bringen. Mithin war der Versuch insgesamt unbeendet.

c) Infolgedessen ist für den Rücktritt des A die **schlichte Tataufgabe** ausreichend, § 24 I 1 Alt. 1 StGB. A hat die Ausführung der Tötung abgebrochen und damit von seinem Vorhaben, B zu erdrosseln, endgültig Abstand genommen.

d) **Freiwillig** gefasst ist der Rücktrittsentschluss, wenn er auf **autonomen Motiven** beruht, d. h. wenn der Täter sich allein aufgrund von inneren Beweggründen (hier: Mitleid), ohne durch äußere nachteilige Situationsänderungen dazu veranlasst worden zu sein (= dann **heteronome Motivation**), auf das Abbrechen besinnt. Dies steht nach den Sachverhaltsangaben außer Zweifel.

Lösungsskizze
Nach diesen Vorarbeiten lässt sich folgende Lösungsskizze erstellen:

I. Strafbarkeit des A gem. §§ 211, 212, 22, 23 I StGB
  1. Keine Vollendung; Versuch strafbar
  2. Tatentschluss
     a) Tötungsvorsatz (+), sowohl beim Schlagen als auch beim Würgen; kein Wegfall des Vorsatzes zwischendurch
     b) Mordmerkmale
        aa) niedrige Beweggründe: eher (−), zwar Wut, aber zuvor Verzweiflung wegen Verlustempfindungen; zudem schroffe Ablehnung durch B
        bb) Heimtückevorsatz: bewusstes Ausnutzen der Arglosigkeit (−)
  3. Unmittelbares Ansetzen, § 22 StGB (+), durch Schlag und Würgen; einheitliche Versuchshandlung, weil dichtes Aufeinanderfolgen
  4. RW (+)
  5. Schuld (+)
  6. Rücktritt, § 24 I StGB
     a) Fehlgeschlagener Versuch?
        bzgl. Würgen (−)
        eventuell bzgl. Schlages:
        (+), wenn andere Tat (Einzelaktstheorie);
        (−), wenn einheitliche Tat (Gesamtbetrachtungslehre); vorzugswürdig
     b) Unbeendeter/beendeter Versuch?
        hier unbeendet, weil Zeitpunkt des letzten Handelns maßgebend
     c) Tataufgabe (+), A hat nicht weiter gewürgt
     d) Freiwilligkeit (+), Mitleid = autonome Motivation
  7. Ergebnis: §§ 211, 212, 22, 23 I StGB (−)
II. Strafbarkeit des A gem. §§ 223, 224 I Nr. 2, 3 und 5 StGB
  1. Obj. Grundtatbestand
     a) Körperliches Misshandeln durch Schlag (+)

b) Gesundheitsschädigung durch Schlag (+)
   c) Körperliches Misshandeln durch Würgen (+)
2. Subj. Grundtatbestand = Vorsatz (+), trotz Tötungsabsicht (Einheitstheorie)
3. Konkurrenzen: Natürliche Handlungseinheit (+), weil enger zeitlicher Zusammenhang und durchgängiger Vorsatz
4. § 224 I StGB
   a) Nr. 2: „gefährliches Werkzeug" (+), Flasche; würgende Hände (−)
   b) Nr. 3: „hinterlistiger Überfall" (−), für B nicht unerwartet, zudem Spontantat
   c) Nr. 5: „lebensgefährdende Behandlung" (+), bzgl. beider Teilakte
5. RW (+)
6. Schuld (+)
7. Rücktritt (−), ausgeschlossen, weil vollendete Tat!
8. Ergebnis: § 224 I Nr. 2, 5 StGB (+)

Gesamtergebnis: A ist strafbar gem. § 224 I Nr. 2, 5 StGB.

Klausurlösung
I. Strafbarkeit des A aus §§ 211, 212, 22, 23 I StGB

A könnte sich, indem er mit der Flasche auf B einschlug und sie im Anschluss daran würgte, wegen versuchten Mordes nach §§ 211, 212, 22, 23 I StGB strafbar gemacht haben.

1. Vorprüfung

B hat überlebt. Der tatbestandsmäßige Erfolg ist mithin ausgeblieben, so dass eine Vollendung ausscheidet. In Betracht kommt nur ein Versuch, der nach § 23 I StGB strafbar ist, weil ein Verbrechen in Rede steht.

2. Tatentschluss

a) A bezweckte zunächst, B durch den mit der Flasche geführten Schlag gegen den Kopf zu töten. Nachdem dies missglückt war, ging er unmittelbar danach dazu über, B am Hals zu würgen, um sie auf diese Weise zu töten. Dass A seinen Tötungsvorsatz zwischenzeitlich aufgab, ist nicht erkennbar. Demnach beruhen beide Tätigkeitsakte auf einem durchgängigen Tötungsvorsatz.
b) A könnte aus niedrigen Beweggründen gehandelt haben. Das wäre anzunehmen, wenn seine Motive nach allgemeiner sittlicher Wertung auf tiefster Stufe standen und deshalb besonders verachtenswert waren. A hatte den Tötungsentschluss spontan gefasst. Dies schließt jedoch einen niedrigen Beweggrund nicht von vornherein aus. Umgekehrt liegt einer Tötung aus Wut darüber, dass sich das Opfer endgültig vom Täter abgewandt hat, nicht unbedingt ein niedriger Beweggrund zugrunde. Maßgeblich ist vielmehr, ob sich in der aus Wut begangenen Tat eine verwerfliche Gesinnung widerspiegelt.

A hatte zuvor verzweifelt auf B eingeredet, zu ihm zurückzukehren. Dem war B mit brüskem Ton begegnet. Wenn A daraufhin in Wut geriet und sich zur Tat entschloss, war das darauf zurückzuführen, dass sich bei A die Erkenntnis durchsetzte, B habe sich ein für allemal von ihm getrennt. Er war infolgedessen von Verlustempfindungen beherrscht. Möglicherweise hatte ihn auch die schroffe Ablehnung durch B tief gekränkt und gedemütigt. Mit Rücksicht darauf war der Tötungsentschluss zwar verwerflich, aber in gewisser Weise noch menschlich nachvollziehbar, mit der Folge, dass dem A jedenfalls eine besonders verwerfliche Gesinnung nicht vorgeworfen werden kann. Das Mordmerkmal der niedrigen Beweggründe ist somit nicht gegeben.

c) Der Tatentschluss des A könnte auf eine heimtückische Tötung gerichtet gewesen sein. Heimtücke setzt das Ausnutzen der Arg- und Wehrlosigkeit des Opfers in feindlicher Willensrichtung voraus. B rechnete zwar im Tatzeitpunkt mit einem tätlichen Angriff, fraglich ist aber, ob A sich dessen bewusst war. In Anbetracht seiner starken Erregung und der Spontaneität seines Tatentschlusses ist davon auszugehen, dass A sich keine Gedanken darüber machte, ob er B mit dem Angriff überrascht. Infolgedessen fehlte ihm zumindest das Ausnutzungsbewusstsein, d. h. die Vorstellung, sich eine etwaige hilflose Lage der B zunutze zu machen. Heimtückevorsatz ist demnach abzulehnen.

Der Tatentschluss erstreckte sich mithin nur auf einen Totschlag nach § 212 I StGB.

3. Unmittelbares Ansetzen, § 22 StGB

A müsste gemäß § 22 StGB nach seiner Vorstellung von der Tat zur Verwirklichung des Tatbestands unmittelbar angesetzt haben. A hat mit der Flasche zugeschlagen und damit das Handlungsmerkmal bereits vollzogen. Den darin liegenden Versuch hat A anschließend nahtlos dadurch fortgeführt, indem er B mit beiden Händen würgte. Auch dieser Teilakt bedeutet ein unmittelbares Ansetzen zur Tötung, wobei beide Einzelbetätigungen, weil von einem ununterbrochenen Tatentschluss getragen und in einem engen zeitlichen und räumlichen Zusammenhang stehend, zu einer einheitlichen Versuchshandlung verschmelzen.

4. Rechtswidrigkeit

Rechtfertigungsgründe sind nicht ersichtlich. A handelte somit rechtswidrig.

5. Schuld

Schuldausschließungs- und Entschuldigungsgründe liegen ebenfalls nicht vor. A hat den Versuch mithin schuldhaft begangen.

6. Rücktritt, § 24 I StGB

A ließ letztlich von B ab und stellte das Würgen ein. Er könnte deshalb mit strafaufhebender Wirkung vom Totschlagsversuch gemäß § 24 I StGB zurückgetreten sein.

a) B hat den Schlag mit der Flasche wider Erwarten überlebt. Insoweit könnte ein fehlgeschlagener Versuch gegeben sein, mit der Folge, dass ein Rücktritt von vornherein ausschiede. Auf der anderen Seite ist A, nachdem er erkannt hatte, dass sein Anschlag misslungen und sein Ziel mit weiteren Schlägen nicht zu erreichen war, dazu übergegangen, die Tat auf andere Weise zu vollenden, nämlich indem er B würgte. Dieser zweite Teil seines Vorgehens stellt jedenfalls keinen fehlgeschlagenen Versuch dar, weil A ohne Weiteres das Würgen hätte fortsetzen können.

Fraglich ist demnach, ob sich beide Einzelakte zu einer Tat i. S. d. § 24 I StGB zusammenfügen oder ob von zwei selbstständigen Versuchstaten auszugehen ist. Wie bereits dargestellt, stehen der Schlag und das Würgen in natürlicher Handlungseinheit. Daher erschiene es verfehlt, diese Einheit im Rahmen des Rücktritts aufzulösen und das Würgen als „neue" Tat zu werten. Dies würde auch dem konkreten Tatgeschehen nicht gerecht. A brachte die Flasche in seiner blinden Wut nur deshalb zum Einsatz, weil er sie auf dem Rücksitz erblickte. Wäre das nicht der Fall gewesen, hätte A wahrscheinlich in Ermangelung anderer Tatmittel sofort damit begonnen, B zu würgen.

Den Schlag mit der Flasche als rücktrittsunfähigen Versuch einzustufen wäre außerdem dem Opferschutz abträglich. Hätte dem A in der Abbruchsituation vor Augen gestanden, dass er ohnehin eine Versuchsstrafe aus § 212 StGB nicht mehr vermeiden konnte, wäre der Anreiz aufzuhören weitaus geringer gewesen als bei der Vorstellung, durch Rücktritt der Versuchsstrafbarkeit insgesamt zu entgehen. Dem Argument, dass A sich im Hinblick auf den Schlag als gefährlicher Täter erwiesen hatte und deshalb auf Strafe nicht verzichtet werden kann, ist schließlich entgegenzuhalten, dass immerhin noch eine Strafbarkeit aus §§ 223, 224 StGB in Betracht kommt.

Damit kann festgehalten werden, dass der Versuch des A nicht fehlgeschlagen war.

b) Zu klären ist weiter, ob ein unbeendeter oder beendeter Versuch vorlag. Unbeendet ist ein Versuch, wenn der Täter aus seiner Sicht noch nicht alles getan hat, was zur Verwirklichung des Tatbestands erforderlich ist. Weil hier beide Teilakte – Schlag und Würgen – eine Tat bilden, ist auf die Vorstellung des A bei Abschluss der letzten Ausführungshandlung abzustellen. Zu diesem Zeitpunkt war A sich dessen bewusst, dass er, um B zu töten, hätte weiter würgen müssen. Der Versuch war mithin unbeendet.

c) A hätte überdies freiwillig die weitere Ausführung der Tat aufgeben müssen, § 24 I 1 Alt. 1 StGB. A hat aus Mitleid davon abgesehen, die Erdrosselung zu Ende zu führen. Seinem Aufgabeentschluss lag damit ein autonomes, d. h. selbstgesetztes Motiv zugrunde. Ein freiwilliges Rücktrittsverhalten ist deshalb zu bejahen.

d) A ist demnach mit strafaufhebender Wirkung vom Versuch, B zu töten, zurückgetreten.

7. Ergebnis

A hat sich nicht aus §§ 211, 212, 22, 23 I StGB strafbar gemacht.

II. §§ 223 I, 224 I Nr. 2, 3 und 5 StGB

A könnte aber durch seine tätlichen Angriffe auf B wegen gefährlicher Körperverletzung nach §§ 223 I, 224 I StGB strafbar sein.

1. Objektiver Tatbestand des § 223 I StGB

A schlug zunächst mit der Flasche gegen den Kopf der B und würgte sie anschließend. Beide Einzelakte könnten ein körperliches Misshandeln bedeuten. Darunter ist eine üble, unangemessene Behandlung zu verstehen, durch welche die körperliche Unversehrtheit oder das körperliche Wohlbefinden mehr als in unerheblicher Weise beeinträchtigt wird.

Der Schlag mit der Flasche rief bei B eine Prellung am Hinterkopf hervor. Insoweit wurde B in ihrer körperlichen Integrität verletzt. In Bezug auf das Würgen ist eine derartige Folge nicht ersichtlich. Weil A allerdings kraftvoll mit beiden Händen zudrückte und das Würgen beim Opfer akute Atemnot zur Folge hat, war aber bei B zumindest das körperliche Wohlbefinden erheblich beeinträchtigt.

Über die körperlichen Misshandlungen hinaus könnte A die B an der Gesundheit geschädigt haben. Das wäre zu bejahen, wenn A einen pathologischen Zustand hervorgerufen hätte. Infolge des Schlages erlitt B am Hinterkopf eine Prellung, die einen Heilungsprozess auslöste. Mithin ist B an ihrer Gesundheit geschädigt worden.

2. Subjektiver Tatbestand des § 223 I StGB

Der hiernach gegebene objektive Grundtatbestand müsste vorsätzlich verwirklicht worden sein. A handelte wissentlich und willentlich. Fraglich ist, ob es gleichwohl am Körperverletzungsvorsatz fehlte, weil A mit Tötungsvorsatz handelte. Die Annahme, dass der Tötungs- den Körperverletzungsvorsatz ausschließt, würde hier jedoch infolge des Rücktritts darauf hinauslaufen, A unter Außerachtlassung des verwirklichten Erfolgsunwertes so zu behandeln, als sei B nichts zugestoßen. Dieses Ergebnis wäre nicht nur kriminalpolitisch unhaltbar, sondern auch deshalb verfehlt, weil jeder Tötung als notwendiges Durchgangsstadium eine Körperverletzung vorangeht. Das weiß auch der Täter eines Tötungsdeliktes, so dass nach der sog. Einheitstheorie der Tötungs- den Körperverletzungsvorsatz einschließt. A hat demnach den Tatbestand des § 223 I StGB vorsätzlich erfüllt.

3. Konkurrenzen

Wie beim Tötungsversuch stehen auch hier die Einzelbetätigungen – der Schlag und das Würgen – in natürlicher Handlungseinheit. Zwischen ihnen besteht ein enger zeitlicher und situativer Zusammenhang, und ihnen lag zudem ein einheitlicher Tatentschluss zugrunde. Damit liegt nur ein Gesetzesverstoß nach § 223 I StGB vor.

4. § 224 I StGB

Die Körperverletzung des A könnte nach § 224 I StGB qualifiziert sein.

a) Nr. 2

A könnte die Tat zunächst mittels eines gefährlichen Werkzeugs verübt haben. Darunter fallen alle Gegenstände, die nach ihrer Beschaffenheit und der konkreten Art der Verwendung geeignet sind, erhebliche Körperverletzungen hervorzurufen. Diese Voraussetzungen sind, was den Schlag mit der Flasche angeht, erfüllt. Dagegen hat A beim Würgen kein Werkzeug eingesetzt, weil es sich bei seinen Händen um Körperteile handelt.

A hat somit mit der Flasche von einem gefährlichen Werkzeug Gebrauch gemacht. Dies geschah auch vorsätzlich.

b) Nr. 3

Überdies könnte A die Körperverletzung mittels eines hinterlistigen Überfalls begangen haben. Überfall ist jeder plötzliche, unerwartete Angriff auf einen Ahnungslosen. B hat vor der Tat mit der Möglichkeit gerechnet, dass A, der zu Gewalttätigkeiten neigt, sie körperlich angreifen könnte. Sie war damit nicht arglos, so dass insoweit allenfalls ein Versuch in Betracht kommt. Hinzu treten müsste dann aber die Vorstellung des A, den Angriff hinterlistig zu verüben. Hinterlist meint ein planmäßiges, auf Verdeckung der wahren Absichten berechnetes Vorgehen. Sofern sich – wie hier – der Täter spontan zur Tat hinreißen lässt, scheidet ein hinterlistiger Überfall aus.

c) Nr. 5

Die Körperverletzung könnte schließlich mittels einer das Leben gefährdenden Behandlung erfolgt sein. Dies wäre für den Schlag und das Würgen anzunehmen, wenn sie nach den Umständen des Einzelfalls generell geeignet waren, das Leben der B in Gefahr zu bringen. Bei einem gegen den Hinterkopf geführten Schlag mit einer fast vollen Flasche ist es nicht auszuschließen, dass es zu einer lebensbedrohenden Fraktur oder zu inneren Blutungen kommt. Bei B sind diese Verletzungsfolgen zwar ausgeblieben, weil es aber allein darauf ankommt, dass die Behandlung als solche lebensgefährdend ist, spielt dies keine Rolle.

Zu prüfen bleibt, ob das Würgen lebensgefährlich war. A hat mit beiden Händen und aller Kraft zugedrückt. Dies mag zwar nur kurzfristig geschehen sein, gleichwohl bestand die Möglichkeit, dass das Leben der B durch das Eindrücken oder den Bruch des Kehlkopfknorpels in Gefahr gerät. Auch insoweit ist demnach von einer lebensgefährdenden Behandlung auszugehen.

Beide Misshandlungen waren darauf angelegt, B zu töten. Daraus folgt zwingend, dass A die Lebensgefährlichkeit seines Handelns in seinen Vorsatz aufgenommen hatte. A hat die Körperverletzung mittels eines gefährlichen Werkzeugs und mittels einer das Leben gefährdenden Behandlung begangen. Der Qualifikationstatbestand ist somit erfüllt.

5. Rechtswidrigkeit und Schuld

Auf Rechtfertigungs-, Schuldausschließungs- und Entschuldigungsgründe kann A sich nicht berufen. Er handelte mithin rechtswidrig und schuldhaft.

6. Rücktritt, § 24 I StGB

Auch der Rücktritt vom versuchten Tötungsdelikt kommt A nicht zugute. Ist das Delikt – wie hier die gefährliche Körperverletzung – vollendet, ist für einen Rücktritt nach § 24 I StGB kein Raum.

7. Ergebnis

A hat sich wegen gefährlicher Körperverletzung gem. § 224 I Nr. 2 und 5 StGB strafbar gemacht.

Gesamtergebnis

A kann – infolge seines Rücktritts – zwar weder wegen Mordversuchs noch wegen Totschlagsversuchs nach §§ 211, 212, 22, 23 I StGB bestraft werden, er hat sich jedoch wegen gefährlicher Körperverletzung gem. § 224 I Nr. 2 und 5 StGB strafbar gemacht.

Fall 11 „Ein ereignisreicher Wandertag"

Unterlassen

Die Klasse 11 des städtischen Gymnasiums hat Wandertag. Sie wird begleitet von Oberstudienrat O (Sport und Geschichte). Im Wald begegnet man Vater V und seinem sechsjährigen Sohn S. S mokiert sich lauthals über die Punk-Frisur des P, einem siebzehnjährigen Schüler: „Der sieht ja aus wie ein Feuermelder! Hey, Du Gockel; kannst Du auch krähen?" S verstummt erst, als P drohend auf ihn zugeht. Gleichwohl versetzt P dem S eine Reihe von Ohrfeigen, um ihm einen nachhaltigen Denkzettel zu verpassen. V und O haben das kommen sehen. Obschon beide unschwer hätten eingreifen können, lassen sie die Züchtigung tatenlos zu. Während V aus Angst davor untätig bleibt, P könne sich sonst auch gegen ihn wenden, verlegt O sich lediglich auf verbalen Protest. Dabei geht O davon aus, dass man von ihm ein körperliches Einschreiten nicht verlangen könne.

Beurteilen Sie die Strafbarkeit der Beteiligten! Von einer Prüfung des § 323c StGB ist abzusehen. Strafanträge sind, soweit erforderlich, gestellt.

Lösung 11 „Ein ereignisreicher Wandertag"

Lösungsschritte
1. Wegen des einheitlichen Geschehens ist eine Unterteilung des Gutachtens in Tatkomplexe unnötig. Zu gliedern ist nach **Personen**. Bei den **Strafgrundlagen** ist – chronologisch – mit der Strafbarkeit des S zu beginnen. Sein Verhalten könnte, was leicht zu erkennen ist, eine Beleidigung (**§ 185 StGB**) darstellen. Im Anschluss ist der Blick auf die Strafbarkeit des P zu richten, dessen Körperverletzung (**§ 223 I StGB**) wegen des Vorverhaltens von S **gerechtfertigt** sein könnte. Die Strafbarkeit von V und O aus **§§ 223 I, 13 I StGB** ist schließlich ans Ende zu stellen. Weil sie vermutlich nicht Unterlassungstäter sind, sondern sich ihr Nichtstun in einer bloßen Unterlassungsteilnahme (**§§ 27 I, 13 I StGB**) zu erschöpfen scheint, ist dieses Vorgehen mit Rücksicht auf die Aufbauregel „Täter vor Teilnehmer" zwingend. Ob das Untätigbleiben des V vor dem des O behandelt werden sollte oder umgekehrt, ist demgegenüber einerlei.
2. Wendet man sich nunmehr der **Feinstrukturierung** innerhalb der einzelnen Delikte zu, dann ist bei S klar, dass er, was seine Äußerungen angeht, nach § 19 StGB altersbedingt **schuldunfähig** ist. Dieser eindeutige Befund darf aber nicht dazu verleiten, die Arbeit am Tatbestand des § 185 StGB zu vernachlässigen. Im Rahmen des objektiven Tatbestands der **Beleidigung** gilt es zu berücksichtigen, dass es eine Äußerung mit schlechterdings beleidigendem Inhalt nicht gibt. Maßgeblich sind stets die **Gesamtumstände** des Einzelfalls, wobei es nicht auf das subjektive Empfinden des Erklärungsempfängers ankommt. Abzustellen ist vielmehr auf den durch Auslegung zu ermittelnden **objektiven Sinngehalt**: Wie hätte ein unbefangener verständiger Dritter die Äußerung verstanden? (vgl. BGHSt 19, 235, 237). So gesehen, dürfen hier zum einen das Alter des S sowie zum anderen der Umstand, dass ihn die provokante Frisur des P zu den Äußerungen veranlasst hat, nicht außer Acht gelassen werden.

   Der subjektive Tatbestand der Beleidigung erfordert zwar keine Kränkungsabsicht, der Täter muss sich aber des ehrverletzenden Charakters seines Verhaltens **bewusst** sein (BGHSt 1, 288, 291). Bei Kindern ist dieses Bewusstsein vom Alter abhängig, so dass hierzu Ausführungen geboten sind.

   Dass P den Tatbestand der **Körperverletzung** (**§ 223 I StGB**) verwirklicht hat, steht außer Frage. Wünschenswert ist in diesem Zusammenhang der Hinweis darauf, dass sich alle Einzelakte kraft natürlicher Betrachtung zu **einer körperlichen Misshandlung** verknüpfen. Die Ohrfeigen begründen also nur eine Gesetzesverletzung (vgl. 3. Teil – Konkurrenzlehre – S. 186).

   Was die **Rechtswidrigkeit** betrifft, ist in erster Linie Notwehr (**§ 32 StGB**) zu erwägen. Insoweit besteht die Gefahr, dass man sogleich auf (ungeschriebene) **Notwehrlimitierungen** zurückgreift: Denn der Ehrangriff ging von dem schuldunfähigen S aus und ist zudem dem Bagatellbereich zuzuordnen (krasses Missverhältnis? bloße Unfugabwehr?). Hierbei würde jedoch übersehen, dass es bereits an der **Notwehrlage fehlt**. S war zum Tatzeitpunkt verstummt. Weitere Verbalinjurien waren nicht mehr zu erwarten. Der Angriff war folglich nicht mehr gegenwärtig.

Auf ein **Züchtigungsrecht** Kindern gegenüber kann P sich selbstverständlich nicht berufen. Spätestens seit der Einführung des § 1631 II BGB („Kinder haben ein Recht auf gewaltfreie Erziehung. Körperliche Bestrafungen, seelische Verletzungen und andere entwürdigende Maßnahmen sind unzulässig") ist ein solches Recht nicht einmal mehr im Eltern-Kind-Verhältnis anzuerkennen.

Auf der Ebene der **Schuld** ist zwei Aspekten Rechnung zu tragen. Mit 17 Jahren ist P – erstens – nach § 1 II JGG Jugendlicher. Die strafrechtliche Verantwortlichkeit eines **Jugendlichen** ist nach Maßgabe des § 3 S. 1 JGG positiv festzustellen, d. h. P muss zur Zeit der Tat nach seiner sittlichen und geistigen Entwicklung reif genug gewesen sein, das Unrecht der Tat einzusehen und nach dieser Einsicht zu handeln. Bei dieser Prüfung spielt das konkrete Alter des Täters eine wichtige Rolle. Noch bedeutsamer ist die Erkenntnis, dass das Gesetz die Schuldfähigkeit als Regel und die Schuldunfähigkeit als Ausnahme wertet. Nimmt man beides zusammen, kann bei P nicht von einer entwicklungsbedingten Störung ausgegangen werden.

Möglicherweise hatte P aber – zweitens – nicht die Einsicht, Unrecht zu tun, weil er irrig glaubte, er habe ein Recht, S zu maßregeln. Dies würde zur Annahme eines **Verbotsirrtums** nach § 17 StGB führen. Dem Sachverhalt kann das jedoch nicht mit der nötigen Sicherheit entnommen werden. Weil regelmäßig vom Vorhandensein des Unrechtsbewusstseins auszugehen ist, müssen eindeutige Anhaltspunkte vorliegen, die auf sein Fehlen hindeuten (vgl. *Kindhäuser*, LPK-StGB, 7. Aufl. 2017, § 17 Rn. 13). Ist das nicht der Fall, muss von einem Verbotsirrtum Abstand genommen werden.

Prüfungsschema einer (unechten) Unterlassungstat mit Erläuterungen

Sowohl für V als auch für O kommt nur ein Unterlassen in Betracht. Beide haben die an S begangene Körperverletzung nicht verhindert und könnten deshalb aus §§ 223 I, 13 I StGB verantwortlich sein. Nachfolgend wird das **Aufbauschema** einer vorsätzlichen unechten Unterlassungstat aufgezeigt und im Anschluss **fallbezogen erläutert**:

Strafbarkeit aus §§ X, 13 I StGB

1. Vorabfeststellung: Unterlassen als Prüfungsansatz
2. Objektiver Tatbestand
   a) Erfolgseintritt
   b) Nichtvornahme der gebotenen Handlung
   c) Physisch-reale Möglichkeit der Erfolgsvermeidung
   d) „Kausalität" zwischen Unterlassen und Erfolg
   e) Garantenstellung (rechtliches Einstehenmüssen aus Gesetz, Vertrag (Übernahme), Ingerenz, enger Lebensbeziehung)
      aa) Beschützergarant (Schutz von Rechtsgütern)
      bb) Überwachergarant (Überwachung von Sachen und Personen, von denen Gefahren für Rechtsgüter ausgehen)

f) Speziell beim Nichthindern von Straftaten Dritter: Unterlassungstäterschaft oder -teilnahme
3. Subjektiver Tatbestand
   a) Vorsatz (insbesondere Kenntnis der Umstände, welche die eigene Garantenstellung begründen)
   b) Sonstige subjektive Tatbestandsmerkmale (z. B. besondere Absichten)
4. Rechtswidrigkeit
5. Schuld
   a) Gebotsirrtum, § 17 StGB
   b) Zumutbarkeit normgemäßen Verhaltens

Zu 1.: Bevor man mit der Prüfung des eigentlichen Tatbestands beginnt, sollte man dem Leser kurz vor Augen führen, dass von einem **Unterlassen auszugehen** ist.

Zu 2. a) bis d): Im objektiven Tatbestand ist an erster Stelle darzutun, dass der **tatbestandsmäßige Erfolg** eingetreten ist. Danach ist festzulegen, welches **konkrete Handeln** dem Täter in dieser Situation abzuverlangen war, um den Erfolgseintritt zu vermeiden. Der Täter muss zudem **individuell physisch in der Lage** gewesen sein, die rettende Handlung vorzunehmen. **Unterlassungskausalität** ist gegeben, wenn das gebotene und mögliche Tätigwerden den Erfolg mit an Sicherheit grenzender Wahrscheinlichkeit verhindert hätte (BGH NStZ 1985, 26, 27), so dass die hypothetische Kausalität oder sog. Quasi-Kausalität maßgebend ist.

Zu 2. e): Essentielle Voraussetzung der Unterlassungshaftung ist nach § 13 I StGB die **rechtliche Einstandspflicht**: Dem Täter muss eine Garantenstellung zufallen. Nicht zuletzt im Hinblick auf die Frage der Abgrenzung von Unterlassungstäterschaft und -teilnahme ist zu differenzieren zwischen zwei Rubriken: einerseits Beschützergaranten, andererseits Überwachergaranten.

Der **Beschützergarant** ist dadurch gekennzeichnet, dass er ein bestimmtes Rechtsgut vor Beeinträchtigungen zu bewahren hat. Er hat alle Gefahren von diesem Rechtsgut fernzuhalten. Kurz: Er ist zu einer „Rund-um-Verteidigung" verpflichtet. So liegt es bei V. Als Vater ist V gemäß § 1626 I BGB personensorgepflichtig. Er ist für das Wohl und Wehe des S verantwortlich und hat diesen insbesondere vor Beeinträchtigungen seiner Rechtsgüter zu bewahren.

Dem **Überwachergaranten** obliegt demgegenüber die Kontrollpflicht für eine bestimmte Gefahrenquelle. Er hat dafür zu sorgen, dass Gefahren, die von dieser Quelle ausgehen, nicht zur Entfaltung kommen, also keine Rechtsgüter beeinträchtigen. Dies ist für O anzunehmen. Als Lehrer ist O kraft staatlichen Schulrechts gehalten, Straftaten seiner Schüler zu unterbinden. Die Straftat muss zudem während des Schulbetriebs verübt werden. Zum schulischen Betrieb gehören auch Klassenausflüge und Wandertage.

Zu 2. f): Hieran anknüpfend ist, wenn es – wie hier – um die Konstellation des Zulassens fremder Straftaten geht, zu fragen, welche **Beteiligungsform** dem Unterlassenden zufällt. Die Abgrenzung von Täterschaft und bloßer Beihilfe könnte zunächst nach den allgemeinen Regeln vorzunehmen sein, die für Begehungsdelikte gelten. Lässt man, wie die Rechtsprechung gemäß der **subjektiven Theorie**, die „innere Haltung des Unterlassenden zur Begehungstat des anderen und zu dem

Taterfolg" entscheidend sein (BGH StV 1986, 59), wäre V ebenso wie O nur als Gehilfe einzustufen: V ist nur aus Furcht nicht eingeschritten; O hat immerhin protestiert. Beides zeigt, dass sie das Vorgehen des P nicht billigten, sich also nicht mit seiner Tat identifiziert haben. Gleiches gilt, wenn man gemäß der h.L. auf die **Tatherrschaft** abhebt und hierbei davon ausgeht, dass der aktiv Handelnde grds. das Geschehen beherrscht; dann sind die untätigen Garanten V und O neben dem Begehungstäter P nur bloße Randfiguren (zu diesem und zu anderen tatherrschaftsbezogenen Ansätzen *Waßmer*, in: AnwaltKommentar StGB, 3. Aufl. 2020, Vor § 25 Rn. 26).

Auf der anderen Seite lässt sich vertreten, dass bei der Abgrenzung den Besonderheiten einer Unterlassungstat Rechnung zu tragen ist. So könnte die Verletzung der Erfolgsabwendungspflicht grds. **Unterlassungstäterschaft** begründen, unbeschadet der Art der Garantenstellung (*Roxin*, StrafR AT II, 2003, § 31 Rn. 140 ff.).

Schließlich könnte zwischen den beiden **Garantenpositionen** zu differenzieren sein und der Beschützergarant als Täter, der Überwachergarant als Gehilfe angesehen werden (*Seier*, JA 1990, 382 ff.). Zur Begründung lässt sich anführen, dass ein **Beschützergarant** aufgerufen ist, die zu schützende Person vor jedweder Gefahr abzuschirmen. Auf die Art und den Ursprung der Gefahr kommt es dabei nicht an. Ob die Gefahr auf Naturereignisse, Krankheiten, Tierattacken usw. oder auf einen deliktischen Angriff zurückgeht, ist also einerlei. Dagegen ist die Rechtspflicht des **Überwachergaranten**, der zu dem verletzten Rechtsgut in keiner besonderen Beziehung steht, qualitativ anders beschaffen. Wertmäßig steht der passive Überwachergarant, der gegen die Tat einer zu beaufsichtigenden Person nicht einschreitet, einem aktiven Gehilfen gleich. Hätte O etwa P durch ermunterndes Zureden in seinem Vorhaben bestärkt, hätte er die Körperverletzung aktiv gefördert. Dann aber wäre er nur Gehilfe, und seine Strafe müsste nach § 27 II StGB gemildert werden.

Entsprechendes gilt, wenn sich – wie hier – das Verhalten darauf beschränkt, den Angriff nicht zu unterbinden. O dennoch als Unterlassungstäter zu bewerten, wäre verfehlt, zumal ihm dann nur eine fakultative Strafmilderung nach § 13 II StGB zuteilwerden würde. Folgt man dieser Auffassung, ist O nur **Unterlassungsgehilfe** (§§ 27 I, 13 I StGB; zum Aufbau der Teilnahme vgl. Fall 14, S. 158), wobei diese Wertung nur dann umschlagen würde, wenn P, etwa wenn er selbst noch ein Kind wäre, für sein Handeln nicht verantwortlich wäre. Dies ist aber nicht der Fall, so dass eine mittelbare Unterlassungstäterschaft des O ausscheidet.

Zu 3.: Auf **Vorsatzebene** ist zu berücksichtigen, dass der Täter nur die **äußeren Umstände** kennen muss, aus denen seine Pflicht zum Einschreiten resultiert. Nicht zum Vorsatz gehört hingegen das Bewusstsein, zum Handeln verpflichtet zu sein. Deshalb berührt der Irrtum des O, er könne es bei Worten bewenden lassen und brauche von Rechts wegen nicht körperlich zu intervenieren, seinen Vorsatz nicht.

Zu 5. a): Die Fehlvorstellung des O über den Umfang seiner Pflicht zum Tätigwerden führt vielmehr nur zu einem – im Rahmen der Schuld zu erörternden – sog. **Gebotsirrtum**, für den die Verbotsirrtumsregelung des § 17 StGB gilt: Mangels Gebotsbewusstseins hatte O nicht die Einsicht, sich rechtswidrig zu verhalten. Nach

§ 17 StGB ist zu entscheiden, ob der Gebotsirrtum **unvermeidbar** (S. 1: Schuldausschluss) oder aber **vermeidbar** (S. 2: fakultative Strafmilderung) war. Hier ist letzteres anzunehmen. Als erfahrener Lehrer (Oberstudienrat!) hätte O wissen müssen, wie weit seine Pflichten in dem Fall reichen, dass ein Schüler eine Straftat begeht. Die notwendige Rechtskenntnis hätte er sich im Vorfeld verschaffen müssen.

Zu 5. b): V hat aus Furcht, selbst misshandelt zu werden, nichts unternommen. Mit Rücksicht darauf könnte ihm ein entschuldigender Notstand gemäß **§ 35 I StGB** zuzubilligen sein. Das Vorliegen einer **gegenwärtigen Leibesgefahr** ist allerdings hier zu verneinen. Die Annahme des V, P könne sich auch gegen ihn wenden, beruhte auf reiner Spekulation, da es hierfür **keine Anhaltspunkte** gab. Erst wenn P dies hätte erkennen lassen, wäre eine Situation gegeben gewesen, die hätte befürchten lassen, dass V Schaden an seiner körperlichen Unversehrtheit nimmt.

Möglicherweise kann aber V den im Unterlassungsbereich gewohnheitsrechtlich anerkannten Entschuldigungsgrund der **Unzumutbarkeit normgemäßen Verhaltens** für sich in Anspruch nehmen. Ob eine Handlung zumutbar ist, muss im Rahmen einer Gesamtwürdigung des Einzelfalls entschieden werden, in die einerseits die eigenen billigenswerten Interessen, andererseits die widerstreitenden Interessen aller Beteiligten einzubeziehen sind (BGH NJW 1998, 1568, 1574).

Abermals muss hier zu Buche schlagen, dass für V noch **keine gegenwärtige Gefahr** bestand. Selbst wenn man annimmt, dass P seinen Angriff auf V umgelenkt hätte, träfe V als Beschützergarant eine **besondere Gefahrtragungspflicht**. Diese hätte, wenn man die Wertung des § 35 I 2 StGB übernimmt, zur Konsequenz, dass V die Hinnahme der Gefahr zugemutet werden konnte. Hinzu kommt, dass die Misshandlung eines Kindes von anderer Qualität ist als die eines Erwachsenen, der sich weitaus effektiver eines Angriffs erwehren kann. Unter dem Strich war es damit V zuzumuten, sich P zu widersetzen.

Lösungsskizze

Die Lösungsskizze könnte nach allem wie folgt beschaffen sein:

I. Strafbarkeit des S aus § 185 StGB
   1. OTB = Beleidigen (+), folgt aus einer Gesamtschau (Tiername!)
   2. STB = Vorsatz, insbes. Bewusstsein der Ehrenrührigkeit (+)
   3. RW (+)
   4. Schuld (−), § 19 StGB!
   5. Ergebnis: (−)
II. Strafbarkeit des P aus § 223 I StGB
   1. OTB = körperliches Misshandeln (+) in natürlicher Handlungseinheit
   2. STB = Vorsatz (+)
   3. RW
      a) Notwehr, § 32 StGB (−), Ehrangriff abgeschlossen
      b) Züchtigungsrecht (−), keinesfalls gegenüber fremden Kindern
   4. Schuld
      a) §§ 1 II, 3 S. 1 JGG: mangels gegenteiliger Anhaltspunkte Schuldfähigkeit (+)
      b) Verbotsirrtum, § 17 StGB (−), Hinweise im SV fehlen

5. Strafantrag, § 230 I 1 StGB (+)
6. Ergebnis: § 223 I StGB (+)
III. Strafbarkeit des V aus §§ 223 I, 13 I StGB
1. Unterlassen als Prüfungsgegenstand
2. OTB
   a) Erfolg (+), Körperverletzung bei S
   b) Nichtvornahme gebotener und möglicher Handlung (+), körperliches Einschreiten
   c) Kausalität (+), laut SV
   d) Rechtspflicht zur Erfolgsabwendung (+), V ist als Vater Beschützergarant (§ 1626 I BGB)
   e) Unterlassungstäterschaft?
      (−), wenn auf den Täterwillen oder auf Tatherrschaftsregeln abgestellt wird
      (+), wenn allein die Rechtspflicht zum Handeln maßgebend ist
      (+), wenn – wie hier – die Stellung als Beschützergarant den Ausschlag gibt
3. STB (+), Vorsatz
4. RW (+)
5. Schuld
   a) § 35 StGB (−), noch keine gegenwärtige Leibesgefahr
   b) Unzumutbarkeit normgerechten Verhaltens (−), Interessenabwägung geht nach Lage der Dinge zu Lasten des V aus
6. Strafantrag, § 230 I 1 StGB (+)
7. Ergebnis: §§ 223 I, 13 I StGB (+)
IV. Strafbarkeit des O aus §§ 223 I, 13 I StGB
1. OTB
   a) Erfolg, gebotenes und mögliches Handeln, Kausalität (+), wie bei V
   b) Garantenstellung (+), O ist als Lehrer im schulischen Bereich Überwachergarant in Bezug auf seine Schüler; Kontrollpflicht
   c) Unterlassungstäterschaft?
      (−), wenn auf den Täterwillen oder auf Tatherrschaftsregeln abgestellt wird
      (+), wenn allein die Rechtspflicht zum Handeln maßgebend ist
      (−), wenn – wie hier – die Stellung als Überwachergarant den Ausschlag gibt
2. Ergebnis: (−)
V. Strafbarkeit des O aus §§ 223 I, 27 I, 13 I StGB
1. OTB
   a) Teilnahmefähige Haupttat (+), Körperverletzung, begangen durch P
   b) Hilfeleistung (+), Fördern durch garantenpflichtwidriges Unterlassen
2. STB (+), Vorsatz, insbes. waren O die Umstände bekannt, die seine Handlungspflicht auslösen; der Irrtum über die Reichweite der Pflichten war irrelevant
3. RW
4. Schuld
   a) Gebotsirrtum, § 17 StGB (+)
   b) Unvermeidbar/vermeidbar? Der Irrtum war wegen der herausgehobenen Stellung des O (Oberstudienrat!) vermeidbar

5. Strafantrag, § 230 I 1 StGB (+)
6. Ergebnis: §§ 223 I, 27 I, 13 I StGB (+)

Gesamtergebnis

Klausurlösung
I. Strafbarkeit des S aus § 185 StGB

S könnte sich durch seine an P gerichteten Zurufe wegen einer Beleidigung nach § 185 StGB strafbar gemacht haben.

1. Objektiver Tatbestand

S müsste P beleidigt haben. Beleidigung meint die Kundgabe der Nichtachtung oder Missachtung der Ehre eines anderen. Entscheidend hierfür sind die Gesamtumstände des Einzelfalls, aus denen sich auch ergeben kann, dass die Äußerungen als bloßer Scherz oder Fopperei aufzufassen sind. Für Letzteres spricht, dass S ein Kind ist und P durch seine ungewöhnliche Haartracht den S zu seinen Ausrufen provoziert hat. Dies mag zwar für die Bezeichnung „Feuermelder" und die Anrede mit „Du" noch so zu sehen sein. Wenn aber der P zusätzlich mit einem Tier („krähender Gockel") verglichen wird, ist objektiv betrachtet die Grenze einer bloßen Ungehörigkeit überschritten, zumal wenn dies lautstark und in Anwesenheit von Dritten geschieht. Mit seinen Zurufen hat S deshalb P den sozialen Geltungswert abgesprochen. Der objektive Tatbestand ist erfüllt.

2. Subjektiver Tatbestand

Der subjektive Tatbestand verlangt Vorsatz. Insbesondere muss der Täter einkalkulieren, dass seine Äußerung objektiv als ehrkränkend verstanden werden kann. Fraglich ist, ob ein Kind überhaupt dazu in der Lage ist, eine solche Wertung zu vollziehen. Ein Sechsjähriger weiß allerdings normalerweise, dass ein Mensch, wenn er mit einem Tier auf eine Stufe gestellt wird, persönlich abgewertet wird. Dass dies bei S anders liegen könnte, ist nicht ersichtlich. Der innere Tatbestand ist somit ebenfalls gegeben.

3. Rechtswidrigkeit

Rechtfertigungsgründe stehen S nicht zur Seite. Sein Verhalten war mithin rechtswidrig.

4. Schuld

Nach § 19 StGB ist S mit sechs Jahren schuldunfähig und damit strafunmündig. Seine Schuld ist ausgeschlossen.

5. Ergebnis

S hat sich nicht wegen Beleidigung nach § 185 StGB strafbar gemacht.

II. Strafbarkeit des P aus § 223 I StGB

P könnte sich dadurch, dass er S mehrere Ohrfeigen verabreicht hat, wegen Körperverletzung nach § 223 I StGB strafbar gemacht haben.

1. Objektiver Tatbestand

P müsste S körperlich misshandelt haben. Darunter ist eine üble unangemessene Behandlung zu verstehen, die entweder die körperliche Unversehrtheit oder das körperliche Wohlbefinden mehr als nur unerheblich beeinträchtigt. Weil P dem S einen Denkzettel verpassen wollte, ist davon auszugehen, dass die Schläge mit einiger Wucht durchgeführt wurden und für S mit Schmerzen verbunden waren. Zwar hat S keine Verletzungsfolgen davon getragen, er ist aber durch die Ohrfeigen in seinem körperlichen Wohlbefinden mehr als nur unerheblich beeinträchtigt worden. Die einzelnen Ohrfeigen verbinden sich dabei wegen ihrer engen Aufeinanderfolge kraft natürlicher Wertung zu einer Handlung, stellen also nur ein körperliches Misshandeln dar. P hat den objektiven Tatbestand verwirklicht.

2. Subjektiver Tatbestand

P hat S wissentlich und mit Absicht geohrfeigt. Vorsatz ist mithin gegeben.

3. Rechtswidrigkeit

Möglicherweise war das Vorgehen des P aber erlaubt.

a) Notwehr, § 32 StGB

Als Rechtfertigungsgrund kommt Notwehr in Betracht. P müsste sich in einer Notwehrsituation befunden haben. S hatte P zuvor beleidigt und damit einen rechtswidrigen Angriff auf die Ehre des P begangen. Als P handgreiflich wurde, war S aber bereits verstummt. Damit, dass S seinen Ehrangriff fortsetzen würde, war nach Lage der Dinge nicht zu rechnen. Der Angriff des S war demnach abgeschlossen und nicht mehr gegenwärtig. Mangels Notwehrlage scheidet eine Rechtfertigung über § 32 StGB aus.

b) Allgemeines Züchtigungsrecht

P ist angetreten, S für die begangene Beleidigung körperlich zu züchtigen. Eine Befugnis zur Züchtigung fremder Kinder ist indes unter keinen Umständen

anzuerkennen. Selbst Eltern haben heute gemäß § 1631 II BGB kein Recht mehr, auf Ungehörigkeiten ihrer Kinder mit einer körperlichen Bestrafung zu reagieren.
P hat die Körperverletzung somit rechtswidrig begangen.

4. Schuld

Fraglich ist, ob P schuldhaft handelte.

a) §§ 1 II, 3 JGG

P war zum Tatzeitpunkt Jugendlicher, § 1 II JGG. Nach § 3 S. 1 JGG wäre er strafrechtlich nur dann verantwortlich, wenn er nach seiner sittlichen und geistigen Entwicklung reif genug war, das Unrecht seiner Tat einzusehen und nach dieser Einsicht zu handeln. Anhaltspunkte, die auf eine Fehlentwicklung bei P hindeuten, sind nicht ersichtlich. Weil P als Siebzehnjähriger an der Schwelle zum Heranwachsenden steht und die Strafunmündigkeit mangels Reife bei Jugendlichen die Ausnahme bildet, ist P als strafrechtlich verantwortlich einzustufen.

b) Verbotsirrtum, § 17 StGB

P könnte allerdings irrig angenommen haben, er dürfe S wegen der vorangegangenen Beleidigung züchtigen. P wäre dann einem Verbotsirrtum nach § 17 StGB erlegen. Aber auch darüber gibt der Sachverhalt keinen Aufschluss. Normalerweise hat ein Täter die Einsicht, Unrecht zu tun. Dass dies bei P anders gewesen sein könnte, ist nicht erkennbar. Insbesondere kann aus seiner Absicht, S einen Denkzettel zu verpassen, nicht auf fehlendes Unrechtsbewusstsein geschlossen werden. Ein Verbotsirrtum ist nicht anzunehmen.
P handelte nach alledem auch schuldhaft.

5. Strafantrag, § 230 I 1 StGB

Der nach § 230 I 1 StGB notwendige Strafantrag ist gestellt.

6. Ergebnis

P hat sich einer Körperverletzung nach § 223 I StGB schuldig gemacht.

III. Strafbarkeit des V aus §§ 223 I, 13 I StGB

V hat sehenden Auges geduldet, dass P dem S Ohrfeigen versetzte. Er könnte sich deshalb aus § 223 I StGB strafbar gemacht haben. Weil sich das Verhalten des V in einem bloßen Nichtstun erschöpfte, kommt nur ein Unterlassen in Betracht, § 13 I StGB.

1. Objektiver Tatbestand

a) P hat S körperlich misshandelt. Ein Körperverletzungserfolg ist damit gegeben. V hat davon abgesehen, diesen Erfolg durch sein Eingreifen zu verhindern. Er hätte sich zum Schutz des S dem P in den Weg stellen und diesen – notfalls mit Gewalt – von seinem Vorhaben abhalten können. Zu einem solchen Einschreiten war V nach seinen individuellen Möglichkeiten auch in der Lage. Wäre V dazwischengetreten, wäre es mit an Sicherheit grenzender Wahrscheinlichkeit nicht zu der Körperverletzung gekommen, da der Weg zu S versperrt gewesen wäre. Sein Unterlassen war damit kausal für die Körperverletzung.

b) V müsste nach § 13 I StGB rechtlich dafür einzustehen haben, dass der Erfolg nicht eintritt. Als Vater ist V dem S gegenüber personensorgepflichtig, § 1626 I BGB. Er ist für das Wohl seines Sohnes verantwortlich, muss diesem beistehen und hat ihn vor allem vor körperlichen Schädigungen zu bewahren. V ist demnach Beschützergarant.

Fraglich ist aber, ob V die Rolle eines Unterlassungstäters zugesprochen werden kann oder ob er nur als Unterlassungsgehilfe an der Körperverletzung des P beteiligt war. Nimmt man die Abgrenzung nach den gleichen Regeln vor, die für Begehungsdelikte gelten, wäre V lediglich Gehilfe: Weil er sich nur aus Furcht zurückgehalten hat, wollte er die Tat nicht als „eigene", so dass ihm der Täterwille fehlte; zudem erscheint er neben dem aktiv Handelnden S nur als eine bloße Randfigur, so dass von einer Herrschaft über das deliktische Geschehen nicht gesprochen werden kann.

Unter Wertungsgesichtspunkten erscheint es indes nicht sachgerecht, gegen V nur den Vorwurf der Beihilfe zu erheben und ihm damit eine Strafmilderung nach § 27 II StGB zuteilwerden zu lassen. Als Beschützergarant muss V den S vor Gefahren jeglichen Ursprungs bewahren. Würde es sich um Zufallsgefahren handeln, wäre V im Fall ihrer Nichtabwendung fraglos Unterlassungstäter. Dann aber kann hier nichts anderes gelten. Denn die Verantwortung des V für seinen Schützling S wird nicht dadurch verringert, dass die Gefahren von dem deliktischen Angriff eines Dritten herrühren. Von daher begründen die Schutzpflicht des V und seine Vermeidemacht die Täterschaft des V.

c) V hat den objektiven Tatbestand des § 223 I StGB durch täterschaftliches Unterlassen erfüllt.

2. Subjektiver Tatbestand

Die innere Tatseite setzt Vorsatz voraus. V kannte die Situation, aus der seine Handlungspflicht erwuchs. Ihm war zudem bewusst, dass er durch ein Eingreifen den Erfolg hätte abwenden können. Der subjektive Tatbestand liegt also gleichfalls vor.

3. Rechtswidrigkeit

Rechtfertigungsgründe sind nicht ersichtlich. Das Unterlassen war somit rechtswidrig.

4. Schuld

a) Entschuldigender Notstand, § 35 I StGB

Weil V den P aus Angst, selbst verprügelt zu werden, gewähren ließ, könnte er sich in einem entschuldigenden Notstand gemäß § 35 I StGB befunden haben. Für V müsste eine gegenwärtige Gefahr bestanden haben. Eine solche ist anzunehmen, wenn die Möglichkeit eines Schadens naheliegt oder in bedrohliche Nähe gerückt ist. Hier bestand nur die theoretische Möglichkeit, dass P seinen Angriff auf V umlenkt. Tatsächliche Umstände, die dies ernsthaft nahelegen, sind nicht erkennbar. Von einer gegenwärtigen Gefahr kann demnach noch nicht gesprochen werden.

Hinzu kommt, dass V eine solche Gefahr hätte hinnehmen müssen. Die Vater-Sohn-Beziehung stellt ein besonderes Rechtsverhältnis i. S. d. § 35 I 2 StGB dar, mit der Folge, dass dem V die Hinnahme der Gefahr zumutbar war.

b) Unzumutbarkeit normgemäßen Verhaltens

Aus den gleichen Gründen kommt auch der ungeschriebene Entschuldigungsgrund der Unzumutbarkeit normgerechten Verhaltens nicht in Betracht. In diesem Zusammenhang ist auch in Rechnung zu stellen, dass – auch mit Rücksicht auf die Möglichkeit, sich zu wehren – das körperliche Misshandeln eines Kindes schwerer wiegt als das eines Erwachsenen.

V hat somit schuldhaft gehandelt.

5. Strafantrag, § 230 I 1 StGB

Der nach § 230 I 1 StGB erforderliche Strafantrag liegt vor.

6. Ergebnis

V hat sich einer Körperverletzung durch Unterlassen nach §§ 223 I, 13 I StGB strafbar gemacht.

IV. Strafbarkeit des O aus §§ 223 I, 13 I StGB

Auch O könnte sich, indem er davon abgesehen hat, körperlich einzuschreiten, wegen Körperverletzung durch Unterlassen nach §§ 223 I, 13 I StGB strafbar gemacht haben.

1. Objektiver Tatbestand

a) Hinsichtlich des Erfolgseintritts, der Handlungsmöglichkeit und Unterlassungskausalität kann auf die vorherigen Ausführungen verwiesen werden. Im Gegensatz zu V hat O verbal protestiert. Das kann ihn aber nicht entlasten, weil es P nicht stoppte. Nachdem O dies erkannt hatte, war es ihm geboten, sich körperlich gegen P zu wenden.

b) O müsste zum Einschreiten verpflichtet gewesen sein, § 13 I StGB. Eine besondere Obhutspflicht dem S gegenüber oblag O nicht. Er war somit kein Beschützergarant. Er könnte aber Überwachergarant gewesen sein. Innerhalb des Schulbetriebs, zu dem auch Wandertage gehören, ist ein Lehrer für das Verhalten seiner Schüler kraft Schulrechts verantwortlich. Insbesondere muss er Straftaten seiner Schüler verhüten. O war demnach Überwachergarant.

c) Auch in Bezug auf O ist zu prüfen, ob seine Garantenstellung eine täterschaftliche Verantwortlichkeit begründet oder nur eine Beihilfe darstellt. Nach den auf das Begehungsdelikt zugeschnittenen Abgrenzungskriterien wäre auch O nur Unterlassungsgehilfe. Sein geäußerter Protest belegt, dass er die Tat des P nicht „als eigene" wollte; zudem wirkt auch er neben dem aktiv Handelnden S nur als bloße Randfigur.

Bereits oben wurde jedoch ausgeführt, dass diese Aspekte für die Beurteilung einer Unterlassungsbeteiligung nicht passen. Abzustellen ist vielmehr auf die Vermeidemacht und die Garantenpflicht. So gesehen, könnte das Unterlassen des O – ebenso wie das des V – die Täterschaft begründen. O ist allerdings – anders als V – Überwachergarant, d. h. sein Einstehenmüssen wird nur über die Zuständigkeit für die Überwachung einer Gefahrenquelle vermittelt. Hätte O aktiv an der Tat des P mitgewirkt, wäre die Abgrenzung zwischen Täterschaft und Teilnahme nach allgemeinen Regeln vorzunehmen. Sofern O etwa den Tatentschluss des P aktiv gestärkt hätte, wäre er als Gehilfe zu bestrafen. Dann ist aber nicht einzusehen, warum er im Fall bloßen Unterlassens als Täter verantwortlich sein soll und damit, weil ihm die Strafmilderung des § 27 II StGB genommen wird, schlechter steht als ein aktiv handelnder Gehilfe.

O hat somit den objektiven Tatbestand des § 223 I StGB nicht durch täterschaftliches Unterlassen erfüllt.

2. Ergebnis

O hat sich aus §§ 223 I, 13 I StGB nicht als Unterlassungstäter strafbar gemacht.

V. Strafbarkeit des O aus §§ 223 I, 27 I, 13 I StGB

O könnte sich jedoch wegen Beihilfe durch Unterlassen zur Körperverletzung strafbar gemacht haben, §§ 223 I, 27 I, 13 I StGB.

1. Objektiver Tatbestand

Eine teilnahmetaugliche Haupttat liegt in Gestalt der durch P begangenen Körperverletzung vor. Diese hat O dadurch gefördert, dass er sie hat geschehen lassen, obwohl er als Überwachergarant zum Einschreiten rechtlich verpflichtet war.

2. Subjektiver Tatbestand

O sah voraus, was P vorhatte. Vorsatz bezüglich der Haupttat ist gegeben. Hierbei waren O auch die äußeren Umstände bewusst, aus denen seine Garantenstellung resultierte. Allerdings glaubte er, seinen Pflichten mit dem erhobenen Widerspruch bereits Genüge getan zu haben. Dieser Irrtum betrifft jedoch allein die Garantenpflicht bzw. deren Umfang und lässt den Tatvorsatz unangetastet. O hatte Gehilfenvorsatz.

3. Rechtswidrigkeit

In Ermangelung von Rechtfertigungsgründen verhielt sich O rechtswidrig.

4. Schuld

O könnte einem Gebotsirrtum, der nach § 17 StGB zu behandeln ist, erlegen sein. Seine Fehlvorstellung, zu einem körperlichen Eingreifen nicht verpflichtet zu sein, hatte zur Folge, dass O das Unrecht seines Untätigbleibens nicht kannte. Fraglich ist, ob O diesen Irrtum vermeiden konnte. Als Oberstudienrat und damit erfahrener Lehrer hätte O wissen müssen, was die Rechtsordnung in einer solchen Situation von ihm verlangt. Ihm obliegt als Lehrer die Pflicht, sich ständig und sorgfältig mit den seine Berufsausübung betreffenden Regeln zu befassen. Sein Gebotsirrtum war somit vermeidbar, so dass nach § 17 S. 2 StGB nur eine fakultative Strafmilderung vorzunehmen ist.

5. Strafbarkeit des O aus Strafantrag, § 230 I 1 StGB

Der nach § 230 I 1 StGB erforderliche Strafantrag ist gestellt.

6. Ergebnis

O hat sich gem. §§ 223 I, 27 I, 13 I, StGB strafbar gemacht. In Betracht kommt eine dreifache Strafmilderung, die sich aus §§ 27 II, 13 II und 17 S. 2 StGB herleiten lässt.

Gesamtergebnis

S geht straffrei aus. P hat sich wegen einer Körperverletzung nach § 223 I StGB strafbar gemacht. O hat dazu strafbare Beihilfe durch Unterlassen geleistet, §§ 223 I, 27 I, 13 I (17 S. 2) StGB. Schließlich hat sich V wegen Körperverletzung, begangen durch Unterlassen, strafbar gemacht, §§ 223 I, 13 I StGB.

Fall 12 „Die Beagle-Feinde"

Mittelbare Täterschaft

A wohnt in einem Mehrfamilienhaus. Vor kurzem hat sich R, der im gleichen Haus wohnt, mit Erlaubnis des Vermieters einen Hund zugelegt. A ist darüber sehr verärgert, weil der Hund – ein Beagle mit Namen „Tasso" – ihm stets aggressiv begegnet und im Treppenhaus sowie im gemeinschaftlich genutzten Garten laut und anhaltend zu kläffen pflegt. A wird so häufig in seiner Mittags- und Abendruhe gestört und sinnt schließlich auf Abhilfe.

A weiß, dass der im Nachbarhaus wohnende S ein erfolgreicher Sportschütze ist und ein Kleinkalibergewehr besitzt. A sucht S auf und bietet ihm 150 € an, wenn S das Tier bei Gelegenheit erschösse. S lehnt das zunächst entrüstet ab. Daraufhin setzt A den S unter Druck: Er wisse genau, dass S vor seinen Wettkämpfen unerlaubte Mittel einnehme. Wenn S nicht bereit sei, die Tat auszuführen, werde die Öffentlichkeit davon in Kenntnis gesetzt. S, der sich in der Tat vor Wettkämpfen „dopt", ist eingeschüchtert. Am nächsten Nachmittag erschießt S vom Fenster aus das im Garten herumtollende Tier.

Haben A und S sich nach dem StGB strafbar gemacht? Strafanträge sind, soweit erforderlich, gestellt.

Lösung 12 „Die Beagle-Feinde"

Lösungsschritte
1. Das Aufsuchen der zu diskutierenden **Strafgrundlagen** bereitet keine Schwierigkeiten. Das Verhalten des S ist an **§ 303 I StGB** (Sachbeschädigung) zu messen. Das gleiche Delikt – jeweils i. V. m. **§ 25 I Alt. 2 StGB** (mittelbare Täterschaft) oder **§ 26 StGB** (Anstiftung) – ist auch für A zu erörtern. Bei ihm tritt noch **§ 240 I StGB** (Nötigung) hinzu, der eine prüfungstechnische Besonderheit aufweist: Es handelt sich hierbei um einen sog. offenen Tatbestand, bei dem die Rechtswidrigkeit ausnahmsweise positiv festzustellen ist. Dies hat nach Maßgabe des **§ 240 II StGB** zu geschehen.
2. Was die **Prüfungsreihenfolge** angeht, sollte mit der **Nötigung** des A begonnen werden. Im Anschluss daran ist es zwingend geboten, auf die **Sachbeschädigung** des S umzusteigen und sich danach nochmals der Strafbarkeit des A wegen **Beteiligung** an dieser Tat zuzuwenden. Dieser Aufbau ist zweckmäßig, weil die Beurteilung der Strafbarkeit des Hintermannes A maßgeblich von der des tatausführenden S abhängt. Sowohl bei der mittelbaren Täterschaft als auch bei der Anstiftung muss grundsätzlich das Handeln des Werkzeugs bzw. des Haupttäters vorab untersucht werden. In casu kommt hinzu, dass das für S aufgezeigte Ergebnis die Weichen für die Beteiligungsrolle des A stellt. Würde S infolge der Nötigung ein **Verantwortungsdefizit** aufweisen, hätte A ihn als menschliches Werkzeug benutzt. A wäre dann mittelbarer Täter. Wäre dagegen die Verantwortung des S trotz der Drohung nicht beseitigt, hatte A keine tatbeherrschende Position inne: Er könnte nur als Anstifter eingestuft werden, es sei denn, man würde sich zu der Lehre des „Täters hinter dem Täter" bekennen.

   Aus alledem ergibt sich folgende **Grobgliederung**:
   A. Strafbarkeit des A aus § 240 I StGB
   B. Strafbarkeit des S aus § 303 I StGB
   C. Strafbarkeit des A aus § 303 I StGB – mittelbarer Täter (§ 25 I Alt. 2 StGB) oder nur Anstifter (§ 26 StGB)?

3. Nunmehr gilt es, sich der **Feinstrukturierung** und den **Sachproblemen** zuzuwenden.
   a. Der Tatbestand der **Nötigung** des § 240 I StGB lässt sich für A ohne Weiteres bejahen. Schwieriger gestaltet sich die Prüfung des § 240 II StGB, der sog. **Mittel-Zweck-Relation**. Anzuraten ist folgendes Vorgehen: Zunächst prüft man, ob das eingesetzte **Nötigungsmittel** oder der **Nötigungszweck** – jeweils für sich gesehen – als missbilligenswert erscheinen. Wenn ja, spricht eine Vermutung dafür, dass auch die Verknüpfung von Mittel und Zweck verwerflich ist. Sind hingegen weder Mittel noch Zweck rechtlich zu beanstanden, ist in einem zweiten Schritt zu untersuchen, ob die Verwerflichkeit nicht vielleicht aus einer **inkonnexen Kombination** (= mangelnder Zusammenhang) beider Faktoren ableitbar ist.
   b. Bei der **Sachbeschädigung** (§ 303 I StGB) ist zu bedenken, dass die (umstrittene) Vorschrift des § 90a S. 1 BGB (*Medicus/Petersen*, BGB AT, 11. Aufl. 2016, Rn. 1178a: „Begriffskosmetik") **Tieren** die Sachqualität abspricht.

Beim Wort genommen käme damit Tieren – von § 17 TierSchG (für Wirbeltiere) abgesehen – kein strafrechtlicher Schutz zu. Auf § 90a S. 3 BGB zurückzugreifen und § 303 I StGB „entsprechend" anzuwenden, wäre mit Blick auf das strafrechtliche Analogieverbot (Art. 103 II GG) nur dann ein gangbarer Weg, wenn man annimmt, dass die im Zivilrecht gesetzlich angeordnete Analogie auch für das Strafrecht Geltung beansprucht. Einfacher ist es, als Begründung anzuführen, dass im Strafrecht von einem eigenständigen – auch Tiere umfassenden – Sachbegriff auszugehen ist (OLG Karlsruhe NJW 2001, 2488 unter Hinweis auf §§ 324a I Nr. 1, 325 I 1 StGB). Darüber hinaus ist auch im Zivilrecht anerkannt, dass Tiere Sachen „sui generis" (= arteigen) sind, für die lediglich besondere Schutzvorschriften gelten.

Im Rahmen von § 303 I StGB ist weiterhin zu erkennen, dass S sich im **Nötigungsnotstand** befand. Das könnte für die Rechtswidrigkeit oder Schuld von Bedeutung sein. Klar ist zunächst, dass eine Rechtfertigung über **§ 32 StGB** (Notwehr) ausscheidet. S mag zwar infolge der Drohung des A rechtswidrig und gegenwärtig angegriffen worden sein. Bei der Notwehr muss sich aber die Verteidigung gegen den Angreifer richten. Werden **Rechtsgüter Unbeteiligter** verletzt (wie hier das Eigentum des R), ist die Tat nicht von Notwehr gedeckt.

Ebenso eindeutig ist, dass auf der Schuldebene **§ 35 StGB** (entschuldigender Notstand) entfallen muss. Die in § 35 StGB **aufgeführten Rechtsgüter** („Leben, Leib und Freiheit") sind nicht betroffen. Weil dieser Katalog abschließend zu verstehen ist, kann die Vorschrift nicht analog herangezogen werden, selbst wenn die psychische Bedrängnis des S noch so groß gewesen sein mag.

Daher bleibt es bei der Frage, ob eine Rechtfertigung des S über **Notstandsregeln** möglich ist. Zu bedenken ist, dass der allgemeine rechtfertigende Notstand nach **§ 34 StGB** im Schatten zweier zivilrechtlicher Spezialvorschriften steht: **§ 228 BGB** (Defensivnotstand) sowie **§ 904 BGB** (Aggressivnotstand). Beide Regelungen gelten auch für Tiere (OLG Hamm NJW-RR 1997, 467). Weil von „Tasso" keine Gefahr ausging, der defensive Notstand des § 228 BGB mithin entfällt, ist auf den aggressiven Notstand des § 904 BGB abzustellen.

Insoweit lassen sich **zwei Lösungswege** beschreiben, die übereinstimmend zu einem verneinenden Ergebnis kommen. Zunächst ließe sich sagen, dass **§ 904 BGB nicht anwendbar** ist. Wer sich – wie S – im Nötigungsnotstand befindet, tritt, wenn auch gezwungenermaßen, auf die Seite des Unrechts. Ihm keine rechtswidrige Tat zu bescheinigen hieße, dem Opfer der Straftat eine Duldungspflicht aufzuerlegen. Man bedenke: Angenommen, S wäre gerechtfertigt; in Ermangelung eines rechtswidrigen Angriffs hätte R dann kein Notwehrrecht nach § 32 StGB: Er müsste S gewähren lassen und tatenlos den Angriff auf sein Eigentum hinnehmen. Dass dies nicht sachgerecht ist, dürfte sich von selbst verstehen.

Abweichendes ergibt sich auch dann nicht, wenn man in die **sachliche Prüfung des § 904 S. 1 BGB** „einsteigt". Hier müsste darüber befunden werden, ob der S drohende Schaden im Vergleich zu dem Schaden, der dem Eigentümer R entstanden war, „unverhältnismäßig groß" war. Auf dem Spiel stand in concreto das Interesse des S, unentdeckt zu bleiben. Käme sein Doping ans Licht, wären damit für ihn der Verlust von Ansehen, sportrechtliche Sanktionen (Sperre, Vereinsausschluss etc.) und eventuell sogar eine Strafe (vgl. § 4 AntiDopG) verbunden. Insoweit ist aber zu bedenken, dass S, weil er sich unerlaubter Mittel bedient hatte, sich selbst erpressbar gemacht hat. Die Folgen, die ihm bei einer Aufdeckung drohen, müsste er deshalb über sich ergehen lassen. Die Güterabwägung geht damit zu Lasten des S aus. Eine Rechtfertigung aus § 904 BGB ist ihm zu versagen.

Das Prüfungsschema bei der mittelbaren Täterschaft
Wie gesehen, ist S für seine Tat – die Sachbeschädigung – voll verantwortlich. Gleichwohl kommt A, weil er S genötigt hat, als mittelbarer Täter in Betracht. Im Folgenden wird das **Aufbauschema** mittelbarer Tatbegehung skizziert. Im Anschluss daran ist auf die hier vorliegende Besonderheit einzugehen, die üblicherweise mit dem Etikett **„Täter hinter dem Täter"** versehen wird.

Vorauszuschicken ist, dass bereits im **Obersatz** die Vorschrift des § 25 I Alt. 2 StGB genannt werden sollte. Die besonderen Voraussetzungen der mittelbaren Täterschaft müssen sodann in die **Tatbestandsprüfung** eingebracht werden. Keinesfalls dürfen sie in einer Art Vorwegprüfung der Tatbestandserörterung vorangestellt werden. Ebenso verfehlt wäre es, sie – etwa jenseits der Schuld – der Deliktsprüfung nachzuschalten. § 25 I Alt. 2 StGB ist vielmehr ergänzend in den Tatbestand **hineinzulesen**. Der vollständige Tatbestand lautet demnach: „Wer ... eine fremde Sache [durch einen anderen] beschädigt oder zerstört, ...".

Strafbarkeit des Hintermannes aus §§ X, 25 I Alt. 2 StGB

1. Objektiver Tatbestand
   a) Kein Fall unmittelbarer Täterschaft, 25 I Alt. 1 StGB (aus Gründen der Klarstellung sollte dies kurz angemerkt werden)
   b) Begehung der Tat durch einen anderen
      aa) Verwirklichung der objektiven Deliktsvoraussetzungen (insbes. der Tathandlung) durch den Tatmittler
         Hinweis: Dies und der folgende Gliederungspunkt sind im Regelfall schon bei der vorangegangenen Erörterung der Strafbarkeit des Tatausführenden geklärt worden, so dass darauf verwiesen werden kann.
      bb) Werkzeugqualität des Tatmittlers, d. h. Strafbarkeitsdefizit? Oder ausnahmsweise bei voller Verantwortung sonstige Beherrschbarkeit („Täter hinter dem Täter")?
      cc) Bestimmen des Tatmittlers zur konkreten Tat
      dd) Überlegene Stellung des Hintermannes aufgrund von Umständen, die seine Tatherrschaft begründen. Im Einzelnen:
         (1) Täuschungsherrschaft
         (2) Nötigungsherrschaft
         (3) Willensherrschaft über schuldlos Handelnde
2. Subjektiver Tatbestand
   a) Vorsatz bzgl. der Deliktsvoraussetzungen

b) Vorsatz bzgl. der Erfordernisse, welche die mittelbare Täterschaft begründen

Ein **„klassischer" Fall** mittelbarer Täterschaft wäre hier gegeben, wenn die Nötigung die Intensität des § 35 StGB erreicht, d. h. wenn S sich in einer ihn **entschuldigenden Notsituation** befunden hätte. Die Drohung des A lag jedoch unterhalb der Schwelle des § 35 StGB. Sie hat den S aber immerhin so stark unter Druck gesetzt, dass er dem Ansinnen des A, das er zuvor noch entrüstet abgelehnt hatte, folgte. S könnte deshalb als **unfreies und beherrschtes Werkzeug** in den Händen des A anzusehen sein. Überzeugend ist diese Wertung allerdings nicht (vgl. auch *Waßmer*, in: AnwaltKommentar StGB, 3. Aufl. 2020, § 25 Rn. 36). Denn damit würde man sich über die Regeln rechtlicher Verantwortung hinwegsetzen und das einzig praktikable und verlässliche Kriterium opfern, das die **mittelbare Täterschaft** von der **Anstiftung** abhebt. Fast jeder Angestiftete handelt unter fremdem Einfluss und unter dem Druck bestimmter Motive. So kann auch dann, wenn dem die Tat Ausführenden eine Belohnung versprochen wird, der zur Tat treibende Drang für ihn unwiderstehlich sein, ohne dass dadurch dem Tatveranlasser die Rolle eines mittelbaren Täters zugeschrieben werden müsste.

Die Einsicht, dass die Abgrenzung zwischen mittelbarer Täterschaft und Anstiftung nach dem **Verantwortungsprinzip** auszurichten ist, lag auch § 48 StGB a.F. zugrunde, dem Vorläufer des § 26 StGB. Dort wurde die **Drohung** explizit als Mittel der Anstiftung aufgeführt. Diese Aufzählung wäre sinnlos gewesen, wenn jede Drohung die (damals gesetzlich nicht geregelte) mittelbare Täterschaft des Nötigenden begründet hätte. § 26 StGB verzichtet zwar nunmehr darauf, die Anstiftungsmittel aufzuführen. Dadurch hat sich aber sachlich nichts am Verständnis der Anstiftung geändert.

Als Fazit kann festgehalten werden, dass A mangels Werkzeugrangs des S **nicht als mittelbarer Täter** angesehen werden kann. Übrig bleibt eine Strafbarkeit wegen Anstiftung zur Sachbeschädigung, §§ 303 I, 26 StGB (vgl. dazu das Aufbaumuster Fall 14, S. 158).

Lösungsskizze
Die Lösungsskizze könnte nach alledem folgendes Aussehen haben:

I. Strafbarkeit des A aus § 240 I StGB
  1. OTB
     a) Drohung mit einem empfindlichen Übel (+)
     b) Nötigungserfolg (+), S vollzieht die Tat
     c) Kausalität (+)
  2. STB: Vorsatz (+)
  3. RW: § 240 II StGB, angestrebter Zweck verwerflich (+)
  4. Schuld (+)
  5. Ergebnis: (+)
II. Strafbarkeit des S aus § 303 I StGB
  1. OTB

a) Tier als Sache (+), trotz § 90a S. 1 BGB
b) Fremdheit (+), R ist Eigentümer
c) Zerstören (+), Hund getötet
2. STB: Vorsatz (+)
3. RW
   a) § 32 StGB (−), weil keine Verteidigung gegen Angreifer A
   b) § 904 BGB Nötigungsnotstand (−), von vornherein nicht anwendbar; zudem: dem S drohender Schaden gegenüber dem aus der Einwirkung dem Eigentümer R entstehenden Schaden nicht unverhältnismäßig groß
4. Schuld: § 35 StGB (−), weil kein aufgeführtes Rechtsgut betroffen
5. Strafantrag, § 303c StGB (+)
6. Ergebnis: (+)

III. Strafbarkeit des A aus §§ 303 I, 25 I Alt. 2 StGB
1. OTB
   a) Tat nicht selbst begangen
   b) Tatausführung durch einen anderen, Werkzeugqualität des S? Kein Strafbarkeitsmangel; gleichwohl unterlegene Stellung kraft Nötigungsherrschaft (−), Arg.: Vorteile des Verantwortungsprinzips; § 48 StGB a.F.
2. Ergebnis: (−)

IV. Strafbarkeit des A aus §§ 303 I, 26 StGB
1. OTB
   a) teilnahmefähige Haupttat des S (+)
   b) Bestimmen zur Tat (+)
2. STB = Vorsatz (+)
3. RW (+)
4. Schuld (+)
5. Strafantrag, § 303c StGB (+)
6. Ergebnis: (+)

Konkurrenzen und Gesamtergebnis

Klausurlösung
I. Strafbarkeit des A aus § 240 I StGB

A könnte sich durch sein Einwirken auf S wegen Nötigung nach § 240 I StGB strafbar gemacht haben.

1. Objektiver Tatbestand

A müsste S mit einem empfindlichen Übel gedroht haben. A hat in Aussicht gestellt, die Öffentlichkeit über die Einnahme von unerlaubten Mitteln zu informieren. Dies hätte für S neben der Rufschädigung weitreichende sportrechtliche, vielleicht auch strafrechtliche Konsequenzen. A hat demnach mit einem empfindlichen Übel gedroht und dadurch S genötigt, „Tasso" zu erschießen. Der objektive Tatbestand liegt vor.

2. Subjektiver Tatbestand

A handelte willentlich und in Kenntnis aller Umstände. Vorsatz ist mithin gegeben.

3. Rechtswidrigkeit

Die Nötigung ist rechtswidrig, wenn die Androhung des Übels zu dem angestrebten Zweck als verwerflich anzusehen ist, § 240 II StGB. Das eingesetzte Nötigungsmittel mag – isoliert betrachtet – zwar nicht anstößig sein: Es ist sogar wünschenswert, die Einnahme von unerlaubten Mitteln durch einen Sportler ans Licht zu bringen. Die sittliche Missbilligung resultiert hier allerdings aus dem verfolgten Zweck. A wollte S zwingen, eine Straftat zu Lasten des R zu verüben. Dieses angestrebte Ziel ist anstößig. Damit ist die sog. Mittel-Zweck-Relation als verwerflich zu bewerten. A hat die Nötigung rechtswidrig begangen.

4. Schuld

Schuldausschließungs- und Entschuldigungsgründe fehlen. A handelte schuldhaft.

5. Ergebnis

A hat sich wegen Nötigung gemäß § 240 I StGB strafbar gemacht.

II. Strafbarkeit des S aus § 303 I StGB

S hat den Hund vom Fenster aus erschossen. Dadurch könnte er sich wegen Sachbeschädigung nach § 303 I StGB strafbar gemacht haben.

1. Objektiver Tatbestand

Der Hund „Tasso" müsste eine Sache sein. Bei Tieren handelt es sich zwar an sich um körperliche Gegenstände i. S. d. § 90 BGB. Die Vorschrift des § 90a S. 1 BGB legt aber fest, dass Tiere keine Sachen sind. Dies würde bedeuten, dass Tiere generell dem strafrechtlichen Eigentumsschutz entzogen sind. Hiermit wären jedoch unerträgliche Strafbarkeitslücken verbunden. Um sie zu vermeiden, ist im Strafrecht ein eigener – vom Zivilrecht losgelöster – Sachbegriff zugrundezulegen. Hierfür spricht außerdem, dass die in §§ 324a I Nr. 1, 325 I, IV Nr. 1 StGB gewählten Formulierungen („Tiere, Pflanzen oder andere Sachen") aufzeigen, dass das Strafrecht auch Tiere als Sachen bewertet.

Der Hund des R stellt demnach eine Sache dar, die zudem, weil sie im Eigentum des R stand, für S fremd war.

S könnte die Sache zerstört haben. Zerstört ist eine Sache, wenn sie infolge der Einwirkung vollständig vernichtet oder unbrauchbar geworden ist. S hat „Tasso" getötet und damit seine Eigenschaft, eine „lebende Sache" zu sein, beseitigt.

S hat eine fremde Sache zerstört. Der objektive Tatbestand ist erfüllt.

2. Subjektiver Tatbestand

S hat in Kenntnis der Fremdheit den Hund absichtlich erschossen. Die subjektive Tatseite ist gleichfalls gegeben.

3. Rechtswidrigkeit

a) Notwehr, § 32 StGB

Möglicherweise hat S in Notwehr gemäß § 32 StGB gehandelt. S sah sich mit einem gegenwärtigen rechtswidrigen Angriff auf seine Willens- und Entschlussfreiheit konfrontiert. Dieser Angriff ging jedoch nicht von R, sondern von A aus. Die Notwehr muss sich jedoch zwingend gegen den Angreifer richten, weil ihre Berechtigung auf dessen Verhalten beruht. Mit R ist hier ein unbeteiligter Dritter betroffen, so dass Notwehr ausscheidet.

b) Aggressivnotstand, § 904 S. 1 BGB

Das tatbestandliche Verhalten des S könnte aber über § 904 BGB gerechtfertigt gewesen sein. Fraglich ist jedoch bereits, ob diese Spezialregelung, die dem rechtfertigenden Notstand des § 34 StGB vorgeht, überhaupt anwendbar ist. S war Opfer einer Nötigung. Er hat sich dem von A ausgehenden Druck gebeugt und sich zu dessen „verlängerten Handlungsarm" machen lassen. Damit hat er sich freilich auf die Seite des Unrechts gestellt. Sähe man das anders, würde dies bedeuten, dass R den Angriff des A auf sein Eigentum nicht mittels Notwehr hätte abwehren dürfen. Das wäre verfehlt. Demnach spricht viel dafür, S von vornherein die Berufung auf § 904 BGB zu versagen.

Darüber hinaus war auch bei wertender Betrachtung der S drohende Schaden gegenüber dem bei R eingetretenen Schaden nicht unverhältnismäßig groß. Die Aufdeckung der Einnahme unerlaubter Mittel hätte zwar für S weitreichende Konsequenzen unterschiedlichster Art. Allerdings ist S dafür, dass er sich vor Wettkämpfen „dopt", alleine verantwortlich. Somit scheidet auch deshalb eine Rechtfertigung über § 904 BGB aus.

S hat demnach die Sachbeschädigung rechtswidrig verübt.

4. Schuld

S könnte nach § 35 I StGB entschuldigt sein. Von den Rechtsgütern, die § 35 I StGB abschließend benennt, ist jedoch keines betroffen. Daher ist ein entschuldigender Notstand zu verneinen. Mithin hat S auch schuldhaft gehandelt.

5. Strafantrag, § 303c StGB

Der nach § 303c StGB erforderliche Strafantrag ist gestellt.

6. Ergebnis

S hat sich wegen Sachbeschädigung nach § 303 I StGB strafbar gemacht.

III. Strafbarkeit des A aus §§ 303 I, 25 I 2. Alt. StGB

A hat durch seine Drohung S dazu veranlasst, den Hund zu töten. Er könnte deshalb eine Sachbeschädigung in mittelbarer Täterschaft begangen haben, §§ 303 I, 25 I Alt. 2 StGB.

1. Objektiver Tatbestand

A hat die Sache nicht selbst zerstört. Er könnte aber die Tat durch einen anderen – den S – bewirkt haben. S müsste dann Werkzeugqualität aufweisen. Wie zuvor aufgezeigt, hat S tatbestandsmäßig, rechtswidrig und schuldhaft gehandelt und sich damit aus § 303 I StGB strafbar gemacht. Er ist für sein Tun voll verantwortlich. Gleichwohl könnte er, weil unter dem Eindruck der Drohung handelnd, tauglicher Tatmittler sein. Dabei würde jedoch übersehen, dass auch der Anstifter regelmäßig motivierenden Einfluss auf den Täter nimmt und diesen mehr oder weniger psychisch „beherrscht". Würde man jede Konfliktlage beim Tatausführenden für die Annahme mittelbarer Täterschaft hinreichen lassen, würde der Bereich der Anstiftung zu sehr eingeengt. Von daher muss bei der Abgrenzung auf die Stärke des psychischen Drucks abgestellt werden. Hierbei bietet sich die Orientierung an § 35 StGB an: Drohungen unterhalb der Schwelle stellen eine bloße Anstiftung dar; mittelbare Täterschaft ist erst dann gegeben, wenn die Drohung den Grad des § 35 StGB erreicht und damit zugleich die Selbstverantwortung des Tatausführenden beseitigt.

Dass nicht jede Drohung die Tatherrschaft des Nötigenden zu begründen vermag, kann zudem der früheren Regelung der Anstiftung – § 48 StGB a.F. – entnommen werden. Hier war unter anderem auch die Drohung als Anstiftungsmittel ausdrücklich benannt. Der geltende § 26 StGB enthält zwar keinen Katalog der Anstiftungsmittel, es kann aber nicht davon ausgegangen werden, dass der Gesetzgeber mit der Neufassung alle Fälle der Drohung nunmehr der mittelbaren Täterschaft zuschlagen wollte.

2. Ergebnis

Mangels Werkzeugeigenschaft des S hat A die Tat nicht durch einen anderen verübt. A hat sich somit nicht aus §§ 303 I, 25 I Alt. 2 StGB strafbar gemacht.

IV. Strafbarkeit des A aus §§ 303 I, 26 StGB

A könnte jedoch als Anstifter an der Sachbeschädigung des S beteiligt gewesen sein, §§ 303 I, 26 StGB.

1. Objektiver Tatbestand

S hat mit § 303 I StGB eine vorsätzliche und rechtswidrige Haupttat begangen. Den Tatentschluss zu dieser Sachbeschädigung hat A durch seine Drohung hervorgerufen und damit S zur Tat bestimmt.

2. Subjektiver Tatbestand

Der hiernach gegebene objektive Tatbestand war auch vom erforderlichen Doppelvorsatz des A getragen. A hat den S nicht nur mit seiner Drohung wissentlich und willentlich dazu gebracht, den Hund des R zu erschießen, sondern er wollte auch die Vollendung dieser Tat.

3. Rechtswidrigkeit

In Ermangelung von Rechtfertigungsgründen handelte A auch rechtswidrig.

4. Schuld

Schuldausschließungs- und Entschuldigungsgründe sind nicht ersichtlich. A hat mithin schuldhaft gehandelt.

5. Strafantrag, § 303c StGB

Der nach § 303c StGB für die Strafverfolgung notwendige Strafantrag ist gestellt.

6. Ergebnis

A hat sich wegen Anstiftung zur Sachbeschädigung aus §§ 303 I, 26 StGB strafbar gemacht.

Konkurrenzen und Gesamtergebnis

S hat – als unmittelbarer Täter – eine Sachbeschädigung nach § 303 I StGB begangen. A hat sich hierzu wegen Anstiftung strafbar gemacht, §§ 303 I, 26 StGB. Darüber hinaus hat A eine Nötigung nach § 240 StGB begangen. Beiden Taten liegt ein und dieselbe Handlung zugrunde, da die Drohung gleichzeitig dazu diente, S zur Sachbeschädigung zu bewegen. Die Delikte konkurrieren daher idealiter, § 52 StGB.

Fall 13 „Haus am See"

Mittäterschaft und Versuchsbeginn

A, B und C arbeiten als Schuldeneintreiber für den Geldverleiher G. Sie haben die Aufgabe, säumige Schuldner so unter Druck zu setzen, dass diese sich auf die Rückzahlung ihrer Schulden „besinnen". Wieder einmal hat G einen Auftrag für die Drei. Telefonisch informiert er sie, dass Schuldner S bei ihm mit 10.000 € in der Kreide stehe und einen „Denkzettel" brauche. S besitze ein kleines Haus am See, das er nur am Wochenende nutze. A, B und C sollen sich am Freitag tagsüber zu dem Haus begeben, dort einbrechen und das Wohnzimmer verwüsten. Das werde S sicher „beeindrucken".

Freitagmittag fahren A, B und C mit dem schwarzen VW Touareg des G zu dem Haus. Verabredet ist Folgendes: A soll zunächst mit einem Dietrich die Haustür öffnen. Sobald ihm das gelungen ist, will B, mit zwei Baseballschlägern bestückt, ebenfalls aussteigen und zusammen mit A das Wohnzimmer in Angriff nehmen. Währenddessen soll C, der den Wagen fährt, am Steuer des Wagens sitzen bleiben und die Gegend im Auge behalten.

Am Haus des S angekommen, steigt A aus, holt einen Dietrich hervor und macht sich am Haustürschloss zu schaffen. Hierdurch wird allerdings eine Alarmanlage ausgelöst, die S vor Kurzem installieren ließ: Auf dem Dach des Hauses beginnt ein Rotlicht zu rotieren; außerdem ertönt eine grelle Sirene. A gerät in Panik. Schnell läuft er zurück zum Wagen, steigt ein und sucht zusammen mit B und C das Weite.

Prüfen Sie die Strafbarkeit von A, B, C und G. Dabei ist davon auszugehen, dass das Türschloss unbeschädigt geblieben ist. Nicht zu erörtern sind Erpressung (§ 253 StGB) sowie Nötigung (§ 240 StGB). Strafanträge sind, soweit erforderlich, gestellt.

Lösung 13 „Haus am See"

Lösungsschritte
1. Die zu diskutierenden **Strafgrundlagen** sind schnell aufgefunden: In Betracht kommen wegen der Aufgabenbegrenzung nur **§ 123 I StGB** (Hausfriedensbruch) und **§ 303 I StGB** (Sachbeschädigung). Offenkundig ist überdies, dass im Hinblick auf die Sachbeschädigung nur **Versuch** gegeben sein könnte, der in § 303 III StGB unter Strafe gestellt ist. Keine Vollendung liegt aber auch beim Hausfriedensbruch vor, da ein „Eindringen" voraussetzt, dass der Täter mit zumindest einem Teil seines Körpers in die geschützte räumliche Sphäre gelangt ist (*Rengier*, Strafrecht, Besonderer Teil II, 20. Aufl. 2019, § 30 Rn. 8). Der Sachverhalt lässt jedoch nicht erkennen, ob A sich bereits in einem geschützten Bereich („befriedetes Besitztum" oder Zubehörfläche zur „Wohnung") befand. Demnach kommt hier gleichfalls nur Versuch in Betracht, der aber beim Hausfriedensbruch nicht mit Strafe bedroht ist, §§ 23 I, 12 II StGB.
2. Was die **§§ 303 I, 22, 23 StGB** angeht, ist allen Beteiligten **Tatentschluss** zu attestieren. Problematischer erscheint das **unmittelbare Ansetzen**, § 22 StGB. Ob das Bemühen des A, mit Hilfe des Dietrichs die Haustür zu öffnen, noch dem (straflosen) Vorbereitungsstadium zuzuordnen ist oder bereits den Anfang der Ausführungshandlung markiert, bedarf eingehender Begründung, wenngleich klar ist, auf welches Ergebnis die Klausur zielt: Würde man darauf erkennen, dass die Schwelle zum „jetzt geht es los" noch nicht überschritten ist, wäre die Bearbeitung rasch beendet; insbesondere hätte man sich mit diesem Befund die (Folge-) Probleme, welche die Strafbarkeit von B, C und G betreffen, abgeschnitten.
   a) Bei der **Abgrenzung von Vorbereitung und Versuch** haben Studierende erfahrungsgemäß große Schwierigkeiten. Das kommt nicht von ungefähr, sieht man sich doch einer Vielzahl von Theorien (z. B. Teilakts- oder Zwischenaktstheorie; Lehre von der unmittelbaren konkreten Gefährdung) und Kriterien gegenüber, auf die teils isoliert, teils in Kombination zurückgegriffen wird und die sich in der praktischen Umsetzung oftmals als wenig hilfreich erweisen. Leiten lassen sollte man sich von zwei Aspekten, die eine – einigermaßen – verlässliche Grenzziehung garantieren: Zwischen dem letzten Tätigkeitsakt und der eigentlichen Tathandlung muss erstens ein **enger zeitlicher Zusammenhang** bestehen, und zweitens muss es bereits zu einer **Berührung von Täter- und Opfersphäre** gekommen sein.
   In den parallel liegenden sog. **Klingelfällen** (etwa BGHSt 26, 201 ff.) ist beiden Erfordernissen Genüge getan. Der Täter hat sich dem Opferbereich angenähert und will, sobald das Opfer an der Tür erscheint, sofort „zuschlagen". Entsprechendes gilt auch hier: Mit dem Einsatz des Dietrichs ist der Bezug zur Opfersphäre hergestellt. Unmittelbar nach Öffnen der Tür, also mit dem Überwinden des einzigen Hindernisses, sollte mit den Zerstörungsakten begonnen werden.
   Dass sich A schon in der Versuchsphase befand, wird überdies durch die anerkannten Grundsätze zum **Einbruchsdiebstahl** (§§ 243 I Nr. 1, § 244 I Nr. 3 StGB) belegt (vgl. *Bosch*, in: Schönke/Schröder, StGB, 30. Aufl.

2019, § 243 Rn. 45 und § 244 Rn. 34). Für den Diebstahlsversuch ist es regelmäßig ausreichend, dass der Täter zur Verwirklichung des Regelbeispiels bzw. des Qualifikationsmerkmals ansetzt. Denn dadurch entfaltet er eine Tätigkeit, die bereits einen unmittelbaren Angriff auf den Gewahrsam begründet.

b) A hat den Versuch abgebrochen. Das geschah zwar notgedrungen, gleichwohl ist aber – kurz – auf den **Rücktritt bei mehreren Tatbeteiligten** (§ 24 II 1 StGB) einzugehen. Weil § 24 StGB einen persönlichen Strafaufhebungsgrund darstellt, ist diese Prüfung jenseits der Schuld vorzunehmen. In der Sache ist hier offen, ob ein fehlgeschlagener Versuch gegeben ist oder ob A unfreiwillig von der weiteren Tat Abstand genommen hat. Zumindest theoretisch hätte die Tat ja noch fortgeführt werden können. Insoweit ist es ratsam, sich auf einen „Jedenfalls-Satz" zurückzuziehen: Ob fehlgeschlagen oder nicht, kann dahinstehen. Jedenfalls hat A, durch die ausgelöste Alarmanlage dazu veranlasst, die Tat nicht freiwillig aufgegeben.

Methodische Hinweise zur Mittäterschaft
1. A könnte den Versuch mittäterschaftlich (§ 25 II StGB) zusammen mit B, vielleicht auch mit C und G begangen haben. Damit steht der Bearbeiter gleich zu Anfang vor einem **Aufbauproblem**: Soll man alle Akteure oder zumindest einige von ihnen **gemeinsam** in einer einheitlichen Deliktsprüfung unterbringen – oder ist nach Personen **getrennt** vorzugehen? Eine allgemeingültige Antwort darauf lässt sich nicht geben. Je nach Konstellation ist entweder zu „splitten" oder „gemeinsam zu veranlagen".
    a) Eine **gemeinsame Prüfung** ist vorzunehmen, wenn jeder Beteiligte schon für sich **alle Tatbestandsmerkmale** erfüllt, die Mittäter also quasi wie eine Person handeln. Sie sind dann bereits **unmittelbare Täter** (§ 25 I Alt. 1 StGB), so dass es strenggenommen einer Heranziehung der Figur der Mittäterschaft nicht bedarf. § 25 II StGB hat hier nur deklaratorische Bedeutung. Gleichwohl ist es notwendig aufzuzeigen, dass über das Selbstbegehen hinaus auch Mittäterschaft gegeben ist. Nur auf diese Weise wird das Unrecht der (Gesamt-) Tat vollständig ausgelotet.
    b) Die Strafbarkeit der Mitwirkenden gemeinsam zu prüfen ist überdies geboten, wenn keiner der Beteiligten durch sein eigenes Handeln den kompletten Tatbestand erfüllt, also die Tatbestandserfüllung erst durch **Addition aller Tatbeiträge** erreicht wird. In diesem Fall entfaltet § 25 II StGB seine eigentliche Bedeutung als Zurechnungsnorm. Die **Mittäterschaft** wirkt sich für alle Beteiligten strafbarkeitsbegründend aus; sie müssen sich jeweils das Handeln des oder der anderen über § 25 II StGB wechselseitig zurechnen lassen.
    c) Hiervon zu unterscheiden sind die **(Misch-) Fälle**, bei denen nur ein Beteiligter als unmittelbarer Täter agiert, also den Tatbestand selbst erfüllt, während der oder die anderen Beteiligten sich auf Tätigkeiten beschränken, die nicht direkt dem Tatbestand zugeordnet werden können. Für sie hat § 25 II StGB strafbarkeitsbegründende Bedeutung.
    Exakt diese Sachlage ist in der vorliegenden Klausur gegeben. Allein A überschreitet die Versuchszone. Erst im Anschluss daran sollte B – dann aber ersichtlich als Mittäter der beabsichtigten Sachbeschädigung – auf den Plan

treten. Für C war die „begleitende Dienstleistung" der Absicherung vorgesehen. Das Verhalten des G schließlich war auf Aktivitäten im Vorbereitungsstadium beschränkt.

Generell muss in diesen Konstellationen die Strafbarkeit der Beteiligten **separat und nacheinander** abgehandelt werden. Zu beginnen ist mit dem „Tatnächsten", hier dem unmittelbaren Täter A. Auf die (für ihn überflüssigen) Ausführungen zur Mittäterschaft kann dabei (zunächst) verzichtet werden. Umzusteigen ist danach auf die Strafbarkeit der übrigen Akteure. Bei ihnen erschöpft sich die Untersuchung weitgehend darin, ob sie als **Mittäter qualifiziert** werden können und, wenn ja, ob ihnen das durch A bewirkte unmittelbare Ansetzen zugerechnet werden kann. Fällt – wie hier für C und G – die Entscheidung contra Mittäterschaft aus, ist die Prüfung zu beenden, und es ist in einer neuerlichen Deliktserörterung auf Teilnahme – **Anstiftung** (§ 26 StGB) oder **Beihilfe** (§ 27 I StGB) – einzugehen. Sofern für einen der Beteiligten – wie hier für B – eine mittäterschaftliche Haftung bejaht wird, muss für A – am besten bei der Feststellung des Gesamtergebnisses – nachgetragen werden, dass ihm gleichfalls die **Mittäterrolle** zufällt.

2. Eine weitere Schwierigkeit bei der Mittäterschaft rührt daher, dass sie sich aus objektiven (**gemeinsame Tatausführung**) und subjektiven (**gemeinsamer Tatentschluss**) Faktoren zusammensetzt. Insoweit ist die Frage, an welcher konstruktiven Stelle beide Voraussetzungen bei einer Vollendungstat zu diskutieren sind. Klar ist, dass das **objektive Element** dem objektiven Tatbestand zugehörig ist. Ob das auch für das **subjektive Erfordernis** gilt, weil sonst eine objektive Zurechnung nicht stattfinden kann, oder ob es in den subjektiven Tatbestand einzugliedern ist, lässt sich demgegenüber nicht ohne Weiteres entscheiden. Der Bearbeiter dürfte hier grundsätzlich die Wahl haben. In casu ist es freilich unnötig, sich darüber Gedanken zu machen: Weil die Sachbeschädigung nur als **Versuch** in Betracht kommt, sind beide Voraussetzungen der Mittäterschaft im Rahmen des **Tatentschlusses** anzusprechen.

3. Die Beurteilung, ob und inwieweit B, C sowie G am Versuch des A beteiligt sind, nimmt für **jede Einzelperson** einen unterschiedlichen Verlauf.

   a) Für **B** liegt es auf der Hand, dass ihm ein **mittäterschaftliches Begehen** einer Sachbeschädigung zugedacht war. Die Frage ist aber, ob B, der ja zunächst im Wagen sitzenblieb, sich das versuchsbegründende Verhalten des A **zurechnen** lassen muss. Hierüber streiten bekanntlich die sog. Gesamtlösung und die Einzellösung (*Roxin*, Strafrecht, Allgemeiner Teil II, 2003, § 29 Rn. 295 ff.). Nach der ersten – herrschenden – Ansicht führt derjenige, der nach dem verabredeten Tatplan unmittelbar zur Tatbegehung ansetzt, die anderen Mittäter ebenfalls in die Versuchsstrafbarkeit (BGHSt 39, 236, 237 f.). Dies soll unabhängig davon gelten, ob der andere seinen Tatbeitrag schon im Vorbereitungsstadium erbracht hat oder ob er erst zeitlich später zum Einsatz kommen sollte.

   Nach der **Einzellösung** ist der Versuchsbeginn für jeden einzelnen Mittäter gesondert zu bestimmen: Jeder von ihnen muss durch eigenes Verhalten in das Versuchsstadium eingetreten sein. Ist das nicht der Fall, muss auf Teilnahme oder – bei Verbrechen – auf § 30 II StGB ausgewichen werden.

Die **Gesamtlösung** kann dagegen für sich in Anspruch nehmen, dem Wesen der Mittäterschaft eher gerecht zu werden. Die Mittäterschaft stellt eine Solidarhaftung dar. Jeder Mittäter muss sich das Handeln des anderen so zurechnen lassen, als habe er es selbst vollzogen. Warum dies nur für die vollendete Tat, nicht aber für den Versuch gelten soll, ist nicht einzusehen. Dagegen spricht zwar, dass damit auch derjenige als Mittäter erfasst wird, der noch nichts getan hat, was über Tatverabredung hinausreicht. Gerade das liegt aber hier bei B anders, da er mit zum Tatort gefahren ist und im Wagen gewissermaßen auf dem Sprung saß. Er hätte ebenso gut wie A bereits ausgestiegen sein und sich vor der Tür postiert haben können. Die Alarmanlage hätte darüber hinaus erst später, als A und B sich schon im Hausinnern befanden, anschlagen können. Demnach war es nur dem Zufall zu verdanken, dass B zu der gemeinschaftlichen Tatausführung noch nicht eigenhändig angesetzt hatte. Ihm nur eine (psychische) Beihilfe – mit obligatorischer Strafmilderung, § 27 II StGB! – anzulasten, erscheint deshalb verfehlt.

b) In Bezug auf **C** liegen die Dinge anders. Insoweit ist die Frage, ob C, der die Aufgabe hatte, den Wagen zu fahren und „Schmiere zu stehen", überhaupt als **Mittäter** eingestuft werden kann, oder nicht bloßer **Gehilfe** war. Seine Mittäterschaft ließe sich mit guten Gründen vertreten, ohne dabei subjektive Kriterien („animus auctoris": eigenes Tatinteresse; Wille zur Tatherrschaft) bemühen zu müssen. Immerhin war B mit dem Wachestehen eine Funktion zugewiesen worden, die in das **Ausführungsstadium** hineinragen sollte und den Beteiligten möglicherweise als **notwendig** erschien, um gegen etwaige „Störer" gewappnet zu sein.

Auf der anderen Seite sollte C ersichtlich nicht als gleichrangiger Partner an der Sachbeschädigung beteiligt sein. Im Vergleich zu den Rollen von A und B war der von ihm zu erbringende Tatbeitrag weit weniger gewichtig. C erscheint deshalb, sofern man maßgeblich auf das objektive Kriterium der Tatherrschaft abstellt, eher als **„Randfigur"** des eigentlichen deliktischen Geschehens und hat sich deshalb auf eine bloß unterstützende Mitwirkung beschränkt.

Lehnt man mit Rücksicht darauf für C Mittäterschaft ab, stellt sich das Problem „Gesamt- oder Einzellösung" nicht mehr. Übrig bleibt für C **Beihilfe** zum Versuch der Sachbeschädigung, die darzustellen keine besondere Schwierigkeiten aufwirft.

c) Was schließlich G angeht, ist die Klausur erkennbar auf den **„Bandenchef im Hintergrund"** zugeschnitten, der seine Tatbeiträge im Vorbereitungsstadium erbringt, aber durch Planung und Organisation „die Fäden in der Hand hat". Auch hier kann so oder so entschieden werden. Für **Mittäterschaft** lässt sich anführen, dass die fehlende Tatunmittelbarkeit durch die Stellung des G als „Drahtzieher" und seine Gestaltungsherrschaft überspielt wird. Für **Anstiftung** spricht, dass es befremdlich erscheint, den G so zu behandeln, als wolle er selbst die Sachen des S beschädigen. Dass es unangemessen sei, G nicht als Mittäter zu betrachten, sollte dabei kein wirkliches Argument sein. Denn verneint man Mittäterschaft, ist G als Anstifter und damit nach § 26 StGB „gleich einem Täter" zu bestrafen!

Lösungsskizze
Die Lösungsskizze für die Klausur könnte nach alledem wie folgt aussehen:

I. Strafbarkeit des A aus § 123 I StGB
  1. OTB
     a) Wohnung eines anderen (+)
     b) Eindringen (−), weil nicht in das Hausinnere gelangt
  2. Ergebnis: (−), Versuch nicht strafbar!
II. Strafbarkeit des A aus §§ 303 I, 22, 23 I StGB
  1. Vorabfeststellungen: Nichtvollendung und Versuchsstrafbarkeit (§ 303 III)
  2. Tatentschluss: Vorsatz
     a) Bzgl. fremder Sachen
     b) Bzgl. des Zerstörens
  3. Unmittelbares Ansetzen, § 22 StGB
     Abgrenzung Vorbereitung/Versuchsbeginn
     Hier: Versuch, weil Kontakt zum Opferbereich und enger zeitlicher Zusammenhang
  4. RW (+)
  5. Schuld (+)
  6. Rücktritt bei mehreren Beteiligten, § 24 II 1 StGB
     a) Eventuell schon fehlgeschlagener Versuch
     b) Aber: jedenfalls keine Freiwilligkeit!
  7. Strafantrag (§ 303c StGB): (+)
  8. Ergebnis: (+)
III. Strafbarkeit des B aus §§ 303 I, 22, 23 I i. V. m. § 25 II StGB
  1. Tatentschluss
     a) Gegenseitiges Einvernehmen (+)
     b) Bewusstes und gewolltes Zusammenwirken mit A (+)
  2. Unmittelbares Ansetzen, § 22 StGB
     a) Nicht in eigener Person
     b) Zurechenbarkeit der Versuchstat des A? Gesamt- oder Einzellösung?
        Gesamtlösung. Arg.: Wesen der Mittäterschaft; Zufallsgedanke
  3. RW (+)
  4. Schuld (+)
  5. Rücktritt bei mehreren Beteiligten, § 24 II 1 StGB (−) wie bei A
  6. Strafantrag (§ 303c StGB): (+)
  7. Ergebnis: (+)
IV. Strafbarkeit des C aus §§ 303 I, 22, 23 I i. V. m. § 25 II StGB
  1. Tatentschluss
     a) Gemeinsamer Tatplan (+)
     b) Gemeinschaftliche Tatausführung
        dafür: Tatinteresse und eventuell wichtige Aufgabe
        dagegen: keine Gleichgewichtigkeit; C nur Randfigur
  2. Ergebnis: (−)

V. Strafbarkeit des C aus §§ 303 I, 22, 23 I i. V. m. § 27 StGB
1. OTB
   a) Teilnahmefähige Haupttat: §§ 303 I, 22, 23 I StGB (+), Versuch
   b) Hilfeleisten (+) durch Fahrt zum Tatort und die Absprache, die Überwachung zu übernehmen
2. STB: Vorsatz (+)
3. RW (+)
4. Schuld (+)
5. Strafantrag (§ 303c StGB): (+)
6. Ergebnis: (+)

VI. Strafbarkeit des G aus §§ 303 I, 22, 23 I i. V. m. § 25 II StGB
1. Tatentschluss
   a) Gemeinsamer Tatplan (+)
   b) Gemeinschaftliche Tatausführung
   dafür: Bandenchef und Planungsherrschaft
   dagegen: kein Mitwirken zur Tatzeit; Anstifter ist gleich Täter zu bestrafen
2. Ergebnis: (−)

VII. Strafbarkeit des G aus §§ 303 I, 22, 23 I i. V. m. § 26 StGB
1. OTB
   a) Teilnahmefähige Haupttat (+)
   b) Bestimmen (+)
2. STB: Vorsatz (+)
3. RW (+)
4. Schuld (+)
5. Strafantrag (§ 303c StGB): (+)
6. Ergebnis: (+) Beihilfe wegen Überlassens des Wagens tritt zurück; ebenso die Anstiftung zur der von C begangenen Beihilfe

Gesamtergebnis:
A und B → §§ 303 I, 22, 23 I, 25 II StGB; C → Beihilfe; G → Anstiftung

Klausurlösung
I. Strafbarkeit des A aus § 123 I StGB

A könnte sich durch sein Bemühen, die Haustür aufzubekommen, wegen Hausfriedensbruchs nach § 123 I StGB strafbar gemacht haben.

1. Objektiver Tatbestand

A könnte bereits dadurch, dass er sich an der Haustür zu schaffen macht, in die Wohnung eines anderen – das Haus des S – eingedrungen sein. Eindringen bedeutet Betreten gegen bzw. ohne den Willen des Hausrechtsinhabers. Hierzu muss der Täter jedenfalls mit einem Teil seines Körpers in das Innere des geschützten

Bereichs gelangt sein. Hierzu ist es jedoch nicht gekommen. Der objektive Tatbestand ist nicht erfüllt.

2. Ergebnis

A hat sich keines vollendeten Hausfriedensbruchs nach § 123 I StGB schuldig gemacht. In Betracht kommt allenfalls ein Versuch, der aber bei dem Vergehen des Hausfriedensbruchs nicht unter Strafe steht, §§ 23 I, 12 II StGB.

II. Strafbarkeit des A aus §§ 303 I, 22, 23 I StGB

A könnte sich allerdings nach §§ 303 I, 22, 23 I StGB wegen versuchter Sachbeschädigung strafbar gemacht haben.

1. Vorabfeststellungen

A hat sein Vorhaben abgebrochen, bevor eine Sache beschädigt wurde. Das Delikt kann deshalb nur versucht worden sein. Der Versuch ist nach § 303 III StGB strafbar.

2. Tatentschluss

A war sich bewusst, dass es sich bei dem im Wohnzimmer befindlichen Inventar und Mobiliar um fremde – dem S gehörende – Sachen handelt. Sein Vorsatz könnte ein Zerstören umfasst haben. Darunter sind solche Einwirkungen zu verstehen, welche die Sache auf Dauer unbrauchbar machen. A wollte mit einem Baseballschläger das Wohnzimmer verwüsten. Es ist davon auszugehen, dass er beabsichtigte, Gegenstände zu zerstören. A handelte demnach mit Sachbeschädigungsvorsatz und hatte Tatentschluss.

3. Unmittelbares Ansetzen, § 22 StGB

A müsste gem. § 22 StGB nach seiner Vorstellung von der Tat unmittelbar zur Tatbestandsverwirklichung angesetzt haben. Sein letzter Tätigkeitsakt bestand darin, mit Hilfe eines Dietrichs die Haustür zu öffnen. Hierin könnte noch eine straflose Vorbereitungshandlung liegen. Der Beginn der Ausführungsphase könnte erst dann anzunehmen sein, wenn es ihm gelungen wäre, die Tür zu öffnen. Hierbei bliebe aber unberücksichtigt, dass A durch den „Einbruchsversuch" bereits den Kontakt zum Opferbereich hergestellt hatte und zwischen diesem Tun und den geplanten Zerstörungsakten ein enger zeitlicher Zusammenhang bestehen sollte. Direkt im Anschluss an das Öffnen der Tür sollte mit der Verwüstung begonnen werden. A hat somit zur Sachbeschädigung unmittelbar angesetzt.

4. Rechtswidrigkeit

Rechtfertigungsgründe sind nicht ersichtlich. A handelte mithin rechtswidrig.

5. Schuld

Mangels Schuldausschließungs- und Entschuldigungsgründen hat A die Tat auch schuldhaft begangen.

6. Rücktritt, § 24 II 1 StGB

A hat die Tat nicht vollendet. Er könnte mit strafbefreiender Wirkung vom Versuch gemäß § 24 II 1 StGB zurückgetreten sein. A hat allerdings seine „Arbeit" nur deshalb nicht fortgesetzt und sich stattdessen zur Flucht gewandt, weil wider Erwarten die Alarmanlage ausgelöst wurde. Daher könnte bereits ein fehlgeschlagener Versuch vorliegen, der für einen Rücktritt keinen Raum lässt. Ein solcher liegt vor, wenn der Täter erkennt, dass es ihm aus tatsächlichen oder rechtlichen Gründen unmöglich ist, die Tat zu vollenden. Ob das hier der Fall ist, lässt sich nicht eindeutig entscheiden. Unbeeindruckt von der Alarmanlage hätte A weitermachen können, um sein Ziel dennoch zu erreichen. Wäre infolgedessen nicht von einem fehlgeschlagenen Versuch auszugehen, könnte A aber jedenfalls nicht freiwillig von der Tatvollendung abgesehen haben. Unfreiwillig ist ein Rücktritt dann, wenn aufgrund veränderter äußerer Umstände die weitere Durchführung der Tat zu riskant bzw. „unvernünftig" erscheint. Hier hat A wegen der gesteigerten Gefahr des Entdecktwerdens mit der Tat aufgehört. Sein Rücktrittsentschluss beruhte also auf heteronomen Motiven und war mithin unfreiwillig. Ein Rücktritt scheidet somit aus.

7. Strafantrag, § 303c StGB

Der nach § 303c StGB erforderliche Strafantrag ist gestellt.

8. Ergebnis

A hat sich wegen einer versuchten Sachbeschädigung nach §§ 303 I, 22, 23 I StGB strafbar gemacht.

III. Strafbarkeit des B aus §§ 303 I, 22, 23 i. V. m. § 25 II StGB

B könnte als Mittäter gem. § 25 II StGB am Sachbeschädigungsversuch des A beteiligt gewesen sein.

1. Tatentschluss

Der Tatentschluss des B müsste darauf gerichtet sein, die Tat mit A gemeinschaftlich zu begehen. Das setzt zunächst einen einvernehmlich gefassten Entschluss voraus. A und B waren sich einig, dem Auftrag des G nachzukommen. Ihre Absprache zielte überdies auf ein arbeitsteiliges Zusammenwirken am Tatort. A wie B wollten gemeinsam das Wohnzimmer des S verwüsten. Der Vorsatz des B war mithin auf ein mittäterschaftliches Vorgehen gerichtet.

2. Unmittelbares Ansetzen, § 22 StGB

So wie A müsste auch B zur Tatbestandsverwirklichung unmittelbar angesetzt haben, § 22 StGB. B ist allerdings nicht mehr dazu gekommen, eine Handlung vorzunehmen, nachdem A in das Versuchsstadium eingetreten ist. Fraglich ist, ob B das Handeln des A gegen sich gelten lassen muss. Dafür spricht die Struktur der Mittäterschaft, die dadurch gekennzeichnet ist, dass sich jeder Tatgenosse das Verhalten des anderen wie eigenes Tun zurechnen lassen muss. Der Einwand, das gehe beim Versuch zu weit, weil sonst auch Tatbeteiligte betroffen seien, die über die bloße Tatverabredung hinaus noch keinen weiteren Tatbeitrag geleistet haben, verfängt jedenfalls für B nicht. B saß, als A den Versuch unternahm, mit zwei Baseballschlägern einsatzbereit im Wagen und wartete nur auf das Öffnen der Tür. Daher hat er den Versuch des A „begleitet". Ihn allein deshalb besser zu stellen, weil er sich nicht zusammen mit A zur Tür begeben hatte, erscheint nicht einsichtig. B muss sich somit das Ansetzen des A über § 25 II StGB zurechnen lassen.

3. Rechtswidrigkeit und Schuld

Ebenso wie A handelte B widerrechtlich und schuldhaft.

4. Rücktritt, § 24 II 1 StGB

Aus den für A dargelegten Gründen kann sich auch B nicht auf Rücktritt berufen.

5. Strafantrag, § 303c StGB

Der erforderliche Strafantrag ist gestellt.

6. Ergebnis

B hat sich wegen mittäterschaftlichen Versuchs einer Sachbeschädigung aus §§ 303 I, 22, 23 I i. V. m. § 25 II StGB strafbar gemacht.

IV. Strafbarkeit des C aus §§ 303 I, 22, 23 i. V. m. § 25 II StGB

Wie B könnte C als Mittäter des Versuchs einer Sachbeschädigung strafbar sein.

1. Tatentschluss

C war ebenfalls an der Tatverabredung beteiligt. Im Gegensatz zu B sollte er jedoch nicht die Tatbestandsverwirklichung, die Sachbeschädigung, selbst vornehmen. Seine Aufgabe sollte darin bestehen, den Wagen zu steuern und während der Tat die Augen offen zu halten. Mit Rücksicht darauf ist fraglich, ob auch C Mittäter sein sollte. Dafür könnte man anführen, dass C das gleiche Tatinteresse wie A und B besaß und deren Tat auch als eigene wollte. Eventuell bestand auch Einigkeit darüber, dass C mit der ihm zugewiesenen Aufgabe einen Tatbeitrag leisten sollte, der für die Gesamttat als unverzichtbar angesehen wurde. Das kann aber nicht darüber hinwegtäuschen, dass C an der Sachbeschädigung als solcher nicht als gleichrangiger Partner teilnehmen sollte. Verglichen mit den Rollen von A und B ist sein Tatanteil eher als nebensächlich zu bewerten und nicht so gewichtig wie die geplanten Ausführungsakte von A und B. Der Vorsatz des C beinhaltete demnach nicht die Vorstellung, die Sachbeschädigung gemeinsam mit den Komplizen A und B zu begehen.

2. Ergebnis

Eine mittäterschaftliche Verantwortlichkeit des C scheidet aus.

V. Strafbarkeit des C aus §§ 303 I, 22, 23 i. V. m. § 27 I StGB

C könnte jedoch als Gehilfe an der Versuchstat von A und B mitgewirkt haben.

1. Objektiver Tatbestand

Als Haupttat kommt der Versuch einer Sachbeschädigung in Betracht, §§ 303 I, 22, 23 I StGB. Weil auch der Versuch den Akzessorietätserfordernissen genügt, also eine vorsätzlich begangene rechtswidrige Tat darstellt, ist eine teilnahmefähige Haupttat gegeben.
  Zu dieser Tat müsste C Hilfe geleistet haben. C hat den Wagen zum Tatort gefahren. Dadurch hat er die Tat physisch gefördert. Darüber hinaus hat er zugesagt, die Absicherung zu übernehmen, so dass auch eine psychische Beihilfe gegeben ist.

2. Subjektiver Tatbestand

C handelte sowohl hinsichtlich der Haupttat als auch im Hinblick auf seine unterstützende Tätigkeit mit Wissen und Wollen. Der Doppelvorsatz des Gehilfen ist mithin zu bejahen.

3. Rechtswidrigkeit und Schuld

Gegen das Vorliegen von Rechtswidrigkeit und Schuld bestehen keine Bedenken.

4. Strafantrag, § 303c StGB

Der erforderliche Strafantrag wurde gestellt.

5. Ergebnis

C hat sich wegen Beihilfe zum Versuch einer Sachbeschädigung – §§ 303 I, 22, 23 I i. V. m. § 27 I StGB – strafbar gemacht.

VI. Strafbarkeit des G aus §§ 303 I, 22, 23 I i. V. m. § 25 II StGB

G könnte sich durch seinen Auftrag gleichfalls wegen versuchter Sachbeschädigung nach §§ 303 I, 22, 23 I StGB, begangen in Mittäterschaft, strafbar gemacht haben.

1. Tatentschluss

G hat das „Trio" A, B und C wissentlich und willentlich auf den Weg geschickt. Ein gemeinsamer Entschluss dahingehend, dass im Wohnzimmer des S Gegenstände zerstört werden sollten, war gegeben. G hat seinen Tatbeitrag aber nur im Vorbereitungsstadium erbracht. Bei der Tatausführung selbst wollte er nicht anwesend sein. Deshalb ist fraglich, ob sein Vorsatz darauf gerichtet war, die Tat zusammen mit A und B zu begehen.

Hierfür spricht, dass G als Bandenchef den Einsatz des „Trios" dirigieren wollte. Durch seine Anweisungen hat er wissentlich und willentlich den konkreten Geschehensablauf maßgeblich festgelegt. Auf der anderen Seite stand ihm aber vor Augen, dass A, B und C frei und eigenverantwortlich handeln würden, so dass eine mittelbare Täterschaft nach § 25 I Alt. 2 StGB nicht in Betracht kommt. Würde man G dennoch als Mittäter strafen, liefe das auf eine Umgehung der Regeln zur mittelbaren Täterschaft hinaus.

Unabhängig davon erscheint es befremdlich, den G mit A und B, welche die eigentliche Tathandlung vollziehen sollten, auf eine Stufe zu stellen. Im Ergebnis würde das bedeuten, dass er so behandelt wird, als habe er die Tat in vollem Umfang eigenhändig begangen. Dem Einwand, dass es sachgerechter erscheinen mag, ihn mit der Täterstrafe zu belegen, ist schließlich entgegenzuhalten, dass nach § 26 StGB der Anstifter „gleich einem Täter" zu bestrafen ist. Mit Blick auf den Strafrahmen wird G also nicht begünstigt, wenn man ihm den Vorsatz, die Sachbeschädigung mittäterschaftlich zu begehen, abspricht.

2. Ergebnis

G hat sich nicht als Mittäter aus §§ 303 I, 22, 23 I StGB strafbar gemacht.

VII. Strafbarkeit des G aus §§ 303 I, 22, 23 I i. V. m. § 26 StGB

G könnte sich jedoch wegen Anstiftung zur versuchten Sachbeschädigung strafbar gemacht haben.

1. Objektiver Tatbestand

G hat A und B zu der versuchten Sachbeschädigung bestimmt, d. h. durch seine Aufforderung in ihnen den Tatentschluss hervorgerufen. Der objektive Tatbestand ist erfüllt.

2. Subjektiver Tatbestand

Da dies vorsätzlich geschah, ist auch die subjektive Tatseite gegeben.

3. Rechtswidrigkeit und Schuld

G handelte rechtswidrig und schuldhaft.

4. Strafantrag, § 303c StGB

Der erforderliche Strafantrag ist auch gegen ihn gestellt worden.

5. Ergebnis

G hat sich wegen Anstiftung zur versuchten Sachbeschädigung nach §§ 303 I, 22, 23 I i. V. m. § 26 StGB strafbar gemacht. Darüber hinaus ist er mit Blick auf C einer Anstiftung zur Beihilfe schuldig, wobei nach den allgemeinen Regeln zur Kettenteilnahme diese Art von Teilnahme als Beihilfe zu bewerten ist. Allerdings tritt die Beihilfe als minder schwere Beteiligungsform hinter die Anstiftung zurück. Dies gilt ebenso für die physische Beihilfe, die G dadurch geleistet hat, dass er seinen Wagen zur Verfügung gestellt hatte.

Gesamtergebnis

A und B haben sich wegen eines mittäterschaftlich begangenen Versuchs der Sachbeschädigung aus §§ 303 I, 22, 23 I i. V. m. § 25 II StGB strafbar gemacht. G ist wegen Anstiftung (§ 26 StGB) hierzu strafbar, C wegen Beihilfe (§ 27 I StGB).

Fall 14 „Das verhinderte vorzeitige Ableben"

Teilnahme

Dem ledigen B ist nach einer Computer-Tomographie eröffnet worden, dass er einen bösartigen inoperablen Gehirntumor hat und mit einem qualvollen Ende rechnen müsse. Nach reiflicher Überlegung beschließt B, vorzeitig zu sterben, und wendet sich an seine Schwester S, die Krankenschwester ist. B offenbart ihr seinen Befund und bittet sie, ihm in der übernächsten Nacht, wenn er schlafe, eine tödliche Morphiumspritze zu setzen. Schweren Herzens sagt S zu, wobei ihr nicht ganz ungelegen kommt, dass B ihr in seinem Testament das Ferienhaus auf Sylt vermacht hat. In erster Linie will sie aber ihrem geliebten Bruder B den letzten Dienst erweisen.

Da S sich scheut, das Morphium zu stehlen, spricht sie tags darauf in der Klinik mit Oberarzt O und weiht ihn in alles ein. O verspricht, ihr zu helfen, und übergibt ihr am Nachmittag eine Ampulle, die er jedoch zuvor mit einer harmlosen Kochsalzlösung befüllt hat.

Ahnungslos injiziert S in der Nacht dem schlafenden B das vermeintliche Gift. Zu ihrem Überraschen muss sie dann am nächsten Morgen feststellen, dass B nach wie vor lebt.

Beurteilen Sie die Strafbarkeit von S, B und O! Körperverletzungsdelikte sowie strafrechtliche Nebengesetze sind nicht zu prüfen.

Lösung 14 „Das verhinderte vorzeitige Ableben"

Lösungsschritte
1. Hinsichtlich der **Strafgrundlagen** gilt, dass die Bearbeitung sich dank der Prüfungsbeschränkung allein mit **Tötungsdelikten** (§ 216 – § 212 – § 211 StGB) zu befassen hat. Für diese ist offensichtlich, dass nur ein **Versuch** (§§ 22, 23 StGB) in Betracht kommt (zum Aufbauschema vgl. Fall 10, S. 107). Deshalb sollte sogleich die Versuchserörterung in Angriff genommen werden, ohne eine Vollendungsprüfung voranzuschalten. Eine nähere Prüfung ist generell nur dann angezeigt, wenn nicht auf den ersten Blick erkennbar ist, dass Vollendung ausscheidet.
2. Was die **Reihenfolge** der Mitwirkenden angeht, ist zwingend mit der Strafbarkeit der „**tatnächsten**" S zu beginnen. Weil B und O möglicherweise nur wegen Anstiftung (§ 26 StGB) bzw. Beihilfe (§ 27 I StGB) verantwortlich sind, ist wegen des akzessorischen Charakters der **Teilnahme** die Erörterung der Haupttat zwingend an erster Stelle vorzunehmen. Keine Rolle spielt es dagegen, ob man im Anschluss daran mit der Strafbarkeit des B oder der des O fortfährt.
3. Bei der Strafbarkeit der S, die vorrangig an **§§ 216, 22, 23 StGB** zu messen ist, stellt sich die Frage, wie man mit dem versuchten Grunddelikt – **§§ 212, 22, 23 StGB** – umzugehen hat. Soll diesem Tatbestand eine eigenständige – entweder **vorgezogene** oder **nachgeschaltete** – Deliktsprüfung gewidmet werden? Oder soll man beides im **Verbund** untersuchen (§§ 212, 216, 22, 23 StGB)? Oder kann, weil der versuchte Totschlag ersichtlich im Schatten der Privilegierung steht, auf seine Prüfung gänzlich **verzichtet** werden? Um dem Vorwurf zu entgehen, den Grundtatbestand außer Acht gelassen zu haben, erscheint es am zweckmäßigsten, eine Verbundprüfung durchzuführen. Bei der Feststellung des erzielten Ergebnisses wird dann kurz darauf hingewiesen, dass der mitverwirklichte Totschlagsversuch jedenfalls im Wege der Gesetzeskonkurrenz zurücktritt (vgl. im 3. Teil – Konkurrenzen – S. 189 f.).

    Wichtig ist, dass nach **§§ 212, 216, 22, 23 StGB** noch ein Mordversuch – **§§ 212, 211, 22, 23 StGB** – angesprochen wird. Immerhin dachte S auch an das sie begünstigende Testament (= Habgier?) und wollte zudem B im Schlaf töten (= Heimtückevorsatz?).
4. In Bezug auf **O** empfiehlt es sich, vorab festzulegen, dass eine täterschaftliche Verantwortlichkeit aus §§ 212, 22, 23 StGB ausscheidet, weil es ihm ersichtlich am Tötungsvorsatz fehlt. Auf welche Bezugstat bei **§ 27 I StGB** abzustellen ist (§ 216 StGB, § 212 StGB – oder beides), kann so oder so entschieden werden. Mit Blick auf die vorherige Prüfung der S wird im Folgenden von der Haupttat ausgegangen, aus der sich S strafbar gemacht hat, also von §§ 216, 22, 23 StGB.
5. Auch **B** kann mit Blick auf §§ 216, 22, 23 StGB – selbstverständlich – nicht (Mit-) Täter sein. Für ihn kann nur eine Anstiftung gemäß **§ 26 StGB** erwogen werden.

Eine erste Grobgliederung könnte nach alledem wie folgt aussehen:

A. Strafbarkeit der S
   I. §§ 212 I, 216, 22, 23 I StGB
   II. Wenn (+), werden §§ 212, 22, 23 I StGB verdrängt
   III. §§ 212 I, 211, 22, 23 I StGB (Habgier, Heimtückevorsatz)
B. Strafbarkeit des O
   I. §§ 212 I, 22, 23 I StGB als Täter (−)
   II. §§ 216, 22, 23 I i. V. m. § 27 I StGB
C. Strafbarkeit des B aus §§ 216, 22, 23 I i. V. m. § 26 StGB

Die Feinstrukturierung – Strafbarkeit der S
1. Zunächst ist festzustellen, dass der **Versuch** einer Tötung auf Verlangen (bloßes Vergehen, § 12 II StGB) nach **§ 216 II StGB** unter Strafe steht. Was den Tatentschluss angeht, hatte S sicher Tötungsvorsatz. Weil sich im Rahmen von § 216 StGB regelmäßig das Problem der Abgrenzung zwischen Täterschaft und (strafloser) Beihilfe zum Selbstmord stellt, sollte auch dargetan werden, dass S den Taterfolg **täterschaftlich** bewirken wollte. Darüber hinaus hatte sie im Hinblick auf die privilegierenden Tatumstände Vorsatz. Insbesondere war ihr bewusst, dass sie sich primär vom **Todesverlangen** des B steuern ließ. Der Gedanke an das Ferienhaus auf Sylt hat sie entweder überhaupt nicht zur Tat motiviert oder war jedenfalls als Motiv nicht handlungsleitend (vgl. zum Erfordernis des „handlungsleitenden Bestimmens" BGHSt 50, 80, 92 – „Kannibalen-Fall").
2. Dass S ein ungeeignetes Mittel untergeschoben wurde und sie damit nur einen **untauglichen Versuch** beging, ist erst beim unmittelbaren Ansetzen (§ 22 StGB) zu berücksichtigen. Die (generelle) Strafbarkeit des untauglichen Versuchs kann mit der subjektiven Einfärbung des § 22 StGB („nach seiner Vorstellung von der Tat") sowie mit einem aus § 23 III StGB gewonnenen Erst-recht-Schluss belegt werden.
3. Die **Einwilligung des B** in seinen Tod vermag natürlich die Rechtswidrigkeit nicht zu beseitigen. Sie hat nur zur Folge, dass S von der Privilegierung des § 216 StGB profitiert. Mit Blick auf die Qualen, die B durch den inoperablen Gehirntumor bevorstehen, könnte zudem an den rechtfertigenden Notstand (§ 34 StGB) bzw. – im Rahmen der Schuld – an einen entschuldigenden Notstand (§ 35 StGB) gedacht werden. Da sich die Schmerzen aber noch nicht eingestellt haben, mithin keine gegenwärtige Leibesgefahr gegeben ist, erscheinen Ausführungen dazu entbehrlich. Der jenseits der Schuld zu prüfende persönliche Strafaufhebungsgrund des **Rücktritts** braucht ebenfalls nicht angesprochen zu werden: S hat weder einen Rücktrittsentschluss gefasst noch sich um Rettung bemüht (vgl. § 24 I 2 StGB).
4. Das Ergebnis, dass S sich überdies nicht aus **§§ 212, 211, 22, 23 I StGB** strafbar gemacht hat, lässt sich mit zwei Argumenten absichern. Zum einen entfaltet § 216 StGB gegenüber dem Mord eine sog. **Sperrwirkung**, die den Rückgriff auf die Qualifikation nicht erlaubt (vgl. *Kindhäuser,* LPK-StGB, 8. Aufl. 2018, Vor §§ 211–222 Rn. 13; s. auch 3. Teil – Konkurrenzlehre – S. 185). Zum anderen sind, bei Lichte besehen, **keine Mordmerkmale** erfüllt. Es ist bereits zwei-

felhaft, ob S auch „aus Habgier" töten wollte. Ein etwaiges Gewinnstreben wäre hier jedenfalls nicht tatbeherrschend oder bewusstseinsdominant (vgl. BGHSt 42, 301, 304). Der Tötung schlafender Personen liegt zwar grundsätzlich Heimtücke zugrunde (BGHSt 23, 119, 121). Das kann aber hier nicht gelten, weil B, wie S wusste, sich nicht arglos dem Schlaf überlassen hat, sondern gerade in Erwartung der tödlichen Injektion eingeschlafen ist.

Der Tatbestandsaufbau bei der Teilnahme mit fallspezifischen Erläuterungen

Sowohl O als auch B fällt nur eine Teilnahmerolle zu. Das **Aufbauschema** der Anstiftung und Beihilfe sei im Folgenden aufgezeigt und sodann durch **fallbezogene Kommentierungen** erläutert:

Strafbarkeit des Teilnehmers aus § X i. V. m. §§ 26, 27 I StGB

I. Ggf. notwendige Teilnahme, welche die Zurechnung ausschließt
II. Objektiver Tatbestand
   1. Vorliegen einer teilnahmefähigen Haupttat
   2. Teilnahmehandlung
   entweder Bestimmen zur Tat, § 26 StGB
   oder Hilfeleisten, § 27 I StGB
III. Subjektiver Tatbestand = Vorsatz
   1. Bzgl. der Haupttat
   2. Bzgl. der Teilnahmehandlung
   3. Sog. Vollendungsvorsatz (agent provocateur/agent comparse)
IV. Rechtswidrigkeit
V. Schuld

Zu I.: Sofern – wie hier bei B – ein Fall von **notwendiger Opferbeteiligung** vorliegt, sollte man aus Gründen der Zeitersparnis gar nicht erst in eine schulmäßige Prüfung „einsteigen", sondern sogleich anführen, dass die Mitwirkung **straflos** zu bleiben hat. Dieser Befund bedarf natürlich – da die notwendige Teilnahme die Akzessorietät durchbricht – der Begründung. Streng nach Akzessorietätsgrundsätzen wäre ja B sehr wohl als Anstifter zu strafen. Zu kurz gegriffen ist das Argument, dass B, weil er nicht Täter des § 216 StGB sein kann, auch nicht als Teilnehmer zur Verantwortung gezogen werden kann. Vielmehr muss man sich auf den **Strafgrund** der Teilnahme besinnen, der nach heute h.L. (s. *Waßmer*, in: AnwaltKommentar StGB, 3. Aufl. 2020, Vor § 25 Rn. 28) darin zu erblicken ist, dass der Teilnehmer den Angriff eines anderen auf ein fremdes Rechtsgut veranlasst oder fördert (Theorie des (selbstständigen) akzessorischen Rechtsgutsangriffs). Dient der Tatbestand – wie hier § 216 StGB – aber gerade dem (Lebens-) Schutz des Teilnehmers, haftet seiner Mitwirkung kein Unrecht an, auch wenn sie noch so dominierend gewesen sein mag.

Zu II. 1.: Hinter dem Adjektiv **„teilnahmefähig"** verbergen sich die Akzessorietätserfordernisse **„tatbestandsmäßig"** (vgl. § 11 I Nr. 5 StGB), **„vorsätzlich und rechtswidrig"** begangen. Diesen Anforderungen genügt auch der bloße Versuch.

Fall 14 „Das verhinderte vorzeitige Ableben"

Eine teilnahmetaugliche Haupttat stellt also für O auch die versuchte Tötung auf Verlangen, begangen durch S, dar.

Zu III. 1.: Daher ist Bezugspunkt des **Gehilfenvorsatzes** bei O allein die Versuchstat der S. Insoweit stand O vor Augen, dass S den B mit Morphium töten wollte.

Zu III. 3.: Hiervon zu trennen ist der Umstand, dass O der erforderliche **„Vollendungsvorsatz"** fehlte. Weil die S ausgehändigte Ampulle eine harmlose Kochsalzlösung enthielt, handelte O im Bewusstsein, dass es nur zu einem (untauglichen) Versuch kommen konnte, eine vollendete Tat also ausgeschlossen war. Dieser bloße „Versuchsvorsatz" hat zur Folge, dass O wie ein – ginge es um eine Anstiftung – strafloser **agent provocateur** zu behandeln ist. Für die Beihilfe kann diesbezüglich von einem straflosen **agent comparse** gesprochen werden (*Waßmer*, in: AnwaltKommentar StGB, 3. Aufl. 2020, § 27 Rn. 36). Hierin liegt abermals eine Durchbrechung der Akzessorietät, die sich erneut mit dem Strafgrund der Teilnahme, dem Mitwirken an einer fremden Rechtsgutsverletzung, belegen lässt. Denn dies impliziert, dass der Teilnehmer die Rechtsgutsverletzung zumindest als möglich einkalkulieren muss.

Abweichendes ergibt sich, wenn man dieses Erklärungskonzept nicht gelten lässt und das Unrecht der Teilnahme anders festlegt. So haftete der Teilnehmer nach der **Schuldteilnahmetheorie** deshalb, weil er den (Haupt-) Täter in Schuld und Strafe „verstrickt". Da diese Sichtweise im Widerspruch zu § 29 StGB steht, ist an ihre Stelle die **modifizierte Schuldteilnahmetheorie** getreten: Der Teilnehmer verwickelt den Täter in unrechtes Tun und trägt hiermit zu seiner „sozialen Desintegration" bei. Aber auch das überzeugt nicht, weil dann – durch Normen des Allgemeinen Teils – ein neues Rechtsgut (die „Bewahrung der Unbescholtenheit") eingeführt würde und im Übrigen nicht erklärlich wäre, warum das Gesetz die Strafe des Teilnehmers an der Haupttat ausrichtet. Darüber hinaus würden diese Ableitungen dazu führen, dass die notwendige Teilnahme – hier also B – bestraft werden müsste, was nicht einzuleuchten vermag.

Lösungsskizze

Die Lösungsskizze könnte nach alledem wie folgt beschaffen sein:

I. Strafbarkeit der S aus §§ 212 I, 216, 22, 23 I StGB
   1. Vorabfeststellungen: keine Vollendung; Versuch strafbar nach § 216 II StGB
   2. Tatentschluss
      a) Tötungsvorsatz (+)
      b) Vorstellung täterschaftlicher Begehung (+)
      c) Vorsatz bzgl. der privilegierenden Umstände
         aa) Ausdrückliches und ernsthaftes Todesverlangen (+)
         bb) Zur Tat bestimmt worden (+), Todesbegehren war für S handlungsleitend; die Aussicht auf das Ferienhaus hat sie nicht oder nur sekundär motiviert
   3. Unmittelbares Ansetzen, § 22 StGB (+), wenngleich untauglicher Versuch; seine Strafbarkeit folgt aus dem Wortlaut des § 22 StGB und aus § 23 III StGB
   4. Rechtswidrigkeit (+)

    5. Schuld (+)
    6. Ergebnis: (+), §§ 212 I, 22, 23 I StGB treten zurück
II. Strafbarkeit der S aus §§ 212 I, 211, 22, 23 I StGB (−)
    → Sperrwirkung des § 216; überdies weder Habgier noch Heimtückevorsatz!
III. Strafbarkeit des O aus §§ 212 I, 22, 23 I StGB als Täter (−), kein Tötungsvorsatz
IV. Strafbarkeit des O aus §§ 212 I, 216, 22, 23 I i. V. m. § 27 I StGB
    1. Objektiver Tatbestand
        a) Versuch des § 216 StGB als teilnahmefähige Haupttat (+)
        b) Hilfeleisten zum untauglichen Versuch (+), durch Übergabe der Ampulle
    2. Subjektiver Tatbestand
        a) Vorsatz bzgl. der Haupttat (+)
        b) Vorsatz bzgl. des Förderns (+)
        c) Vollendungsvorsatz (−), O hat die Tat bewusst in einen untauglichen Versuch umgelenkt → strafloser „agent comparse", in Anlehnung an den „agent provocateur"; Arg.: Strafgrund der Teilnahme
    3. Ergebnis: (−)
V. Strafbarkeit des B aus §§ 212 I, 216, 22, 23 I i. V. m. § 26 StGB (−)
    → straflose notwendige (Opfer-) Teilnahme; Arg.: Strafgrund der Teilnahme

Gesamtergebnis

Klausurlösung
I. Strafbarkeit der S aus §§ 212 I, 216, 22, 23 I StGB

S könnte sich dadurch, dass sie B die Spritze setzte, wegen versuchter Tötung auf Verlangen nach §§ 212 I, 216, 22, 23 I StGB strafbar gemacht haben.

1. Vorprüfung

B hat überlebt, Vollendung scheidet aus. In Betracht kommt nur Versuch, der in § 216 II StGB unter Strafe gestellt ist.

2. Tatentschluss

S müsste mit Tötungsvorsatz gehandelt haben. Bei Begehung der Tat ging S davon aus, die Spritze enthalte eine für B tödliche Dosis Morphium. Damit hatte sie die Vorstellung, den Tatererfolg – den Tod des B – kausal herbeizuführen. Zu verlangen ist überdies die Vorstellung, B täterschaftlich zu töten. S hat alleine alle wesentlichen tatsächlichen Handlungen vollzogen, die den Todeserfolg verursachen sollten. Insbesondere stand ihr vor Augen, dass sie es war, die den letzten, irreversiblen Akt vornehmen sollte. Ihr Vorsatz war damit darauf gerichtet, den schlafenden B täterschaftlich zu töten.

Des Weiteren müssten die privilegierenden Tatbestandsmerkmale des § 216 StGB von ihrem Vorsatz umfasst gewesen sein. S handelte im Wissen, dass B von ihr ausdrücklich die Tötung verlangt hatte. Da sie zudem erkannt hatte, dass B keine

Verantwortungsdefizite aufwies und seinem Wunsch keine Willensmängel zugrunde lagen, hatte sie auch im Hinblick auf die Ernstlichkeit Vorsatz. S müsste ferner zur Tötung bestimmt worden sein. B hat in S den Tatentschluss geweckt, und es war primär seine Bitte, die sie zur Tat veranlasste. Zwar dachte S auch an das im Testament vermachte Ferienhaus auf Sylt. Insoweit ist aber schon fraglich, ob das Vermächtnis auf ihre Willensbildung Einfluss hatte. Wenn ja, war die Aussicht auf das Haus nur von untergeordneter Bedeutung. Handlungsleitend und bewusstseinsdominant war für S jedenfalls der Todeswunsch des B. Damit waren die privilegierenden Tatbestandsmerkmale vom Vorsatz abgedeckt.

S hatte Tatentschluss.

3. Unmittelbares Ansetzen

S müsste nach ihrer Vorstellung von der Tat zur Tatbestandsverwirklichung unmittelbar angesetzt haben, § 22 StGB. S hatte aus ihrer Sicht die Tötungshandlung bereits vollständig vollzogen. Objektiv gelangte allerdings mit der Kochsalzlösung ein untaugliches Mittel zum Einsatz, so dass eine Tatbestandsverwirklichung ausgeschlossen war. Da es nach dem Wortlaut des § 22 StGB aber maßgeblich auf die Tätervorstellung ankommt, steht die nicht erkannte Untauglichkeit dem unmittelbaren Ansetzen nicht entgegen. Hergeleitet werden kann die Strafbarkeit des untauglichen Versuchs überdies aus § 23 III StGB. Danach kann selbst bei einem grob unverständigen Versuch nur von Strafe abgesehen oder diese gemildert werden. Daraus lässt sich schließen, dass ein nicht offensichtlich untauglicher Versuch erst recht Strafe nach sich ziehen darf.

Der Versuchsbeginn ist demnach zu bejahen.

4. Rechtswidrigkeit

Rechtfertigungsgründe stehen der S nicht zur Seite. Sie handelte rechtswidrig.

5. Schuld

Schuldausschließungsgründe- und Entschuldigungsgründe sind ebenfalls nicht ersichtlich, so dass S den Versuch auch schuldhaft begangen hat.

6. Ergebnis

S hat sich wegen versuchter Tötung auf Verlangen gem. §§ 216, 22, 23 I StGB strafbar gemacht. Der gleichfalls verwirklichte versuchte Totschlag – §§ 212 I, 22, 23 I StGB – tritt aus Gründen der Spezialität im Wege der Gesetzeskonkurrenz zurück.

II. Strafbarkeit der S aus §§ 212 I, 211, 22, 23 I StGB

S könnte zudem einen versuchten Mord nach §§ 212 I, 211, 22, 23 I StGB begangen haben. Sie könnte zum einen aus Habgier, zum anderen mit Heimtückevorsatz gehandelt haben.

1. Anwendbarkeit

Sofern – wie hier – der Privilegierungstatbestand des § 216 StGB vorliegt, ist anerkannt, dass der Zugriff auf die Qualifikation des § 211 StGB von vornherein nicht möglich ist. Würde man von dem Grundsatz der sog. Sperrwirkung abweichen, hätte das zur Folge, dass dem Täter die mit § 216 StGB verbundenen Vergünstigungen genommen würden. Daher kann an sich dahinstehen, ob bei S Mordmerkmale gegeben sind.

2. Mordmerkmale

Weil sich das Vorhandensein von Mordmerkmalen aber auf die Strafzumessung bei § 216 StGB niederschlagen könnte, ist gleichwohl zu prüfen, ob der Tötungsversuch von Habgier und einem auf eine heimtückische Tat gerichteten Vorsatz begleitet war.

a) Habgier bedeutet das Streben nach Vermögensmehrung um jeden Preis. Bereits oben wurde ausgeführt, dass die Aussicht, das Ferienhaus zu erlangen, S möglicherweise gar nicht motiviert hat. Ein Handeln „aus Habgier" würde dann von vornherein ausscheiden. Andernfalls wäre die Gewinnerwartung Teil eines Motivbündels. Insoweit könnte Habgier nur angenommen werden, wenn sie bewusstseinsdominant war, d. h. den Täter mehr beherrschte als die anderen Motive. Im Vordergrund stand für S, dem Wunsch des B nachzukommen. Der Zugewinn war für sie nur eine – wenn auch willkommene – Begleiterscheinung. Habgier ist somit abzulehnen.

b) Der Tatentschluss der S könnte jedoch auf eine heimtückische Begehung gezielt haben. Unter Heimtücke ist die Ausnutzung der Arg- und Wehrlosigkeit des Opfers in feindlicher Willensrichtung zu verstehen. Wird ein Schlafender getötet, ist grundsätzlich Heimtücke zu bejahen, wenn das Opfer seine Arglosigkeit mit in den Schlaf nimmt. Hier war S aber bewusst, dass B sich in der Erwartung, getötet zu werden, zum Schlafen niedergelegt hatte. Sie hatte nicht die Vorstellung, den fehlenden Argwohn des B auszunutzen. Ein Heimtückevorsatz ist somit abzulehnen.

3. Ergebnis

Mit Rücksicht auf die Sperrwirkung hat S sich nicht eines versuchten Mordes strafbar gemacht. Im Übrigen war ihre Tat auch nicht von Mordmerkmalen begleitet.

III. Strafbarkeit des O aus §§ 212 I, 22, 23 I StGB

O könnte sich dadurch, dass er S die Ampulle übergeben hat, wegen eines täterschaftlich begangenen versuchten Totschlags strafbar gemacht haben.

Das setzt jedoch einen Tötungsvorsatz voraus. O hatte die Ampulle mit einer harmlosen Substanz gefüllt, um auf diese Weise zu verhindern, dass S ihren

Fall 14 „Das verhinderte vorzeitige Ableben" 163

Tatplan – Tötung des B – verwirklichen konnte. O hatte daher keinen Tötungsvorsatz und hat sich mithin nicht aus §§ 212 I, 22, 23 I StGB strafbar gemacht.

IV. Strafbarkeit des O aus §§ 212 I, 216, 22, 23 I i. V. m. § 27 I StGB

O könnte sich allerdings durch seine Beteiligung wegen Beihilfe zur versuchten Tötung auf Verlangen strafbar gemacht haben.

1. Objektiver Tatbestand

S hat eine versuchte Tötung auf Verlangen begangen. Da der Versuch eine tatbestandsmäßige, vorsätzliche und rechtswidrige Tat darstellt, liegt eine teilnahmefähige Haupttat vor. Zu dieser müsste O Hilfe geleistet haben. O hat der S die Ampulle ausgehändigt, deren Inhalt S dem B injizierte. Der Tatbeitrag des O ist also für die Haupttat (mit-) ursächlich geworden, O hat den Tötungsversuch unterstützt. Der objektive Tatbestand ist erfüllt.

2. Subjektiver Tatbestand

O müsste mit Gehilfenvorsatz gehandelt haben.

a) O wusste, dass S ihre Tat mittels der abgefüllten Flüssigkeit durchführen würde. Er war sich zudem bewusst, dass S in der irrigen Annahme, es handele sich um eine tödliche Dosis Morphium, zu Werke gehen würde. O hatte deshalb die Vorstellung, S werde einen untauglichen Tötungsversuch begehen. Diesen hat O wissentlich und willentlich gefördert. Der subjektive Tatbestand ist demnach an sich gegeben.
b) O hat allerdings der S ein ungeeignetes Mittel ausgehändigt und bezweckte damit, B vor dem Tode zu bewahren. Er sah demnach voraus, dass es zur Vollendung der Tat nicht kommen konnte. Sein Vorgehen war mithin darauf angelegt, dass nur ein untauglicher Versuch stattfinden konnte.
   Der fehlende Vollendungsvorsatz würde O nicht entlasten, wäre das Unrecht der Teilnahme darin zu erblicken, dass der Teilnehmer den Haupttäter in Schuld und Strafe „verstrickt". Dem steht jedoch § 29 StGB entgegen, wonach die Bestrafung des Teilnehmers unabhängig von der Schuld und Bestrafung des Täters ist.
   Dass der Teilnehmer den Täter in unrechtes Tun verwickelt und zu seiner sozialen Desintegration beiträgt, kann ebenfalls nicht ausschlaggebend sein. Wäre dies so, hätte das Gesetz die Höhe der Strafe für den Teilnehmer nach der Intensität seiner Einwirkung auf den Haupttäter bemessen müssen. Stattdessen richtet sich die Strafe aber nach der Strafe des Täters. Das kann nur bedeuten, dass der Strafgrund der Teilnahme in der Mitwirkung an der durch die Haupttat bewirkten Rechtsgutsverletzung liegt. Konsequenterweise ist dann zu verlangen, dass der Teilnehmer ebenso wie der Täter die Rechtsgutsverletzung will. Handelt er – wie hier O – nur mit Versuchsvorsatz, ist er im Rahmen der Beihilfe als

„agent comparse", in Anlehnung an den sog. „agent provocateur" bei der Anstiftung, straffrei zu stellen.

3. Ergebnis

O hat sich nicht wegen Beihilfe zur versuchten Tötung auf Verlangen strafbar gemacht.

V. Strafbarkeit des B aus §§ 212 I, 216, 22, 23 I i. V. m. § 26 StGB

Indem B die S veranlasst hat, ihn im Schlaf zu töten, könnte er sich wegen Anstiftung zur versuchten Tötung nach §§ 212, 216, 22, 23 i. V. m. § 26 StGB strafbar gemacht haben.

1. Notwendige Teilnahme

Es erscheint von vornherein zweifelhaft, ob das potenzielle Opfer des § 216 StGB, das einen anderen durch sein Verlangen zur Tat bestimmt hat, als Teilnehmer verantwortlich sein kann. Daraus, dass der Suizid nicht unter Strafe gestellt ist, ließe sich folgern, dass man sich durch andere töten lassen darf, ohne sich selbst strafbar zu machen. Dass diese These im Ergebnis zutrifft, ergibt sich abermals aus dem Strafgrund der Teilnahme. Das Unrecht von Anstiftung und Beihilfe liegt – wie ausgeführt – nicht darin, dass der Teilnehmer den Täter der Strafe zuführt oder zu dessen sozialer Desintegration beiträgt, sondern im Verursachen oder Fördern einer Tat, die fremde Rechtsgüter verletzt. Stiftet demnach der Teilnehmer zu einer Tat an, deren Opfer er selbst ist, ist seiner Mitwirkung kein Unrecht zuzuschreiben; der in dieser Weise Beteiligte muss als sog. notwendiger Teilnehmer straflos ausgehen.

Mit § 216 StGB steht hier eine Strafvorschrift in Rede, die gerade dem Lebensschutz des Opfers dient. B hat die S demnach zu einer Tat veranlasst, die sich gegen ihn selbst richtet. Von daher ist B straffrei zu stellen.

2. Ergebnis

B hat sich nicht aus §§ 212 I, 216, 22, 23 I i. V. m. § 26 StGB wegen Anstiftung zur versuchten Tötung auf Verlangen strafbar gemacht.

Gesamtergebnis

S hat sich wegen einer versuchten Tötung auf Verlangen gem. §§ 216, 22, 23 I StGB strafbar gemacht. O und B sind straflos.

Fall 15 „Die rabiate Skatrunde"

Besondere persönliche Merkmale

M ist Mutter eines achtjährigen, geistig behinderten Kindes (K). Alle vierzehn Tage trifft M sich jeweils freitags mit Freundinnen zu einem Kegelabend. Sie hat A, einen mit ihr befreundeten Arbeitskollegen, gebeten, während dieser Zeit auf K aufzupassen. Das hat bislang auch reibungslos geklappt.

An einem Freitag bringt A nach vorheriger Absprache mit M zwei, der M bis dahin unbekannte Skatbrüder mit, um mit ihnen in der Küche Karten zu spielen. Das Spiel hat kaum begonnen, als K in seinem Schlafzimmer laut zu schreien anfängt. A versucht mehrfach, K zu beruhigen. Alle Bemühungen sind jedoch nicht von langer Dauer. Immer wieder wird das Skatspiel der drei durch das Schreien und Wimmern des K gestört. B – einer der Skatbrüder – ist schließlich die Sache leid. Er fordert A auf, K endlich „mundtot zu machen".

1. Fallvariante

B schlägt vor, dass A den K in die dunkle und enge Vorratskammer sperren soll. Als A erwidert, dass K an Klaustrophobie leide und in der Kammer sicher Todesängste ausstehen werde, entgegnet B: „Umso besser, dann ist der Balg ein für allemal kuriert". A tut daraufhin, wie ihm geheißen, und alle drei setzen – nunmehr unbehelligt – ihr Skatspiel fort. Nach etwa drei Stunden – kurz vor der Rückkehr der M – lässt A den völlig verstörten K wieder frei.

2. Fallvariante

B weist darauf hin, dass eine gehörige Abreibung verbunden mit einem „Schwedentrunk" probate Mittel seien, um K ruhig zu stellen. A steht auf, begibt sich zu K und versetzt diesem sehr kräftige Ohrfeigen. Außerdem verdreht er die Ohren des K, reißt an dessen Haaren und flößt ihm gewaltsam kalten, abgestandenen Kaffee ein. Erst als das Schreien des K in leises Schluchzen übergeht, lässt A von K ab. Danach wenden sich alle drei wieder ihrem Kartenspiel zu.

Beurteilen Sie die Strafbarkeit von A und B! Zu prüfen sind ausschließlich Straftaten gegen die körperliche Unversehrtheit (17. Abschnitt). Strafanträge sind, soweit erforderlich, gestellt.

Lösung 15 „Die rabiate Skatrunde"

Lösungsschritte

1. Der Bearbeitervermerk gibt hinsichtlich der **Strafgrundlagen** die Richtung vor: Zu erörtern sind lediglich die **§§ 223 ff. StGB**. Für die 2. Fallvariante ist klar, dass für A der Grundtatbestand des **§ 223 I StGB** „einschlägig" ist. Die Körperverletzung könnte darüber hinaus eine nach **§ 224 I StGB** qualifizierte sein. Als Qualifikationsmerkmale kommen Nr. 4 („gemeinschaftlich") sowie Nr. 5 („lebensgefährdende Behandlung") in Betracht. In Bezug auf die 1. Fallvariante ist hingegen fraglich, ob bei K überhaupt ein Körperverletzungserfolg eingetreten ist. Das bedarf näherer Untersuchung.

    Zu bedenken ist überdies, dass die fürsorgepflichtige M den K am Tatabend in die Obhut des A gegeben hatte. Das führt für A zu **§ 225 I Nr. 1 StGB**, der Misshandlung von Schutzbefohlenen. Insoweit könnte in der 1. Fallvariante ein „Quälen", in der 2. Fallvariante überdies ein „rohes Misshandeln" anzunehmen sein.

    B könnte als Anstifter, **§ 26 StGB**, an den Taten des A beteiligt gewesen sein (Aufbauschema s. Fall 14, S. 158). Ihn auf diese Rolle festzulegen, ist in Bezug auf § 225 StGB sogar zwingend. Täter kann hier nur der Schutzpflichtige sein, so dass Außenstehende von vornherein lediglich als Teilnehmer in Betracht kommen. Aber auch was die §§ 223, 224 StGB angeht, ist von bloßer Anstiftung auszugehen: B hat sich darauf beschränkt, verbal auf den noch nicht tatentschlossenen A einzuwirken.

2. Die **Grobgliederung** ist durch den Aufgabentext vorgezeichnet. In den beiden nacheinander abzuhandelnden Fallvarianten ist jeweils die Strafbarkeit von A und B zu erörtern. Zu beginnen ist hier wie dort zwingend mit dem **„Tatnächsten"**, also mit A. Aus Gründen der Akzessorietät (Vorliegen einer Bezugstat) darf die **Anstiftung** erst im Anschluss geprüft werden.

3. Was die **Reihenfolge** der Delikte betrifft, sollte **§ 225 StGB** an erster Stelle angegangen werden. Der Tatbestand ist losgelöst von § 223 StGB zu behandeln. Denn die Vorschrift stellt nur zum Teil eine qualifizierte Körperverletzung dar; zum anderen Teil hat sie mit Rücksicht auf das „Quälen" einen eigenen, wenn auch engen Anwendungsbereich (s. *Kühl*, in: Lackner/Kühl, StGB, 29. Aufl. 2018, § 225 Rn. 1).

4. Ist für A § 225 StGB bejaht worden, stellt sich im Rahmen der 1. Fallvariante die Frage, ob es überhaupt noch der **Erörterung des § 223 StGB** bedarf. Ggf. würde dieser Tatbestand ohnehin von § 225 StGB verdrängt. Es bedarf schon kluger Vorausschau, um zu erkennen, dass die Prüfung dennoch notwendig ist. Wie noch zu zeigen sein wird, richtet sich nämlich die Verantwortlichkeit des Anstifters B maßgeblich danach, ob § 223 StGB gegeben ist oder nicht (§ 28 I oder II StGB?).

    Bei der 2. Fallvariante kommt hinzu, dass über § 223 StGB hinaus die Qualifikation des **§ 224 StGB** auf den Plan treten könnte. Läge es so, würde § 224 StGB tateinheitlich mit § 225 konkurrieren. Auch aus diesem Grund ist die Prüfung unerlässlich.

Empfohlen wird, die **§§ 223, 224 StGB zusammen** zu behandeln, d. h. sie in einer einheitlichen Deliktserörterung unterzubringen. Das spart Raum und Zeit und geht vor allem nicht auf Kosten der Übersichtlichkeit. Außerdem wird so dem Umstand Rechnung getragen, dass § 224 StGB auf dem Grunddelikt aufbaut.

Bei **Qualifikationen** handelt es sich um „echte" Tatbestände. Dem ist bei der Tatbestandsprüfung Rechnung zu tragen. Darüber hinaus müssen die Qualifikationsmerkmale vom Vorsatz des Täters umfasst sein. Bewährt hat sich folgendes Vorgehen:

§§ 223 I, 224 I StGB

1. OTB des Grunddelikts
2. STB des Grunddelikts
3. Qualifizierung nach § 224 I StGB
   a) Objektives Vorliegen der erschwerenden Tatumstände
   b) Diesbezüglicher Vorsatz
4. RW
5. Schuld

§ 28 StGB – Arbeitsanleitung mit fallbezogenen Erläuterungen

Der eigentliche „Clou" der Aufgabenstellung liegt bei der Anstiftung des B zu § 225 I StGB. Die Frage ist, ob diese Strafgrundlage für B als Nicht-Schutzpflichtigem überhaupt gilt und, wenn ja, ob er ungeschmälert aus ihr verantwortlich ist. Möglicherweise profitiert er nach § 28 StGB von einer **Akzessorietätsdurchbrechung** (§ 28 II StGB) oder ihm kommt zumindest eine **Akzessorietätslockerung** in den Rechtsfolgen zugute (§ 28 I StGB).

Der Umgang mit § 28 StGB fällt den Studierenden erfahrungsgemäß schwer. Deshalb wird hier das **Prüfungsschema** vorgestellt und durch auf den Fall zugeschnittene Bemerkungen erläutert.

§ 28 StGB

1. Besondere persönliche Merkmale bei einem Beteiligten
2. Fehlen des Merkmals beim Täter bzw. Teilnehmer
3. Merkmal strafbegründend (§ 28 I StGB) oder strafmodifizierend (§ 28 II StGB)
4. Rechtsfolgen
   a. § 28 I StGB: obligatorische Strafmilderung nach § 49 I StGB
   b. § 28 II StGB: Tatbestandsverschiebung (strittig)

Zu 1.: Die von § 225 StGB vorausgesetzte **Schutzbeziehung** zwischen Täter und Opfer stellt ein besonderes persönliches Merkmal i. S. d. § 28 StGB dar. Der Täter, der sich an einer ihm anvertrauten minderjährigen oder wehrlosen Person vergreift, begeht besonderes (personales) Unrecht, weil er einer speziell auf ihn bezogenen Schutzpflicht zuwiderhandelt.

Zu 2.: Diese Schutzpflicht trifft allein den A, nicht aber B. Denn es kann nicht davon ausgegangen werden, dass M ausdrücklich oder konkludent den K auch der Obhut des B unterstellen wollte. Dies ergibt sich eindeutig daraus, dass M die beiden Skatbrüder des A gar nicht kannte.

Zu 3. Zu entscheiden ist (und diese Frage steht im Zentrum der Klausur), ob das nur bei A vorhandene täterbezogene **Unrechtsmerkmal** seine Strafe aus § 225 I StGB **begründet** oder aber **schärft**. Insoweit ist zwischen den Fallvarianten zu differenzieren.

a) In der **1. Fallvariante** hat A die Begehungsform des Quälens verwirklicht. **Quälen** bedeutet die Verursachung länger dauernder oder sich wiederholender erheblicher Schmerzen oder Leiden (BGHSt 41, 113, 115). Dies kann sowohl durch eine **körperliche** als auch durch eine **rein seelische Einwirkung** geschehen, die keine Auswirkung auf den körperlichen Zustand zu haben braucht und damit keine Körperverletzung nach § 223 I StGB darstellen muss. Ein Quälen kann daher auch in der Herbeiführung von **Panik- und Angstzuständen** liegen, z. B. wenn – wie hier – ein Kind für längere Zeit in einen düsteren Raum eingesperrt wird (OLG Kiel DJ 1934, 582). Bei K kommt hinzu, dass er durch das Einsperren sogar in **Todesangst** versetzt wurde (s. BGH NJW 1954, 1942).

Dass mit dieser seelischen Beeinträchtigung ein **körperliches Misshandeln** oder eine **Gesundheitsschädigung** einhergeht, lässt sich dem Sachverhalt nicht entnehmen. Das könnte nur dann bejaht werden, wenn das körperliche Wohlbefinden des K nicht unerheblich beeinträchtigt oder bei ihm ein krankhafter Zustand hervorgerufen worden wäre. Beides ist nicht feststellbar.

Hieraus folgt, dass es sich bei der A obliegenden **Schutzpflicht** um ein Merkmal handelt, das die Strafe aus § 225 StGB **begründet**: Wäre K nicht seiner Obhut unterstellt gewesen, könnte A aus den Körperverletzungsdelikten nicht belangt werden. Betroffen ist damit der Anwendungsbereich des § 28 I StGB.

b) Was die **2. Fallvariante** angeht, liegen die Dinge anders. Im Rahmen von § 225 StGB kann unschwer festgestellt werden, dass A den K gequält und körperlich misshandelt hat. Das zusätzliche Erfordernis der **Rohheit** setzt sich aus objektiven und subjektiven Elementen zusammen. Der Täter muss aus gefühlloser, fremde Leiden missachtender Gesinnung handeln, die sich in erheblichen Handlungsfolgen für das Wohlbefinden des Opfers äußert (BGHSt 25, S. 277). Angesichts der Vorgehensweise des A sind beide Voraussetzungen erfüllt. Die **gefühllose Gesinnung** lässt sich ohne Weiteres aus den **objektiven Umständen** der Tat ableiten (vgl. BGH BeckRS 2007, S. 1175 Rn. 6).

Durch sein Verhalten hat A offensichtlich auch den (Grund-) Tatbestand des § 223 StGB verwirklicht. Dies führt dazu, dass hier die **Schutzpflicht** des A **strafschärfend** wirkt, also § 28 II StGB zum Zuge kommt.

Zu 4.: Für den **Anstifter B** kommt es nach allem zu unterschiedlichen Rechtsfolgen. In der **1. Fallvariante** verändert sich die Strafgrundlage nicht. Es bleibt bei §§ 225 I, 26 StGB, wobei allerdings B eine Strafmilderung nach §§ 28 I, 49 I StGB zuteil wird. Anders in der **2. Fallvariante**: Gemäß § 28 II StGB führt die

Verantwortlichkeit des B weg von § 225 I Nr. 1 StGB hin zu § 223 I StGB. Seine Strafbarkeit reduziert sich demnach auf §§ 223 I, 26 StGB.

Diese unterschiedlichen Ergebnisse verblüffen. Dass in der 2. Fallvariante B der Vorwurf, zu einer Misshandlung von Schutzbefohlenen angestiftet zu haben, erspart bleibt und zudem seine auf §§ 223 I, 26 StGB reduzierte Strafbarkeit von einem Strafantrag (§ 230 I 1 StGB) abhängig ist, erscheint wenig einsichtig. Um **Wertungswidersprüche** zu vermeiden, könnte man deshalb – entgegen der h.M. – § 28 II StGB ebenso wie § 28 I StGB als bloße **Strafzumessungsregel** deuten (so etwa *Hirsch*, in: LK StGB, 11. Aufl. 2001, § 225 Rn. 1, 28). Das hieße, dass B auch hier aus § 225 I Nr. 1 StGB (i. V. m. § 26 StGB) zu bestrafen und nur der Strafrahmen § 223 I StGB zu entnehmen wäre.

Dass auch diese Lesart nicht überzeugt, wird deutlich, wenn man die Rollen von A und B vertauscht und sich A als Anstifter, B als Tatausführenden denkt. B hätte sich dann aus § 223 I Nr. 1 StGB strafbar gemacht, und diese Bezugstat wäre auch für A maßgeblich. Die besondere Schutzpflicht des A würde daran nichts ändern. Ihn aus §§ 225 I Nr. 1, 26 StGB zu bestrafen, wäre nur möglich, wenn man § 28 II StGB als Tatbestandsanwendungsregel versteht. Dann wäre dieser Sicht aber auch bei der 2. Fallvariante treu zu bleiben: Über § 28 II StGB käme es zu einer Tatbestandsverschiebung, die den Schuldspruch auf §§ 223 I, 26 StGB verkürzt.

Zurück bleibt die Frage, an welcher Stelle **§ 28 II StGB im Deliktsaufbau** zu diskutieren ist. Viel spricht dafür, die Vorschrift, obwohl sie zu einem Tatbestandswechsel führt, ganz ans Ende zu stellen, sie also **jenseits der Schuld** zu prüfen. Zum einen ist es regelmäßig erforderlich, zwischen strafbegründenden und strafmodifizierenden Merkmalen abzugrenzen, wobei § 28 I StGB eindeutig eine Strafzumessungsregel beinhaltet. Dies ließe sich auch – wie aufgezeigt – für § 28 II StGB diskutieren. Darüber hinaus werden von § 28 II StGB auch Fälle erfasst, in denen das besondere persönliche Merkmal nicht dem Tatbestand zugehörig ist, sondern einen Schuld- oder Strafausschließungsgrund bildet (etwa § 258 VI StGB).

Lösungsskizze

Die Lösungsskizze könnte demnach wie folgt aussehen:

1. Fallvariante

    I. Strafbarkeit des A aus § 225 I Nr. 1 StGB
        1. OTB
            a) Tatobjekt (+), K als Schutzperson
            b) Subjektsqualität (+), K ist dem A von der fürsorgepflichtigen M überlassen worden
            c) Quälen (+), rein seelische Einwirkungen reichen, zumal wenn sich damit Todesängste verbinden
        2. STB: Vorsatz (+)
        3. RW (+)

    4. Schuld (+)
    5. Ergebnis: (+)
  II. Strafbarkeit des A aus § 223 I StGB
    1. OTB
       a) Körperliches Misshandeln (−), Beeinträchtigung körperlichen Wohlbefindens nicht erkennbar
       b) Gesundheitsschädigung (−), kein krankhafter Zustand
    2. Ergebnis: (−)
  III. Strafbarkeit des B aus §§ 225 I Nr. 1, 26 StGB
    1. OTB
       a) Teilnahmefähige Haupttat: § 225 I Nr. 1 StGB
       b) Bestimmen zur Tat (+)
    2. STB: Vorsatz (+)
    3. RW (+)
    4. Schuld (+)
    5. § 28 StGB
       a) Besonderes persönliches Merkmal (+), Schutzpflicht des A
       b) B keine Schutzperson
       c) Strafbegründend (I) oder strafschärfend (II)? Hier strafbegründend, weil § 223 I StGB nicht erfüllt
       d) Rechtsfolge: Strafherabsetzung
    6. Ergebnis: §§ 225 I Nr. 1, 26, 28 I StGB (+)

2. *Fallvariante*

  I. Strafbarkeit des A aus § 225 I Nr. 1 StGB
    1. OTB
       a) Sonderpflicht des A und taugliches Tatobjekt (+), wie oben
       b) Quälen und rohes Misshandeln (+), weil grob und gefühllos
    2. STB, RW und Schuld (+)
    3. Ergebnis: (+)
  II. Strafbarkeit des A aus §§ 223 I, 224 I Nr. 4, 5 StGB
    1. OTB des § 223 I StGB
       a) Körperliche Misshandlung (+)
       b) Gesundheitsschädigung (−)
    2. STB des § 223 I StGB (+)
    3. § 224 I StGB
       a) Nr. 4: gemeinschaftlich mit B (−), B nicht unmittelbar am Tatgeschehen beteiligt
       b) Nr. 5: lebensgefährdende Behandlung (−), nicht erkennbar
    4. RW, Schuld (+)
    5. Ergebnis: § 223 I StGB tritt hinter § 225 I Nr. 1 StGB zurück
  III. Strafbarkeit des B aus §§ 225 I Nr. 1, 26 StGB
    1. OTB (+), wie oben
    2. STB: Vorsatz (+)

Fall 15 „Die rabiate Skatrunde"   171

   3. RW und Schuld (+)
   4. § 28 StGB
      a) Schutzpflicht des A = strafbegründend oder strafschärfend? Hier: strafschärfend, weil die Körperverletzung qualifizierend ist
      b) Rechtsfolge des § 28 II StGB: Tatbestandsverschiebung auf § 223 StGB oder bloßer Austausch der Strafe (§§ 225, 26 StGB mit Strafrahmen aus § 223 StGB)?
   5. Strafantrag, § 230 I 1 StGB (+)
   6. Ergebnis: §§ 223 I, 26 StGB (+)

Gesamtergebnis

Klausurlösung
1. Fallvariante

I. Strafbarkeit des A aus § 225 I Nr. 1 StGB

A könnte sich dadurch, dass er K in die Vorratskammer sperrte, wegen Misshandlung von Schutzbefohlenen nach § 225 I Nr. 1 StGB strafbar gemacht haben.

1. Objektiver Tatbestand

Als Minderjähriger gehört K zu dem von § 225 StGB geschützten Personenkreis. A müsste gegenüber K eine besondere Sorgepflicht gehabt haben. A war zwar nicht kraft Gesetzes fürsorgepflichtig, K könnte aber unter seiner Obhut gestanden haben. M hat während ihrer Abwesenheit A damit betraut, die Aufsicht über K zu übernehmen. Weil ein Obhutsverhältnis – anders als ein Fürsorgeverhältnis – auch für wenige Stunden begründet werden kann, war A obhutspflichtig i. S. d. § 225 I Nr. 1 StGB und damit tauglicher Täter.

Als Tathandlung kommt die erste Handlungsalternative, das Quälen in Betracht. Unter einem Quälen ist das Bewirken länger dauernder erheblicher Schmerzen und Leiden körperlicher oder seelischer Art zu verstehen. A hat den achtjährigen, geistig behinderten K für drei Stunden in die enge und dunkle Kammer eingesperrt. Infolge seiner Klaustrophobie hat K in seinem Gefängnis Todesängste ausgestanden und war am Ende völlig verstört. A hat somit K in gravierender Weise seelisch gepeinigt, mithin gequält.

2. Subjektiver Tatbestand

Der hiernach gegebene objektive Tatbestand müsste vom Vorsatz des A umfasst gewesen sein. A war sich bewusst, dass K ihm zur Obhut anvertraut war, und sah zudem voraus, dass K in der dunklen Kammer Todesängste ausstehen würde. Er kannte damit alle Umstände, die zu einem Quälen gehören. Der subjektive Tatbestand liegt ebenfalls vor.

3. Rechtswidrigkeit

Rechtfertigungsgründe sind nicht ersichtlich. A handelte rechtswidrig.

4. Schuld

In Ermangelung von Schuldausschließungs- und Entschuldigungsgründen hat A die Tat auch schuldhaft begangen.

5. Ergebnis

A hat sich aus § 225 I Nr. 1 StGB strafbar gemacht.

II. Strafbarkeit des A aus § 223 I StGB

A könnte sich zudem einer Körperverletzung nach § 223 I StGB strafbar gemacht haben.

1. Objektiver Tatbestand

Durch das Einsperren könnte A den K körperlich misshandelt haben. Darunter ist eine üble, unangemessene Behandlung zu verstehen, durch die das körperliche Wohlbefinden nicht nur unerheblich beeinträchtigt wird. A hat bei K Panikgefühle und sogar Todesängste ausgelöst. Es ist aber nicht ersichtlich, dass sich diese bei K körperlich ausgewirkt haben. Weil bloße Störungen des seelischen Befindens nicht hinreichen, ist ein körperliches Misshandeln zu verneinen.

A könnte jedoch K an der Gesundheit geschädigt, d. h. bei ihm einen pathologischen Zustand hervorgerufen haben. Auch das ist nicht erkennbar. K hat weder physisch noch psychisch Schaden an seiner Gesundheit genommen.

2. Ergebnis

Eine Körperverletzung nach § 223 I StGB ist nicht gegeben.

III. Strafbarkeit des B aus §§ 225 I Nr. 1, 26 StGB

B könnte sich durch seine Aufforderung, A möge den K ruhig stellen, wegen Anstiftung zur Misshandlung Schutzbefohlener aus §§ 225 I Nr. 1, 26 StGB strafbar gemacht haben.

1. Objektiver Tatbestand

B hat in A den Tatentschluss geweckt, K einzusperren. Er hat damit A zu der Tat nach § 225 I Nr. 1 StGB bestimmt.

2. Subjektiver Tatbestand

B müsste mit Vorsatz gehandelt haben. B wusste, dass A an dem Abend auf K aufpassen sollte. Er war sich daher der Sorgepflicht des A bewusst. Überdies war dem B bekannt, weil A ihn darüber informiert hatte, dass es bei K zu extremen Angstzuständen kommen würde. B hatte demnach die Vorstellung, dass die „Strafmaßnahme" auf ein Quälen hinausläuft. Hierzu hat er A wissentlich und willentlich bestimmt. Anstiftervorsatz ist mithin gegeben.

3. Rechtswidrigkeit und Schuld

Ebenso wie Haupttäter A handelte B rechtswidrig und schuldhaft.

4. § 28 StGB

Zu prüfen bleibt, ob dem B die Regelung des § 28 StGB zugutekommt. Die A obliegende Obhutspflicht müsste zunächst ein besonderes persönliches Merkmal sein. M hatte A gebeten, statt ihrer für das Wohl und Wehe des K zu sorgen. A hatte damit zur Tatzeit besondere und ihn persönlich treffende Pflichten im Umgang mit K. Dass M die Schutzpflicht auch auf B erstreckt hatte, lässt sich nicht annehmen. Im Gegensatz zu A, einem mit M befreundeten Mitarbeiter, der bisher den K verlässlich beaufsichtigt hatte, war B der M unbekannt. B fehlte es daher am besonderen persönlichen Merkmal einer Obhutsbeziehung.

Fraglich ist weiter, ob es sich bei der Sonderpflicht des A um ein Merkmal handelt, das seine Strafbarkeit begründet (§ 28 I StGB) oder nur die Strafe schärft (§ 28 II StGB).

Wie oben festgestellt, betraf das Quälen nur den rein seelischen Bereich. Eine Verletzung des Körpers von K und damit ein Körperverletzungsdelikt war damit nicht verbunden. Daher ist die Eigenschaft des A, Obhutsperson zu sein, hier strafbegründend. Dies hat nach § 28 I StGB zur Folge, dass die Strafe für den Anstifter B nach § 49 I StGB zu mildern ist.

5. Ergebnis

B hat sich wegen Anstiftung (§ 26 StGB) zur Misshandlung von Schutzbefohlenen (§ 225 I Nr. 1 StGB) strafbar gemacht. Seine Strafe ist gemäß § 28 I, 49 I StGB zu mildern.

2. Fallvariante

I. Strafbarkeit des A aus § 225 I Nr. 1 StGB

A hat K auf verschiedene Weise drangsaliert. Deshalb könnte er sich wegen Misshandlung von Schutzbefohlenen aus § 225 I Nr. 1 StGB strafbar gemacht haben.

1. Objektiver Tatbestand

Das Kind K unterstand – wie aufgezeigt – der Obhut des A. K könnte von A gequält worden sein. A hat durch eine Vielzahl von Einzelakten K körperlich misshandelt. Die Heftigkeit der Ohrfeigen, gepaart mit einem Verdrehen der Ohren und einem Reißen an den Haaren, lässt darauf schließen, dass K erhebliche Schmerzen erlitten hat. Als besonders leidvoll und peinigend wird K es auch empfunden haben, dass A ihm gewaltsam abgestandenen Kaffee einflößte. Jedenfalls in der Gesamtschau hat A den K gequält.

Darüber hinaus könnte A den K roh misshandelt haben. K hat körperliche Schmerzen und Leiden erlitten. Roh wäre die damit gegebene Misshandlung, wenn der körperliche Eingriff gravierend gewesen wäre und sich in ihm die gefühllose Gesinnung des A widergespiegelt hätte. A ist besonders grob und brutal gegen K vorgegangen, worin sich seine gefühllose Gesinnung manifestiert hat.

Der objektive Tatbestand liegt demnach in beiden Handlungsalternativen – Quälen und rohes Misshandeln – vor.

2. Subjektiver Tatbestand

A hat wissentlich und willentlich gehandelt. Vorsatz ist mithin gegeben.

3. Rechtswidrigkeit und Schuld

Wie in der 1. Fallvariante handelte A sowohl rechtswidrig als auch schuldhaft.

4. Ergebnis

A hat sich wegen Misshandlung von Schutzbefohlenen nach § 225 I Nr. 1 StGB strafbar gemacht.

II. Strafbarkeit des A aus §§ 223 I, 224 I Nr. 4, 5 StGB

A könnte zudem einer gefährlichen Körperverletzung nach §§ 223 I, 224 I Nr. 4, 5 StGB schuldig sein.

1. Objektiver Tatbestand

Wie im Rahmen von § 225 I Nr. 1 StGB dargetan, hat A den K körperlich misshandelt. Dies geschah durch eine Fülle von Einzelbetätigungen, von denen jede für sich den Tatbestand des § 223 I StGB erfüllen würde. Allerdings verbinden sich kraft natürlicher Betrachtung sämtliche Teilakte zu einer einheitlichen Tat, also nur zu einer Gesetzesverletzung.

Dass K über die Beeinträchtigung seines körperlichen Wohlbefindens hinaus Schaden an seiner Gesundheit genommen hat, ist nicht ersichtlich.

Der objektive Tatbestand des § 223 I StGB ist in Gestalt eines körperlichen Misshandelns gegeben.

2. Subjektiver Tatbestand

Der Tat lag Vorsatz zugrunde. Die subjektive Tatseite ist gleichfalls gegeben.

3. § 224 I StGB

Die Körperverletzung könnte über § 224 I StGB qualifiziert sein.

a) A könnte die Tat mit einem anderen Beteiligten – hier dem B – gemeinschaftlich verübt haben, § 224 I Nr. 4 StGB. Unter den Begriff des Beteiligten fallen nach § 28 II StGB auch bloße Teilnehmer. Für ein gemeinschaftliches Handeln ist aber zu verlangen, dass der Teilnehmer unmittelbar am Tatort anwesend ist und er als weiterer Widersacher vom Opfer wahrgenommen wird. Weil B jedoch am Küchentisch sitzen blieb, sah sich K nicht zwei Feinden gegenüber. Ausreichend ist allerdings auch, wenn der Teilnehmer zum Zeitpunkt des eigentlichen Tatgeschehens die Angriffsbereitschaft des Täters bestärkt, ohne vom Opfer wahrgenommen zu werden. Dies lässt sich ebenfalls nicht bejahen. B hat seinen Tatbeitrag im Vorfeld der Misshandlung des K erbracht. Seine Mitwirkung war damit abgeschlossen. Dass B weiter auf A hätte einwirken können, den Angriff auf K zu intensivieren oder fortzusetzen, ist nur eine theoretische Möglichkeit, die ein gemeinschaftliches „Begehen" nicht zu begründen vermag.
Eine gefährliche Körperverletzung i. S. d. § 224 I Nr. 4 StGB scheidet demnach aus.

b) Mit Blick darauf, dass A dem K mit Gewalt Kaffee eingeflößt hat, könnte aber die Körperverletzung mittels einer das Leben gefährdenden Behandlung (§ 224 I Nr. 5 StGB) begangen worden sein. Lebensgefährdend ist eine Handlungsweise, wenn sie nach den konkreten Umständen objektiv geeignet ist, den Tod des Opfers herbeizuführen. Wird einem Opfer gewaltsam eine Flüssigkeit verabreicht, lässt sich die Gefahr, dass sich das Opfer verschluckt und an der Flüssigkeit erstickt, nicht von der Hand weisen. Dies gilt umso mehr, wenn die Flüssigkeit, was hier anzunehmen ist, vom Opfer als widerwärtig empfunden wird.
Auf der anderen Seite sind für die Beurteilung die Umstände des Einzelfalls maßgeblich. Es kommt also auf die Art, Dauer und Stärke der Einwirkung an. Diesbezüglich kann nicht ausgeschlossen werden, dass A, um K nicht in Lebensgefahr zu bringen, diesem den Kaffee dosiert und in jeweils kleinen Mengen zugeführt hat. Daher kommt – in dubio pro reo – auch eine gefährliche Körperverletzung i. S. d. § 224 I Nr. 5 StGB nicht in Betracht.

4. Rechtswidrigkeit und Schuld

A hat den Tatbestand der einfachen Körperverletzung (§ 223 I StGB) durch rechtswidriges und schuldhaftes Handeln erfüllt.

5. Ergebnis

Die Körperverletzung tritt aus Gründen der Gesetzeskonkurrenz (Spezialität) hinter § 225 I Nr. 1 StGB zurück.

III. Strafbarkeit des B aus §§ 225 I Nr. 1, 26 StGB

B könnte sich auch in der 2. Fallvariante nach §§ 225 I Nr. 1, 26 StGB wegen Anstiftung zur Misshandlung Schutzbefohlener strafbar gemacht haben.

1. Objektiver Tatbestand

B hat A darauf hingewiesen, dass eine gehörige Abreibung und ein „Schwedentrunk" geeignete Maßnahmen seien, das Schreien des K zu unterbinden. Hierdurch ist A dazu bestimmt worden, K zu quälen und roh zu misshandeln. Der objektive Tatbestand liegt vor.

2. Subjektiver Tatbestand

In Bezug auf seine Anstifterhandlung handelte B mit Vorsatz. Fraglich könnte allenfalls sein, ob er die von A begangene Tat in ihrer konkreten Ausführung in sein Bewusstsein aufgenommen hatte. Denn B hatte nur den Rahmen für das Vorgehen des A abgesteckt. Für den Anstiftervorsatz ist indes nicht zu verlangen, dass der Tatveranlasser den weiteren Ablauf des Geschehens in allen Einzelheiten erfasst. Ausreichend ist vielmehr, dass der Anstifter die Umstände kennt, aus denen die Tatbestandsmäßigkeit resultiert. Mit den Vorgaben, K eine nachhaltige Abreibung zu verpassen und ihm einen „Schwedentrunk" zu verabreichen, hat B die Angriffsrichtung für ein Quälen und ein rohes Misshandeln vorgezeichnet. Dass er die weiteren individualisierenden Umstände der Tat dem A überlassen hat, kann ihm nicht zugutekommen. Durch seine Anweisung, massiv und schonungslos auf K einzuwirken, hat B es jedenfalls einkalkuliert und billigend in Kauf genommen, dass das Handeln des A das Ausmaß eines Quälens und rohen Misshandelns erreichen kann. Der von A verwirklichte Tatbestand des § 225 I Nr. 1 StGB war damit von der Vorstellung des B umfasst. Der subjektive Tatbestand ist ebenfalls gegeben.

3. Rechtswidrigkeit und Schuld

B handelte rechtswidrig und schuldhaft.

4. § 28 StGB

Erneut ist zu prüfen, ob B von § 28 StGB profitiert. Wie bereits festgestellt, ist die dem A obliegende Obhutspflicht ein besonderes persönliches Merkmal, das der B nicht aufweist. Im Gegensatz zur 1. Fallvariante könnte aber dieses Merkmal strafschärfend sein, so dass nicht – wie dort – § 28 I StGB, sondern § 28 II StGB anzuwenden wäre.

Das Vorgehen des A gegen K war mit einer Körperverletzung nach § 223 I StGB verbunden. Das hat zur Konsequenz, dass seine Schutzposition i. S. d. § 225 I Nr. 1 StGB qualifizierende Bedeutung hat, also die Strafe gegenüber der des § 223 I StGB schärft.

Dies hat wiederum zur Folge, dass B mit dem Vorwurf, an der Misshandlung Schutzbefohlener beteiligt gewesen zu sein, nicht belastet werden kann. Seine Strafbarkeit reduziert sich auf eine Anstiftung zur Körperverletzung, §§ 223 I, 26 StGB.

Hiergegen ließe sich allerdings einwenden, dass dieses Ergebnis mit dem zur 1. Fallvariante aufgezeigten (§§ 225 I Nr. 1, 26, 28 I, 49 I StGB) nicht in Einklang steht. Von daher wäre zu erwägen, ob B nicht auch in der 2. Fallvariante aus § 225 I Nr. 1 StGB zu bestrafen ist und § 223 I StGB lediglich das Strafmaß vorgibt.

Dabei bliebe jedoch unberücksichtigt, dass B, hätte er eigenhändig K misshandelt, ebenfalls nur aus §§ 223 I, 25 I Alt. 1 StGB verantwortlich gemacht werden könnte. Wäre dies auf Geheiß des obhutspflichtigen A geschehen, müsste dieser wegen der Akzessorietät der Teilnahme ebenfalls nur aus §§ 223 I, 26 StGB einstehen. Ihm bliebe also der Vorwurf, sich aus §§ 225 I Nr. 1, 26 StGB strafbar gemacht zu haben, erspart. Das erscheint mit Blick auf das bei ihm vorliegende „Sonderunrecht" unbillig. Seine Strafbarkeit auf § 225 I Nr. 1 StGB hochzustufen, ist aber nur dann zu erreichen, wenn man § 28 II StGB als eine Vorschrift versteht, die den Tatbestand verschiebt.

Dementsprechend muss in casu dem Anstifter B ein Tatbestandswechsel zugutekommen: Dem Schuldspruch ist nicht § 225 I Nr. 1 StGB, sondern § 223 I StGB zugrunde zu legen.

5. Strafantrag, § 230 StGB

Der Tatbestandswechsel hat zur Folge, dass die Strafverfolgung gegen B wegen Anstiftung zur vorsätzlichen Körperverletzung nach § 223 I StGB von einem Strafantrag abhängig ist, § 230 I 1 StGB. Der Strafantrag ist gestellt.

6. Ergebnis

B hat sich durch seine Anweisung wegen Anstiftung zur Körperverletzung nach §§ 223 I, 26 StGB strafbar gemacht.

Gesamtergebnis

In der 1. Fallvariante hat A sich aus § 225 I Nr. 1 StGB und B wegen Anstiftung (§ 26 StGB) dazu strafbar gemacht. Nach §§ 28 I, 49 I StGB ist die Strafe des B zu mildern.

In der 2. Fallvariante ist A ebenfalls aus § 225 I Nr. 1 StGB strafbar. B ist hingegen lediglich wegen Anstiftung zur Körperverletzung strafbar, §§ 223 I, 26 StGB.

3. Teil: Die Lehre von den Konkurrenzen – Grundzüge und Arbeitsanleitung

Empfohlene Lektüre zur Vertiefung

Geppert, Grundzüge der Konkurrenzlehre, Jura 2000, 598 ff., 651 ff.; *Kühl*, Das leidige Thema der Konkurrenzen, JA 1978, 475 ff.; *Mitsch*, Konkurrenzen im Strafrecht, JuS 1993, 385 ff.; *ders.*, Gesetzeseinheit im Strafrecht, JuS 1993, 471 ff.; *Seher*, Zur strafrechtlichen Konkurrenzlehre, JuS 2004, 392 ff., 482 ff.; *Seier*, Die Gesetzeseinheit und ihre Rechtsfolgen, Jura 1983, 225 ff.; *Steinberg/Bergmann*, Über den Umgang mit den „Konkurrenzen" in der Strafrechtsklausur, Jura 2009, 905 ff.; *T. Walter*, Zur Lehre von den Konkurrenzen, JA 2004, 133 ff., 572 ff.; 2005, 468 ff.; *Warda*, Grundfragen der strafrechtlichen Konkurrenzlehre, JuS 1964, 81 ff.

1 Zum Stellenwert der Konkurrenzlehre

Die Bedeutung der Konkurrenzen wird erfahrungsgemäß von Studierenden **unterschätzt**. Verbreitet fehlt das Bewusstsein, dass in (fast) jedem Gutachten (Klausur; Hausarbeit) Konkurrenzfragen zu klären sind. Sofern dies überhaupt geschieht, ist bei den Bearbeitern oft nur oberflächliches und lückenhaftes Wissen zu beobachten. Zuweilen werden nicht einmal die Grundlagen beherrscht. Bleiben die Konkurrenzen unberücksichtigt, hat man nicht selten den Eindruck, dass nicht Zeitnot im Spiel war, sondern die Lücke bewusst in Kauf genommen wurde, um vorhandene Defizite zu kaschieren und Fehler zu vermeiden.

In Erinnerung zu rufen ist, dass **Mängel und Versäumnisse** bei den Konkurrenzen genau so viel zählen wie Fehler in den (rein) materiell-rechtlichen Teilen des Gutachtens. Und mehr noch: Weil die Konkurrenzen üblicherweise am Ende der Arbeit festgestellt werden, hat der Korrektor, wenn es gilt, die Arbeit zu bewerten, hiervon den frischesten Eindruck. Eine unzulängliche oder gar fehlende Behandlung kann deshalb einen zuvor gewonnenen positiven Eindruck schmälern und die Bewertung nachhaltig beeinflussen.

Ein Wort in eigener Sache: Zurückzuführen ist der liederliche Umgang mit dieser Thematik fraglos auch darauf, dass sie in den **Grundkursen zum Strafrecht** vielfach zu kurz kommt oder gar auf der Strecke bleibt, weil die Dozenten in Anbetracht der Fülle des Stoffes nur am Rande oder gar nicht mehr bis zu ihr durchdringen. Den Dozenten wird das meistens recht sein, weil es sich zugegebenermaßen um eine spröde, trockene und zudem komplexe Materie handelt. Sie im Rahmen einer Vorlesung zu vermitteln, ist außerdem didaktisch schwierig. All diese Gründe waren Anlass, diesen Leitfaden als Anhang beizufügen, um die Studierenden, denen ohnehin ein intensives Selbststudium abverlangt wird, zumindest für die anstehenden Klausuren und Hausarbeiten zu rüsten.

2 Einführungsbeispiele

Fall 1: Prof. P verabreicht in der Vorlesung dem in der ersten Reihe sitzenden Studenten S wegen renitenter Zwischenfragen eine Serie von Ohrfeigen.
Fall 2: Prof. P pflegt – prophylaktisch – vor Beginn einer jeden Vorlesung dem Studenten S eine Ohrfeige zu geben.
Fall 3: Prof. P gibt allen Studenten, die in der ersten Reihe sitzen, nacheinander eine Ohrfeige.

(Lösung S. 186)

3 Inhalt und Wesen der Konkurrenzen

In jeder (vollständigen) Falllösung muss abschließend das gesamte Ausmaß des vom Täter verwirklichten Unrechts festgelegt werden, um auf diese Weise die Basis für die **Strafzumessung** zu schaffen. Die einzelnen zuvor festgestellten Normenverstöße treten zueinander in Konkurrenz, und es ist zu bestimmen, wie sie sich zueinander verhalten. Die Konkurrenzlehre bildet die Schnittstelle zwischen der allgemeinen Verbrechensdogmatik und der Strafzumessung: Ohne sie könnte der Strafrichter nicht über die Sanktionen befinden, da ihm nicht vor Augen stünde, wie er mit den einzelnen Rechtsfolgebestimmungen der jeweils verwirklichten Delikte umzugehen hat.

4 Die Konkurrenzen im Überblick

Drei Konkurrenzformen sind zu unterscheiden:

4.1 Gesetzeskonkurrenz

Die ungeschriebene **Gesetzeskonkurrenz oder Gesetzeseinheit** (vielfach auch unechte oder scheinbare Konkurrenz genannt) ist dadurch gekennzeichnet, dass der

Unrechts- und Schuldgehalt der Tat von einem Tatbestand – dem Primärdelikt – erschöpfend erfasst wird. Der andere, ebenfalls erfüllte Tatbestand – das Sekundärdelikt – ist ohne Eigenwert; es tritt deshalb zurück.

> **Beispiel**
> Der Raub (§ 249 StGB) verdrängt den in ihm enthaltenen Diebstahl (§ 242 StGB) und die Nötigung (§ 240 StGB).

Dieses Beispiel erhellt **Sinn und Zweck** der Gesetzeskonkurrenz: Wie bei § 46 III StGB geht es darum, (unzulässige) Doppel- oder Mehrfachverwertungen und damit verbundene Strafschärfungen zu vermeiden.

Im Übrigen sollte der **Sachgrund** für das Vorrangverhältnis (Spezialität, Subsidiarität, Konsumtion, mitbestrafte Vor- oder Nachtat; S. 189 ff.) benannt werden. In dem das Ergebnis feststellenden Schlusssatz wie auch im Urteilstenor findet das zurücktretende Gesetz keine Erwähnung mehr. Bei der Strafzumessung ist es grundsätzlich ebenfalls nicht zu berücksichtigen.

4.2 Idealkonkurrenz

Die **Idealkonkurrenz oder Tateinheit** (§ 52 StGB). Bei ihr gehen die Gesetzesverstöße auf ein und **dieselbe Handlung** zurück. Im Gegensatz zur Gesetzeskonkurrenz treten hier beide Tatbestände gleichberechtigt nebeneinander.

> **Beispiel**
> Der Schuss ins Herz einer bekleideten Person.

Es sind sowohl der Totschlag (§ 212 I StGB) als auch die Sachbeschädigung (§ 303 I StGB) – unter Hinweis auf das tateinheitliche Zusammentreffen – in Ansatz zu bringen. Der Täter hat sich aus §§ 212 I, 303 I, 52 StGB strafbar gemacht.

§ 52 I StGB umschreibt zwei Formen der Tateinheit. Der Täter hat durch eine Handlung entweder gegen mehrere (unterschiedliche) Strafgesetze verstoßen (= **ungleichartige** Idealkonkurrenz), oder er hat dasselbe Gesetz mehrfach verletzt (= **gleichartige** Idealkonkurrenz).

> **Beispiele**
> - Ein Attentäter wirft einen Molotowcocktail, bei dessen Explosion Menschen getötet, verletzt und Sachen zerstört werden.
> - Busfahrer B verursacht schuldhaft einen Verkehrsunfall, bei dem zehn Fahrgäste zu Schaden kommen (= § 229 StGB in zehn tateinheitlich miteinander konkurrierenden Fällen).

Im Fall der gleichartigen Idealkonkurrenz ist es – streng genommen – verfehlt, die Taten in nur einer **Deliktsprüfung** unterzubringen. Um Beanstandungen zu vermeiden, sollte man deshalb im zweiten Beispiel **trennen** und wie folgt vorgehen:

Man greift sich eines der Opfer heraus und beschränkt die Prüfung der Strafbarkeit des B wegen fahrlässiger Körperverletzung zunächst darauf. In einer zweiten eigenständigen Untersuchung kann dann angeführt werden, dass B sich noch in neun weiteren Fällen einer fahrlässigen Körperverletzung schuldig gemacht hat, wobei sich die Einzeltaten zur Tateinheit verbinden.

4.3 Realkonkurrenz

Die **Realkonkurrenz oder Tatmehrheit** (§ 53 StGB). Hierbei liegen den Gesetzesverletzungen **mehrere Handlungen** zugrunde.

> **Beispiel**
> Dieb D verkauft die zuvor gestohlene Sache an einen Gutgläubigen.

Beide Delikte – Diebstahl (§ 242 I StGB) und Betrug (§ 263 I StGB) – sind durch verschiedene Handlungen (und gegenüber unterschiedlichen Opfern) begangen worden. Sie konkurrieren realiter miteinander. D hat sich aus §§ 242 I; 263 I; 53 StGB strafbar gemacht. Im Gegensatz zur Idealkonkurrenz trennt man die Strafvorschriften bei der Realkonkurrenz nicht mit Kommata voneinander ab, sondern durch **Semikola**.

Ebenso wie bei der Tateinheit kann auch bei der Realkonkurrenz differenziert werden zwischen **gleichartiger** und **ungleichartiger** Tatmehrheit.

> **Beispiele**
> - Lagerarbeiter L ließ über Jahre hinweg jeden Freitag Waren mitgehen (= § 242 I StGB in gleichartiger Realkonkurrenz in x Fällen).
> - Raufbold R hat vorgestern eine Körperverletzung, gestern eine tätliche Beleidigung und heute eine Sachbeschädigung begangen (= ungleichartige Realkonkurrenz: §§ 223 I; 185; 303 I; 53 StGB).

5 Die Rechtsfolgen (theoretische und geltende Möglichkeiten)

5.1 Kumulationsprinzip

Das **Kumulations- oder Additionsprinzip**, wonach die Einzelstrafen zusammengezählt werden. Es war früher vorgesehen für Geldstrafen sowie bei mehrfach verwirkten lebenslangen Freiheitsstrafen. In der Erkenntnis, dass dieses Prinzip zu unverhältnismäßig hohen Strafen führt, hat man davon – auf ganzer Linie – Abstand genommen. Heute findet es sich nur noch im Ordnungswidrigkeitenrecht (§ 20 OWiG).

5.2 Absorptionsprinzip

Das **Absorptionsprinzip**, bei dem die Rechtsfolgen eines Gesetzes verdrängt werden, wurde in § 52 I, II 1 StGB realisiert: Die Strafe ist dem Gesetz zu entnehmen, das die schwerste Strafe androht. Allerdings entfalten die an sich zurücktretenden milderen Gesetze eine Sperrwirkung, § 52 II 2 StGB: Die Strafe darf das *Mindestmaß* der in den milderen Gesetzen angedrohten Strafen nicht unterschreiten.

5.3 Asperationsprinzip

Das **Asperations- oder Verschärfungsprinzip**. Hierfür steht § 54 StGB. Für jede Gesetzesverletzung ist (gesondert) eine Einzelstrafe auszuwerfen. Die schwerste Strafe – die sog. Einsatzstrafe – erfährt sodann eine angemessene Erhöhung (= **Gesamtstrafe**).

5.4 Kombinationsprinzip

Das **Kombinationsprinzip**, bei dem die Sanktionen der verschiedenen Tatbestände miteinander verbunden werden können. Vgl. dazu §§ 52 IV, 53 III StGB hinsichtlich Nebenstrafen, Nebenfolgen und Maßnahmen i. S. d. § 11 I Nr. 8 StGB.

5.5 Prinzip der Einheitsstrafe

Das **Prinzip der Einheitsstrafe**, wonach unbeschadet der Zahl der Gesetzesverletzungen und der Art ihres Zusammentreffens auf eine einheitliche Strafe zu erkennen ist. Dieses Prinzip gilt de lege lata allein im Jugendstrafrecht, vgl. §§ 18, 31 JGG.

6 Die gedankliche Abfolge bei der Prüfung von Konkurrenzen – ein Arbeitsprogramm in Frageform

(1) Sind überhaupt mehrfache Gesetzesverstöße gegeben?
(2) Wenn ja, liegt ein Fall von Gesetzeskonkurrenz vor?
(3) Wenn nein, konkurrieren die Delikte miteinander idealiter, § 52 StGB?
(4) Wenn nein, ist letztlich Realkonkurrenz (§ 53 StGB) gegeben?

Zur Erläuterung: Die Frage nach den Konkurrenzen stellt sich nur dann, wenn der Täter gegen mehrere Strafnormen verstoßen oder dieselbe Norm mehrfach verletzt hat. Das ist die **Grundvoraussetzung** für alle Konkurrenzarten! Sofern das

Gutachten zu dem Ergebnis kommt, dass nur **eine** Strafgrundlage greift, erübrigt sich ein Weiterdenken. Es müssen also **mindestens zwei** Gesetzesverstöße festgestellt worden sein.

Ist das der Fall, sollte die erste Überlegung dahin gehen, ob von **Gesetzeskonkurrenz** auszugehen ist. Das ist deshalb zweckmäßig, weil man sich so möglicherweise die komplizierte Prüfung „eine oder mehrere Handlungen?" erspart.

Kann Gesetzeskonkurrenz nicht angenommen werden, ist zu entscheiden, ob **Handlungseinheit** vorliegt, mit der Konsequenz, dass auf **Idealkonkurrenz** zu erkennen wäre. Die Schwierigkeit besteht hier darin, die Reichweite des Erfordernisses **„dieselbe Handlung"** (§ 52 I StGB) zu bestimmen.

Fällt die Prüfung negativ aus, folgt daraus, dass **Handlungsmehrheit**, mithin **Realkonkurrenz** gegeben ist: Der Täter hat mehrere Straftaten begangen (§ 53 I StGB).

7 Die Grundvoraussetzung: Gesetzesmehrheit – eine Negativliste

7.1 Tatbestandliche Exklusivitäten

Ein Verstoß gegen mehrere Strafgesetze scheidet selbstverständlich aus, wenn die betroffenen **Strafnormen** einander bereits **tatbestandlich ausschließen**, ein Nebeneinander also nicht möglich ist. Dies ist vor allem im Bereich der **Vermögensdelikte** ein häufig anzutreffendes Phänomen, aber dort fast durchweg umstritten: Tatbestände werden – z. T. „gewaltsam" – so zugeschnitten, dass sie sich von benachbarten Delikten abgrenzen. Auf diese Weise kommt nur eine Vorschrift zum Zuge, die andere ist schon tatbestandlich ausgeschlossen. Die Konkurrenzfrage stellt sich nicht mehr.

> **Beispiel**
> Ein Trickdieb, der sich durch Täuschung Einlass in eine Wohnung verschafft, begeht nur einen Diebstahl nach § 242 StGB (= Fremdschädigungsdelikt), nicht aber zugleich einen Betrug nach § 263 StGB (= Selbstschädigungsdelikt).

> **Weitere Beispiele:**
> - § 249/§ 255 StGB, sofern man mit der h.L. für die Erpressung eine Vermögensverfügung fordert (anders bekanntlich die Rspr., die den Raub als Spezialfall der räuberischen Erpressung betrachtet, also von Gesetzeskonkurrenz ausgeht).
> - § 255/§ 263 StGB im Fall des Bedrohens mit einer Scheinwaffe. Die Täuschung über die Echtheit der Waffe soll hier ohne Eigenbedeutung sein.
> - § 242/§ 246 StGB im Fall wiederholter Zueignung (Beispiel: Der Täter stiehlt Zigaretten, die er dann später genüsslich raucht). Nach der sog. Tatbestandslösung des BGH entfällt bereits der Tatbestand der Unterschlagung (anders die sog. Konkurrenzlösung der h.L., welche die Unterschlagung als mitbestrafte Nachtat (= Gesetzeskonkurrenz) einstuft).

7.2 Die sogenannte Sperrwirkung

Von der vorgenannten Fallgruppe zu unterscheiden sind Konstellationen, die so gelagert sind, dass das Vorliegen eines Delikts Sperrwirkung gegenüber anderen Strafvorschriften entfaltet, d. h. schon deren **Anwendbarkeit ausschließt**.

> **Beispiele**
> - § 216/§ 211 StGB und der berühmte Satz: Das Vorliegen der Privilegierung (Tötung auf Verlangen) sperrt (von vornherein) den Rückgriff auf die Qualifikation (Mord).
> - § 315c/§ 315b StGB. Für Vorgänge des fließenden und ruhenden Straßenverkehrs ist ausschließlich der Tatbestand der Gefährdung des Straßenverkehrs zuständig. Der gefährliche Eingriff in den Straßenverkehr ist grundsätzlich nur verkehrsfremden Außeneingriffen vorbehalten.
> - § 248b/§ 242 StGB (Benzindiebstahl). Ist ein unbefugter Gebrauch eines Fahrzeugs zu bejahen, kann ein Diebstahl mit Blick auf das verbrauchte Benzin nicht gegeben sein, weil man dem Täter sonst die mit § 248b StGB verbundene Privilegierung abschneiden würde.

7.3 Natürliche Handlungseinheiten

Sie sind dadurch gekennzeichnet, dass der Täter sich zu einer **Vielzahl von Einzelakten** versteigt und – aus isolierter und formaler Sicht – jede dieser Einzelbetätigungen den Tatbestand des in Rede stehenden Delikts erfüllt. Eine **normative (d. h. wertende) Betrachtung** ergibt jedoch, dass sich in Wahrheit alle Einzelaktionen zu einer einheitlichen Tat, also nur zu einer einzigen Gesetzesverletzung verknüpfen.

> **Beispiele**
> - Schimpfkanonade mit einer Fülle von beleidigenden Verbalinjurien;
> - Tracht Prügel;
> - Zeuge, der während einer Aussage vor Gericht mehrere falsche Angaben macht;
> - Dieb, der eine Schaufensterscheibe einwirft und mit mehreren Handgriffen Beutestücke an sich nimmt.

In Falllösungen wird diesem Befund „eine Tat" überwiegend, wenn auch vielleicht nur intuitiv, Rechnung getragen: Das Gesamtverhalten des Täters wird in nur **einer Deliktsprüfung** untergebracht. Darüber hinaus wäre es wünschenswert, wenn bei der Erörterung des Handlungsmerkmals **klargestellt** würde, dass sämtliche Teilakte – kraft natürlicher Betrachtung – zu einer Bewertungseinheit verschmelzen.

7.3.1 Voraussetzungen

Die Voraussetzungen für eine natürliche Handlungseinheit sind vergleichbar der früher anerkannten Fortsetzungstat (dazu sogleich unter 7.3.3), nur mit dem Unterschied, dass der zeitliche Zusammenhang sehr viel dichter, komprimierter sein muss. Eine Tat **kraft natürlicher Lebensauffassung** ist anzunehmen, wenn

- der *gleiche Tatbestand* betroffen ist;
- den Einzelakten in etwa die *gleiche Begehungsweise* zugrunde liegt;
- ein (ganz) *enger zeitlicher und räumlicher Zusammenhang* besteht;
- bei *höchstpersönlichen (unvertretbaren) Rechtsgütern* – Leib, Leben, Ehre, Freiheit, sexuelle Selbstbestimmung – das *gleiche Opfer* betroffen ist; stehen dagegen *austauschbare (vertretbare) Rechtsgüter* – Eigentum, Vermögen – in Rede, brauchen die Rechtsgutsträger *nicht identisch* zu sein (Beispiel: Ein Jugendlicher beschädigt mit einem Schraubenzieher eine Reihe parkender Autos);
- ein *einheitlicher Vorsatz* festzustellen ist.

7.3.2 Lösung der Einführungsbeispiele

Gemessen an diesem Kriterienkatalog ist für unsere **Einführungsbeispiele** (S. 180) festzustellen:

In *Fall 1* ist trotz der Vielzahl von Ohrfeigen vom Tatbild her nur *eine* körperliche Misshandlung i. S. d. § 223 I StGB gegeben. Mit jeder einzelnen Ohrfeige wird kein neues Unrecht gesetzt, sondern (dasselbe) Unrecht nur quantitativ gesteigert.

Das liegt anders in *Fall 3*. Weil sich die Körperverletzung hier gegen unterschiedliche Opfer richtet, sind selbstständige Taten anzunehmen, die zueinander realiter konkurrieren, § 53 StGB (anders teilweise die Rspr.: Tateinheit; vgl. S. 193).

Das Gleiche gilt für *Fall 2*: Wegen des größeren zeitlichen Abstands bedeutet jede Ohrfeige eine (erneute) Zuwiderhandlung gegen § 223 I StGB.

7.3.3 Die fortgesetzte Tat

Fall 2 hätte früher als Paradebeispiel für eine **fortgesetzte Tat** (oder Tat im Fortsetzungszusammenhang) gestanden: Mit dieser Rechtsfigur wurden gleichartige **Wiederholungs- oder Serientaten** zu einer Handlung im Rechtssinn zusammengefasst. Erklärte Ziele dieses künstlichen Konstrukts waren Prozessökonomie und Praktikabilität: Den Strafverfolgungsorganen sollte bei Handlungsketten die (aufwändige und als unangemessen empfundene) Aufklärung jeder einzelnen Tat erspart bleiben (in *Fall 2* etwa: Wann ist die Vorlesung ausgefallen? Wann hat sich P vertreten lassen? Wann war S nicht anwesend?).

Seit dem Beschluss des Großen Senats (BGHSt 40, 138 ff.) aus dem Jahre 1994 (sog. „Jahrhundertentscheidung") ist die fortgesetzte Tat jedoch Geschichte! Der BGH ist aus vielerlei Gründen von ihr abgerückt, unter anderem deshalb, weil ihr Einsatz die Praxis „nicht selten zu pauschalen ‚Feststellungen' verleitet" hat (BGHSt 40, 138, 147). Zeitlich gestreckte Tatwiederholungen sind seitdem nach den Regeln der Realkonkurrenz zu behandeln, was bedeutet, dass – auch in *Fall 2* – ein Einzeltatnachweis unumgänglich ist.

7.4 Juristische Handlungseinheiten

Bei ihnen ergibt sich die Handlungseinheit aus **rechtlichen Gründen**, genauer: Sie ist aus der Tatbestandsfassung selbst ablesbar.

7.4.1 Mehraktige Delikte
Unter diese Rubrik fallen Tatbestände, die nur dann verwirklicht sind, wenn der Täter – *kumulativ* – zwei aufeinander folgende Tathandlungen vornimmt:

> **Beispiele**
> - Raub (§ 249 StGB): Nötigung und Wegnahme;
> - räuberischer Diebstahl (§ 252 StGB): Wegnahme und Nötigung;
> - Fälschung von Gesundheitszeugnissen (§ 277 StGB): Ausstellen/Verfälschen und Gebrauchmachen.

7.4.2 Alternativ gefasste Tatbestände
Zu nennen sind weiter Delikte, die **Handlungsalternativen** aufweisen.

> **Beispiel**
> Körperverletzung (§ 223 StGB): körperliches Misshandeln *oder* Gesundheitsschädigung.

Liegen beide Begehungsweisen vor (die im Übrigen stets kumulativ zu prüfen sind!), hat sich der Täter gleichwohl nur **einer Körperverletzung** schuldig gemacht.
Entsprechendes – obwohl umstritten – ist anzunehmen bei der **Urkundenfälschung** für das Verhältnis zwischen dem Herstellen/Verfälschen und dem (späteren) Gebrauchmachen (§ 267 StGB): Aus dem Umstand, dass das Gesetz die Tatvarianten in einer Vorschrift zusammengestellt hat, ist zu schließen, dass sie sich – ungeachtet der zeitlichen Inkongruenz – zu einer Bewertungseinheit verbinden.
Der Vollständigkeit halber sei erwähnt, dass auch die Erfüllung mehrerer **Qualifikationsmerkmale** (etwa beim Mord, § 211 II StGB; bei der gefährlichen bzw. schweren Körperverletzung, §§ 224 I, 226 I StGB) am Vorliegen einer Tat nichts ändert. Die Körperverletzung kann mit noch so vielen Qualifikationsmomenten des § 224 I StGB einhergehen; es bleibt bei einer Tatbestandsverwirklichung. Das erhöhte Unrecht schlägt sich nur in der richterlichen Strafzumessung nieder.

7.4.3 Pauschaldelikte
Zu verzeichnen sind ferner Delikte, bei denen der Gesetzgeber eine Vielzahl von Einzelakten bzw. ganze Handlungskomplexe **pauschalierend** zu einer Tat zusammengefasst hat.

> **Beispiele**
> - „Quälen" in § 225 StGB;
> - Verletzung der Fürsorge- oder Erziehungspflicht (§ 171 StGB);

- geheimdienstliche Agententätigkeit (§ 99 StGB);
- Zuhälterei (§ 181a StGB).

Auch wenn sich etwa die Ausbeutung einer Prostituierten auf einen längeren Zeitraum erstreckt, wird – mit Rücksicht auf die in § 181a I StGB enthaltene Handlungsumschreibung – der Vorwurf der Zuhälterei nur einmal erhoben.

Die Schwierigkeiten beginnen bei der Frage, welche Ereignisse eine **Zäsur** schaffen, mit der Folge, dass zwei hintereinander geschaltete Taten (in Realkonkurrenz) vorliegen. Etwa: Der Zuhälter fährt für drei Wochen in Urlaub, oder er „steigt aus", nimmt aber dann seine Tätigkeit erneut auf.

Die Entscheidung, ob dennoch auf eine durchgängige Tat zu erkennen ist, hängt von zwei Faktoren ab: der **Zeitkomponente** und den **subjektiven Befindlichkeiten**. Ist der Zeitraum der Unterbrechung entsprechend groß und/oder liegt der Tatfortsetzung ein neuer Tatentschluss zugrunde, dürfte das Gesamtgeschehen in mehrere Taten aufzuspalten sein. Die Einzelheiten sind heftig umstritten.

Als gesichert angesehen werden kann der Befund, dass eine **rechtskräftige Verurteilung** in jedem Fall eine Zäsur schafft: Wer z. B. nach rechtskräftiger Verurteilung unbefugt einen Titel weiterführt, begeht eine (weitere) selbstständige Straftat nach § 132a StGB.

7.4.4 Dauerdelikte

Die Eigenart von Dauerstraftaten besteht darin, dass sich der Handlungsvollzug über einen **längeren Zeitraum** erstreckt.

Beispiele
- Trunkenheit im Straßenverkehr (§ 316 StGB);
- Fahren ohne Fahrerlaubnis (§ 21 StVG).

Der Täter verstößt, solange er fährt, unaufhörlich – gewissermaßen **in jeder Sekunde seines Tuns** – gegen das gesetzliche Verbot; die Normverletzung beginnt mit der Abfahrt und zieht sich hin bis zum Erreichen des Zielorts.

Dieser Kategorie unterfallen auch solche Delikte, bei denen der Täter einen **andauernden rechtswidrigen Zustand** herbeiführt und diesen Zustand willentlich aufrechterhält (= aktives Tun gepaart mit einem nachfolgenden pflichtwidrigen Unterlassen).

Beispiele
- Hausfriedensbruch (§ 123 StGB);
- Freiheitsberaubung (§ 239 StGB).

Wer ein Opfer einsperrt und einen späteren Fluchtversuch unterbindet, macht sich nur einmal aus § 239 StGB strafbar.

Im Einzelfall kann sich abermals das Problem stellen, welche Vorkommnisse eine **Zäsur** darstellen und die Handlungskontinuität zerreißen. Für die §§ 123, 239 StGB ist das leicht zu beantworten: Der rechtswidrige Zustand wird zwischenzeitlich aufgehoben und dann wieder neu begründet. Bei den Verkehrsstraftaten ist die Frage zum Teil – insbesondere bei der Unfallflucht – heillos umstritten. Leiten lassen sollte man sich wiederum von den soeben aufgezeigten Kriterien. Ausschlaggebend sind neben dem **Zeitfaktor** die **Vorsatzgegebenheiten**, eventuell auch die **Motivationslage** (so die Rspr.).

8 Die Gesetzeskonkurrenz

Bei mehrfachen Normverstößen (nochmals: die Prämisse aller Konkurrenztypen!) ist zunächst eine mögliche Gesetzeskonkurrenz zu bedenken. Dabei lassen sich insgesamt **fünf Untergruppen** unterscheiden, die jeweils einer Strafvorschrift den Vorrang zuweisen.

8.1 Die Spezialität

Sie kann ohne weiteres durch einen logisch-mathematischen Vergleich ermittelt werden: Ein Delikt (das *lex specialis*) weist sämtliche Erfordernisse eines anderen Delikts (*lex generalis*) auf und fügt dem noch **zusätzliche Merkmale** – eben die speziellen – hinzu.

Ein solches „Einschlussverhältnis" besteht vor allem bei:

- Qualifikationstatbeständen (etwa §§ 224 ff.; 250 ff. StGB) im Verhältnis zum Grundtatbestand (§§ 223, 249 StGB);
- Privilegierungen (§ 216 StGB) im Verhältnis zum Grunddelikt (§ 212 StGB).

Spezialität kommt aber auch bei den sog. **delicta sui generis** (= arteigene Delikte) in Betracht.

> **Beispiele**
> - Raub (§ 249 StGB) und räuberischer Diebstahl (§ 252 StGB), die sich aus den Bausteinen Diebstahl (§ 242 StGB) und Nötigung (§ 240 StGB) zusammensetzen;
> - Erpressung (§ 253 StGB) im Verhältnis zur Nötigung (§ 240 StGB).

8.2 Subsidiarität

Die Subsidiarität beruht auf einer wertenden Betrachtung. Ihre Grundaussage ist den zahlreichen Vorschriften zu entnehmen, die mit einer **Subsidiaritätsklausel** ausgestattet sind. Eine Strafnorm tritt nur hilfsweise auf den Plan, nämlich nur für den Fall, dass eine andere Vorschrift nicht zum Tragen kommt.

8.2.1 Formelle Subsidiarität

Sofern solche Klauseln vorhanden sind, spricht man von **ausdrücklicher oder formeller Subsidiarität**, wobei – weitergehend – zwischen **spezieller** und **relativer Subsidiarität** differenziert werden kann. Im ersten Fall benennt die subsidiäre Vorschrift konkret die Vorschriften, denen der Vorrang zufällt.

> **Beispiele**
> §§ 145, 145d, 202, 265, 316 StGB.

Im zweiten Fall wird die Subsidiarität allgemein für Strafgesetze mit schwererer Strafdrohung angeordnet.

> **Beispiele**
> §§ 125, 246, 248b, 265a StGB.

Insoweit ist dann durchweg streitig, ob damit ausnahmslos alle (schwereren) Tatbestände gemeint sind

> **Beispiel**
> Nach BGHSt 47, 243 ff. verdrängt der Totschlag (§ 212 StGB) die Unterschlagung (§ 246 StGB).

oder ob es sich um solche Delikte handeln muss, die das gleiche Rechtsgut schützen oder zumindest die gleiche Angriffsrichtung aufweisen (so die h.L.).

8.2.2 Materielle Subsidiarität

Anerkannt sind darüber hinaus Fälle der **stillschweigenden oder materiellen Subsidiarität**, die anzunehmen ist, wenn einer Vorschrift (etwa § 30 I StGB oder § 323c StGB im Verhältnis zur unechten Unterlassungstat) erkennbar eine bloße **Auffangfunktion** zufällt. Dies trifft in erster Linie auf Konstellationen zu, bei denen ein deliktisches Gesamtverhalten mehrere Entwicklungsstadien durchläuft, die von verschiedenen Normen mit gleichem Rechtsgut aufgegriffen werden.

> **Beispiele**
> - Vorbereitungstaten (§ 149 StGB; § 310 StGB);
> - Durchgangsdelikte (Körperverletzung – Tötung);
> - Gefährdungsdelikte mit Blick auf Verletzungsdelikte (Aussetzung, § 221 StGB – Totschlag, § 212 StGB).

8.3 Die Konsumtion

Sie ist dadurch gekennzeichnet, dass mit der Verwirklichung eines Straftatbestands regelmäßig oder üblicherweise ein anderes Delikt einhergeht (= **typische Begleittat**). Man geht dann davon aus, dass der Gesetzgeber bei der Bemessung der Strafandrohung für die „Haupttat" den Unwert der Begleittat bereits **mitberücksichtigt** hat.

> **Beispiel**
> Einbruchsdiebstahl (§§ 242, 243 I Nr. 1 StGB) und Wohnungseinbruchsdiebstahl (§ 244 I Nr. 3 StGB) konsumieren den Hausfriedensbruch (§ 123 StGB). Früher

war das auch für die Sachbeschädigung (§ 303 StGB) anerkannt. Hiervon ist aber die Rspr. abgerückt (BGH NStZ 2001, 642; 2014, 40): Der Unwert einer Sachbeschädigung sei nicht mit abgegolten; deshalb insoweit Tateinheit.

8.4 Mitbestrafte Vortat

Wie bei der Konsumtion ergibt sich auch hier das Rangverhältnis aus der Bewertung des konkreten Sachverhalts unter dem Aspekt der Strafbedürftigkeit: Die dasselbe Rechtsgut schützende Vortat fällt nicht ins Gewicht, weil sie in den Dienst einer anderen Tat gestellt wird, auf welcher der eigentliche **Unrechtsschwerpunkt** liegt.

> **Beispiel**
> Der Täter unterschlägt einen Kfz-Schlüssel (§ 246 StGB), mit dessen Hilfe er anschließend das Fahrzeug entwendet (§ 242 StGB).

8.5 Mitbestrafte Nachtat

Das Gegenstück bildet die straflose Nachtat. Auch hier ergibt der **Funktionszusammenhang** zwischen den Taten den Fortfall des nachträglich verwirklichten Delikts. Dem ist vor allem bei den **Vermögensstraftaten** zu begegnen: Der Täter will den rechtswidrig erlangten Gewinn sichern, ausnutzen oder verwerten.

> **Beispiel**
> - Das Ableugnen des Diebesbesitzes. Der (Sicherungs-) Betrug (§ 263 StGB) ist ohne eigenständigen Unwertgehalt.
> - Der Dieb unterbindet Tage später mit Gewalt das Herausgabeverlangen des Eigentümers. Die räuberische (Sicherungs-) Erpressung (§§ 253, 255 StGB) erschöpft sich in der Verteidigung der durch den Diebstahl erlangten Position. Obwohl Verbrechen, tritt sie zurück, wobei allerdings die in ihr enthaltene Nötigung gewissermaßen wieder auflebt. Also: §§ 242; 240; 53 StGB.

8.6 Zum methodischen Vorgehen

Nicht selten herrscht Unklarheit darüber, ob und ggf. in welchem Umfang Sekundärnormen im Gutachten anzusprechen sind. Ist das Vorliegen von **Gesetzeskonkurrenz offensichtlich** (und unbestritten), können in Klausuren aus Zeitgründen die verdrängten Delikte unerwähnt bleiben. In Hausarbeiten sollte man, wenn das Ergebnis für das Primärdelikt festgestellt wird, kurz darauf hinweisen, dass damit das entsprechende Sekundärdelikt nicht in Ansatz zu bringen ist.

Anders liegt es, wenn die Annahme von Gesetzeskonkurrenz **streitig** ist. Dann muss der möglicherweise zurücktretende Tatbestand schulmäßig geprüft und am

Ende zu den Konkurrenzen Stellung bezogen werden. Diskutiert werden diese kontrovers beurteilten Fälle zumeist unter dem Schlagwort **„Klarstellungsfunktion der Idealkonkurrenz".**

Beispiel
- Eine versuchte Tötung geht einher mit einer vollendeten Körperverletzung i. S. d. §§ 223 ff. StGB (sog. qualifizierter Versuch). Während im Schrifttum zum Teil daran festgehalten wird, dass die Körperverletzung verdrängt wird, plädiert die h.L. (wie auch die Rspr. seit BGHSt 44, 196 ff.) auf Tateinheit: Der Schuldspruch lasse sonst nicht erkennen, dass der Täter über den Tötungsversuch hinaus das Opfer körperlich verletzt hat.
- Der Täter verwirklicht hintereinander geschaltete, aber in verschiedene Richtungen gehende Qualifizierungen (etwa: § 224 StGB und § 226 StGB). Der BGH vertritt insoweit nach wie vor grundsätzlich den Standpunkt, dass die „stärkere" Qualifikation die minderschwere aufzehrt (einschränkend in neuerer Zeit aber BGH NJW 2009, 863; 2014, 645). Die h.L. hält dem entgegen, dass im Schuldspruch zum Ausdruck gebracht werden muss, dass der Täter über den schweren Körperverletzungserfolg hinaus sich zu einer gefährlichen Begehungsweise verstiegen hat; also: §§ 224, 226, 52 StGB.

9 Die Idealkonkurrenz

Scheidet Gesetzeskonkurrenz aus, stellt sich die Frage, ob die mehrfachen Gesetzesverstöße auf **„dieselbe Handlung"** (§ 52 StGB) zurückgehen. Dies ist für jeden Beteiligten gesondert zu bestimmen. Wer z. B. mehrere Personen durch eine Aufforderung zu drei verschiedenen Überfällen bestimmt, begeht nur *eine* Anstiftung (in drei tateinheitlich konkurrierenden Fällen). Die Handlungseinheit kann abermals zum einen aus der **Natur der Sache** resultieren oder sich zum anderen aus **juristischen Gründen** ergeben.

9.1 Tateinheit aus der Natur der Sache

9.1.1 Handlung im natürlichen Sinne
Liegt den Gesetzesverletzungen eine **einzige Willensbetätigung** bzw. **ein Ausführungsakt** zugrunde, führt diese sog. Handlung im natürlichen Sinne zur Idealkonkurrenz.

Beispiele
- Wurf einer Handgranate, die Menschen tötet und verletzt sowie Sachen zerstört (= ungleichartige Tateinheit);
- beleidigende Äußerung gegenüber mehreren Personen (= gleichartige Tateinheit).

9.1.2 Natürliche Handlungseinheit

Nicht damit zu verwechseln ist die natürliche Handlungseinheit, bei der **mehrere (natürliche) Handlungen** aufeinander folgen. Von ihr war bereits oben (S. 185 f.) die Rede, und es wurde aufgezeigt, dass sich die Einzelhandlungen, soweit sie den gleichen Tatbestand betreffen, zu einer **Bewertungseinheit** verklammern können.

Die **Rspr.** geht allerdings einen Schritt weiter und operiert mit der Rechtsfigur der natürlichen Handlungseinheit – zumindest gelegentlich – auch dann, wenn Einzelbetätigungen, die von einem einheitlichen Willen getragen sind, nacheinander **unterschiedliche Strafgesetze** (mit andersartigen Rechtsgütern) erfüllen.

> **Beispiel**
> Die sog. Polizeifluchtfälle, bei denen sich wegen der durchgängigen Fluchtabsicht alle Straftaten (etwa Fahren ohne Fahrerlaubnis, Trunkenheit im Verkehr, gefährliche Körperverletzung, Widerstand gegen Vollstreckungsbeamte, Unfallflucht) zu einer natürlichen Handlungseinheit verbinden sollen, die dann zur Idealkonkurrenz führt.

Unter Hinweis auf den Wortlaut des § 52 I StGB (= „dieselbe Tat") tritt die h.L. dem – zu Recht – nicht bei: Es ist nicht sachgerecht, allein mit Blick auf das Gesamtziel alle Teilakte als Einheit auszugeben und damit den Amokfahrer besser zu stellen. Richtigerweise ist auf **Realkonkurrenz** zu erkennen, es sei denn, die Tateinheit ließe sich aus juristischen Gründen – etwa über die Regeln der **Klammerwirkung** (S. 194) – ableiten.

9.2 Tateinheit aus juristischen Gründen

9.2.1 Teilidentität

Über den Fall **vollständiger Kongruenz** hinaus (die Gesetzesverletzungen beruhen auf einer Handlung im natürlichen Sinne; s. o.) wird Idealkonkurrenz auch bei bloßer Teilidentität begründet: Bei **mehraktigen Delikten** trifft einer der Teilakte mit einer anderen Straftat zusammen.

> **Beispiele**
> - Die Gewaltanwendung beim Raub (§ 249 StGB) besteht in einer Körperverletzung (§ 223 StGB). Weil ein Raubgeschehen nicht typischerweise mit einer Körperverletzung einhergeht, Konsumtion (S. 190 f.) also ausscheidet, ist infolge von Teilüberschneidung Tateinheit anzunehmen.
> - Der Täter stellt eine unechte Urkunde her und legt sie zu Betrugszwecken dem Opfer vor. Da das Gebrauchmachen von dem Falsifikat (§ 267 I Alt. 3 StGB) und die Täuschung (§ 263 StGB) in einem Akt zusammenfallen, ist Idealkonkurrenz gegeben, auch wenn der Herstellungsakt (§ 267 I Alt. 1 StGB) zeitlich früher lag.

9.2.2 Taten im Versuchsstadium

Teilidentität im weiteren Sinne ist anzunehmen, wenn ein Delikt in die **Versuchsphase** eines anderen fällt und dazu dient, den Versuch in Richtung Vollendung voranzutreiben.

> **Beispiel**
>
> Um ungestört arbeiten zu können, vergiftet der Dieb zunächst den scharfen Wachhund. Die Sachbeschädigung (§ 303 StGB) bedeutet als Hindernisbeseitigung das unmittelbare Ansetzen (§ 22 StGB) zum Diebstahl (§ 242 StGB). Damit besteht Tateinheit.

9.2.3 Taten im Beendigungsstadium

Auf der anderen Seite umfasst der für die Vermittlung von Tateinheit in Betracht kommende Bereich auch den Zeitraum bis zur **materiellen Beendigung** eines Delikts. Erforderlich ist aber wiederum, dass der Täter durch die in der Nachphase verübte Straftat das Erstdelikt zum Abschluss bringen will.

> **Beispiel**
>
> Zum Fortschaffen seiner Beute verschafft sich der Dieb ein Kfz mittels Erpressung (§ 253 StGB). Sofern der Täter zu diesem Zeitpunkt noch keinen gefestigten Gewahrsam hatte, fällt die Erpressung in den Zeitraum zwischen Vollendung und Beendigung des Diebstahls (§ 242 StGB).

9.2.4 Absichtsverwirklichungsdelikte

Tateinheit ist weiter zu befürworten, wenn mit der späteren Straftat das **Absichtsmerkmal** des Erstdelikts **realisiert** wird (str.!). Dies gilt für alle sog. **unvollkommen zweiaktigen Delikte**, bei denen der Gesetzgeber die Zweithandlung in den subjektiven Tatbestand verbannt hat.

> **Beispiel**
>
> Der Täter hat einen Menschen entführt (§ 239a StGB) und erpresst seiner Absicht entsprechend später einen anderen (§ 253 StGB).

9.2.5 Die Klammerwirkung

Die **Ausgangssituation** ist hier wie folgt beschaffen: Der Täter begeht zwei (oder mehrere) Straftaten, die an sich, weil zeitlich verstreut, zueinander in Realkonkurrenz stünden. Als mögliches **Bindeglied** fungiert jedoch ein drittes, **zeitlich gestrecktes Delikt** (etwa ein Pauschaldelikt, S. 187 f., oder eine Dauerstraftat, S. 188 f.), das mit den auseinander liegenden Straftaten zusammenfällt. Die Frage ist dann, ob das durchlaufende Delikt die Taten zur Idealkonkurrenz verklammert.

> **Beispiel**
>
> Ein Geheimagent (§ 99 StGB) öffnet im Zuge seiner Tätigkeit unerlaubt Briefe (§ 202 StGB), nimmt zeitversetzt Telefongespräche auf (§ 201 StGB) und stiehlt später Unterlagen (§ 242 StGB). Weil all diese Taten der Spionagetätigkeit

zugehörig sind, werden sie über die Klammer des § 99 StGB zur Tateinheit verbunden.

Die Problematik des Klammereffekts ist darin zu sehen, dass er den Täter **privilegiert**. Ohne eine Verklammerung wäre Tatmehrheit anzunehmen, und der Täter stünde damit in den Rechtsfolgen schlechter. Eine solche Besserstellung stößt jedenfalls dann an die **Grenzen** des Erträglichen, wenn die selbstständigen Gesetzesverletzungen den Vermittlertatbestand **im Unrecht übertreffen**.

> **Beispiel**
> Der Täter besitzt unerlaubt eine Schusswaffe (§ 52 WaffG), mit der er im Frühjahr den X ermordet (§ 211 StGB) und im Sommer dem Y absichtlich eine schwere Körperverletzung zufügt (§ 226 II StGB).

Hier für eine Verklammerung einzutreten hieße, den Täter nur deshalb zu begünstigen, weil er (zufällig) noch eine weitere – verbindende – Straftat nach dem WaffG begangen hat. Wer hingegen eine Waffenbesitzkarte vorweisen könnte, stünde im Ergebnis schlechter da, weil für ihn Realkonkurrenz anzunehmen wäre.

Um diesen Widerspruch aufzulösen, ist anerkannt, dass das Prinzip der Verklammerung nicht gilt (**„Entklammerung"**), wenn der (Verbindungs-) Tatbestand **leichter wiegt**. In diesen Fällen bleibt es bei der Realkonkurrenz (und den tatmehrheitlich konkurrierenden Delikten ist jeweils tateinheitlich der Verstoß gegen das WaffG hinzuzufügen). Im Ergebnis also: §§ 211 StGB, 52 WaffG, 52 StGB; 226 II StGB, 52 WaffG, 52; 53 StGB. Daran ist allerdings ungereimt, dass die Zuwiderhandlung gegen das WaffG zweimal in Ansatz gebracht wird.

Übrig bleibt die Konstellation, bei der nur **eines** der Delikte **schwerer wiegt** als der (Verbindungs-) Tatbestand.

> **Beispiel**
> Der Zuhälter (§ 181a StGB) nötigt bei einer Gelegenheit die Prostituierte (§ 240 StGB) und fordert von ihr in einer anderen Situation unter Vorhalten einer Waffe den Dirnenlohn heraus (§ 250 II Nr. 1 StGB).

Nach der heutigen Rechtsprechung ist in einem solchen Fall die **Verklammerung** zulässig, so dass alle während der Begehung des Pauschaldelikts zusätzlich verwirklichten Gesetzesverstöße zu einer Tat i. S. d. § 52 StGB zusammengefasst werden (vgl. BGHSt 31, 29; BGH NStZ 2013, 158; 2014, 272).

10 Schaubild

Zur Veranschaulichung und zum besseren Verständnis seien im Folgenden nochmals alle Fälle der Handlungseinheit, die es entweder bei einer Tat (= **Bewertungseinheit**) belassen oder die **Idealkonkurrenz** auslösen, in einer **Übersicht** zusammengestellt:

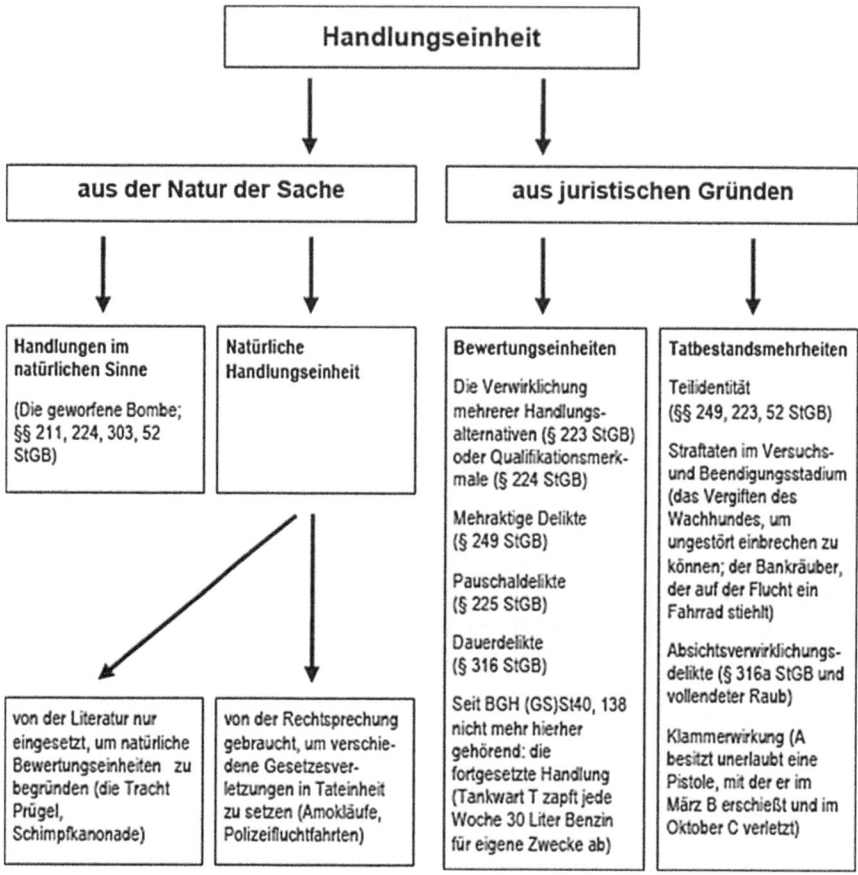

11 Die Realkonkurrenz

Die Tatmehrheit nach § 53 StGB lässt sich nach allem leicht und weitgehend **negativ bestimmen**: Sind mehrere Tatbestände gegeben, für die weder Gesetzeskonkurrenz noch Idealkonkurrenz (Handlungseinheit) angenommen werden kann, steht der Befund der Realkonkurrenz (Handlungsmehrheit) zwingend fest.

12 Schlussbemerkungen zur Methodik; Standort der Konkurrenzen; Einfluss der Konkurrenzen auf den Aufbau

Allenthalben wird vorgeschlagen, die Konkurrenzen **ganz am Ende** des Gutachtens anzugehen. Dies ist nicht immer empfehlenswert, weil das mehr Schreibarbeit machen und die Übersicht erschweren kann. Stattdessen sollte man die jeweilgen

Konkurrenzverhältnisse **bereits früh** klären, d. h. da, wo sie sich schon endgültig und verbindlich festschreiben lassen (etwa nach jedem einzelnen Tatkomplex).

Im Übrigen sollte man sich vergegenwärtigen, dass die Konkurrenzen oftmals den **Aufbau** des Gutachtens diktieren. Schon vor der Niederschrift sollte also das Augenmerk auf die Konkurrenzformen gerichtet werden, um so – weit verbreitete – Fehler in der Prüfungsreihenfolge und im Gesamtaufbau zu vermeiden. So ist beispielsweise häufig zu beobachten, dass Sekundärstraftaten *vor* dem Primärdelikt erörtert werden. Mitunter kommt es auch vor, dass ein einheitliches Delikt auseinander gerissen und *mehrfach* – z. T. sogar in verschiedenen Handlungsabschnitten – geprüft wird. Der umgekehrte Fall ist ebenfalls nicht selten anzutreffen: Mehrere Gesetzesverstöße werden in nur *einer* Deliktsdarstellung untergebracht. Diese Fehlerliste zeigt, dass die Konkurrenzen nicht nur um ihrer selbst willen – jedenfalls in den Grundzügen – beherrscht werden sollten!

Stichwortverzeichnis

A
aberratio ictus 41, 42, 44, 46
Absicht als Vorsatzform 53
Absorptionsprinzip 183
Abweichung vom Kausalverlauf 41, 48
actio libera in causa 96, 98, 102
Adäquanz 31
Additionsprinzip 182
Äquivalenztheorie 20, 25, 34, 45
Agent
  comparse 158–160
  provocateur 158–160
Aggressivnotstand 133, 138
Analogieverbot 133
Anstiftervorsatz 173, 176
Anstiftung 31, 64, 132, 135, 139, 144, 145, 147, 153, 156, 164, 166, 173, 177, 192
Ausdehnungsmodell 99. *Siehe auch* actio libera in causa
Ausnahmemodell 100. *Siehe auch* actio libera in causa

B
Bedingung, objektive der Strafbarkeit 22, 97, 104
Beihilfe 5, 30, 31, 127, 129, 144, 145, 147, 151, 153, 156, 159, 163
  durch „Schmierestehen" 145
  durch Unterlassen 120, 129, 130
Beleidigung 118, 124, 126
Beschützergarant 120, 121, 123, 127
Betäubungsmittelstrafrecht 30, 31
Beteiligung an einer Schlägerei 21, 26, 27

C
conditio-sine-qua-non-Formel 20, 21, 25, 45

D
Dauerdelikt 4, 188
Defensivnotstand 133
Delicta sui generis 106, 189
Delikt
  eigenhändiges 99–101, 103
  mehraktiges 187, 193
Distanzdelikt 42, 43
Dolus
  antecedens 96
  eventualis 53, 102
  generalis 41

E
Einbruchsdiebstahl 142, 190
Einheitstheorie 114
Einverständnis 74, 75, 78
Einwilligung 32, 36, 54, 59, 74, 75, 79, 80, 87, 157
Einzelaktstheorie 109. *Siehe auch* Rücktritt
Einzellösung 144
Erfolgsqualifikation 6, 22, 54
Erfolgsunwert 77
Erlaubnisirrtum vs. Verbotsirrtum 64
Erlaubnistatbestandsirrtum 84–87, 90–92
Error in persona 41, 42

F
Fahrlässigkeit 31–32, 42, 43, 97
  bewusste 52, 53, 58
Fahrlässigkeitsprüfung 43
Fahruntauglichkeit 96, 99
Festnahmerecht 62, 63
Festnahme, vorläufige 84
Freiheitsberaubung 62, 64, 69, 71, 84, 90
Fremdgefährdung, einverständliche 32, 54, 57

G
Gebotsirrtum vs. Verbotsirrtum 121
Gefahrverwirklichungszusammenhang 24, 55
Gesamtbetrachtungslehre 109. *Siehe auch* Rücktritt
Gesamtlösung 145, 146
Gesetzeskonkurrenz/-einheit 180, 184
Gewohnheitsrecht 100, 103

H
Haftbefehl 63
Handlung im natürlichen Sinne 192, 193
Handlungseinheit, juristische 187
Handlungseinheit, natürliche 185, 193
Handlungsunrecht 87, 91
Handlungsunwert 77
Hausfriedensbruch 142, 148, 190
Heranwachsende 34, 126

I
Idealkonkurrenz 181, 182, 184, 192, 193, 195
   Klarstellungsfunktion 192

J
Jugendlicher 119

K
Kausalität 6, 20, 25, 26, 31, 40, 57, 120
   alternative 20, 21
   bei Unterlassungstaten 120
   kumulative 21
Kausalverlauf, atypischer 40, 45
Klammerwirkung 193, 194
Körperverletzung 4, 15–17, 20, 26, 30, 128, 182, 187, 192, 193
   bei psychischen Beeinträchtigungen 168
   durch Unterlassen 128
   Erheblichkeitsschwelle 20
   fahrlässige 43, 49, 92, 182
   Gesundheitsschädigung 30, 40
   mit Todesfolge 22, 35, 52, 60
   schwere 22–24, 195
Körperverletzung, gefährliche 30, 54, 60, 116, 175
   gefährliches Werkzeug 40, 106
   gemeinschaftliche 166
   gesundheitsschädliche Stoffe 35
   Gift 40, 47
   hinterlistiger Überfall 106, 115
   lebensgefährdende Behandlung 59, 106, 166

Koinzidenzprinzip 100
Kombinationsprinzip 183
Konsumtion 181, 190, 193
Kumulationsprinzip 182

M
Merkmal, besonderes persönliches 167, 173
Misshandeln, körperliches 20, 40, 114, 125
Misshandlung von Schutzbefohlenen 166, 169, 171, 173
Mittäterschaft 5, 21, 25, 143
   beim Versuch 143
   des Bandenchefs 145
   fahrlässige 23, 25
Möglichkeitstheorie 58
Mord 106, 111, 157, 161
   Habgier 161, 162
   Heimtücke 108, 112, 162

N
Nachtat, mitbestrafte 181, 184, 191
Nötigung 84, 132, 135
   Mittel-Zweck-Relation 132
Nötigungsnotstand 133, 136
Notstand, entschuldigender 122, 128, 133, 138
Notstand, rechtfertigender 63, 68
Notstandshilfe 63
Notstandsregeln 133
Notwehr 4–6, 11, 15, 62, 138
   Erforderlichkeit 86
   Relativität 71

P
Pauschaldelikt 187
Pflichtwidrigkeitszusammenhang 31, 33, 36
Privilegierung 156, 185, 189
Putativrechtfertigung 84. *Siehe auch* Erlaubnisirrtum

Q
Qualifikation 30, 108, 157, 162, 166, 185, 192

R
Realkonkurrenz 193–196
Rechtfertigungselement, subjektives 75–77, 80
Rücktritt 106, 107, 109, 110, 113, 116, 149, 150
   bei mehreren Tatbeteiligten 143
   Freiwilligkeit 146, 149

Stichwortverzeichnis

S

Sachbeschädigung 10, 13, 62, 64, 148–150, 152, 153, 181, 191
   Zerstören 148
Schuldfähigkeit wegen seelischer Störungen 97
Schuldlösungen 98. *Siehe auch* Actio libera in causa
Schuldteilnahmetheorie 159
Schuldtheorie 86
Schutzzweckzusammenhang 31, 36
Selbstgefährdung, eigenverantwortliche 34, 57
Selbsthilfe, zivilrechtliche 84, 89, 92
   Erforderlichkeit 85
   putative 91
Selbstmord 57, 157
Sittenwidrigkeit 54, 59, 60, 74
Sorgfaltspflichtenverstoß 31, 33, 43, 88, 93
Spätschaden 22, 28
Spezialität 60, 176, 181, 189
Strafantrag 43, 48, 72, 81
Subsidiarität 189
Subsidiaritätsklausel 189

T

Täterschaft, mittelbare 30, 32, 40, 62, 69, 99, 103, 132, 135, 152
Täterschaft, unmittelbare 33, 34, 69
Tatbestandsirrtum 86–88, 90, 91
Tatbestandslösung 98, 103. *Siehe auch* Actio libera in causa
Tateinheit 181. *Siehe auch* Idealkonkurrenz
Tatherrschaft 54, 57, 121, 139, 145
Tatmehrheit 182. *Siehe auch* Realkonkurrenz
Teilidentität 193
Teilnahme 5, 20, 30, 35, 118, 129
   notwendige 158, 159, 164
Tötung
   auf Verlangen 52, 157, 185
   fahrlässige 20, 25, 30, 36
Totschlag 20, 181
Trunkenheit im Verkehr 193

U

Überwachergarant 123
Unterlassen 119, 120

Unzumutbarkeit normgemäßen Verhaltens 122, 123
Urkundenfälschung 187

V

Verantwortungsprinzip 135, 136
Verbotsirrtum 64, 66, 69, 85, 86, 88, 119, 126
   indirekter 64
   unvermeidbarer 69, 87
Vereiteln der Zwangsvollstreckung 10
Vergiftung, gemeingefährliche 40
Versuch 10, 41, 43, 77, 79, 80, 106, 108
   beendeter 108, 109
   fehlgeschlagener 109, 113, 143. *Siehe auch* Versuch, Rücktritt
   Strafbarkeit 77
   unbeendeter 108, 109
   untauglicher 76, 157
Versuchslösung 55. *Siehe auch* Rechtfertigungselement, subjektives
Vollendungslösung 55. *Siehe auch* Rechtfertigungselement, subjektives
Vollendungsvorsatz 158. *Siehe auch* Agent comparse/provocateur
Vollrausch 96
Vorhersehbarkeit 48
Vorsatz 86. *Siehe auch* Tatbestandsirrtum, Dolus Absicht
   bedingter 57. *Siehe auch* Dolus eventualis
   direkter 57
Vorsatz-Fahrlässigkeitskombination 55
Vorsatztheorie 86
Vortat, mitbestrafte 181, 191

W

Wahrscheinlichkeitstheorie 56
Werkzeugqualität 69, 134, 136, 139
Willenstheorie 53, 56, 57

Z

Züchtigungsrecht 119, 122
Zurechnung, objektive 21, 56, 144

The manufacturer's authorised representative in the EU is Springer Nature Customer Service Centre GmbH, Europaplatz 3, 69115 Heidelberg, Germany. If you have any concerns regarding our products, please contact ProductSafety@springernature.com

Printed and bound by CPI Group (UK) Ltd, Croydon, CR0 4YY

23/03/2026

02076740-0007